BIBLIOTHÈQUE CONTEMPORAINE

ARSÈNE HOUSSAYE

BLANCHE

ET

MARGUERITE

PARIS
MICHEL LÉVY FRÈRES, LIBRAIRES ÉDITEURS
RUE V. VIENNE, 2 BIS, ET BOULEVARD DES ITALIENS, 15
A LA LIBRAIRIE NOUVELLE
1864

BLANCHE
ET
MARGUERITE

ROMANS D'ARSÈNE HOUSSAYE :

LUCIANA MARIANI
Cinquième édition. Un volume grand in-18.

—

LES FILLES D'ÈVE
Dixième édition. Un volume grand in-18.

—

MADEMOISELLE CLÉOPATRE
HIGH-LIFE
Un volume in-8°. (*Sous presse.*)

—

LA PÉCHERESSE
Nouvelle édition. Un beau volume grand in-18.

—

LES FEMMES COMME ELLES SONT
Troisième édition. Un volume grand in-18.

—

L'AMOUR COMME IL EST
Nouvelle édition. Un volume grand in-18.

—

LA VERTU DE ROSINE
Douzième édition. Un volume grand in-18.

PARIS. — IMPRIMÉ CHEZ BONAVENTURE ET DUCESSOIS
55, QUAI DES AUGUSTINS, 55

BLANCHE

ET

MARGUERITE

PAR

ARSÈNE HOUSSAYE

PARIS

MICHEL LÉVY FRÈRES, LIBRAIRES ÉDITEURS

RUE VIVIENNE, 2 BIS, ET BOULEVARD DES ITALIENS, 15

A LA LIBRAIRIE NOUVELLE

—

1864

Tous droits réservés

BLANCHE
ET
MARGUERITE

PROLOGUE

LE MARIAGE OU LA MORT

Pourquoi ne pas donner sur la première page d'un roman, le nom des personnages, comme on fait pour un drame ou une comédie? Un roman n'est-il pas tout à la fois un drame et une comédie? Pourquoi ne pas créer la lumière avant de débrouiller le chaos?

Donc voici mes personnages :

M. le comte DE LA CHESNAYE.
BLANCHE DE LA CHESNAYE, sa fille.
MAILLEFER, sculpteur, cabaretier et sans-culotte.
MARGUERITE MAILLEFER, sa fille.
RAOUL DE MARCILLY, gentilhomme pauvre.
MI-RÉ-FA-SOL, ménétrier.

Jeanne-aux-Bluets.
Le septembriseur Pluviôse.
Marat.
Camille Desmoulins.
Montagnards, Girondins, sans-culottes, tout le chœur antique des révolutionnaires.

Le prologue de ce drame,—où la Terreur a placé plus d'un épisode et jeté plus d'une goutte de sang, — est une comédie rustique dont Grétry eût fait la musique avec enthousiasme. Il y a des époques où toute comédie est la préface d'une tragédie.— En 1792, on était dans une de ces phases providentielles.

Les scènes du prologue se passent dans la maison, — on disait la chaumière en 1792,—d'un ménétrier du Vermandois.

Ce ménétrier s'appelle *Mi-ré-fa-sol* : c'est ainsi, du moins, qu'on l'appelle au château d'Armagny, où il donne des leçons de clavecin, et sur la grande place d'Armagny, où son violon fait danser les paysans le dimanche. Je ne pourrais vous dire le nom de son père, car il ne l'a jamais su, non plus que celui de sa mère. Un vieux racleur de violon du village voisin lui mit, dès sa septième année, la musique en tête : donner un violon à un enfant perdu, n'est-ce pas lui donner une famille ? A quinze ans, Mi-ré faisait danser toutes les filles à cinq lieues à la ronde.

Ce fut alors qu'il reçut le nom musical de *Mi-ré-fa-sol*.

On est au temps de la fenaison ; — au lever du rideau, Mi-ré est assis auprès de la fenêtre tout encadrée de vignes qui éclaire sa chambre. — Le vent lui apporte par rafales les parfums pénétrants des luzernes fraîchement fauchées.

Mi-ré tient son violon, et de temps en temps il joue les premières mesure d'*Une fièvre brûlante ;* mais il s'arrête, il soupire, il baisse la tête.

Tout à coup il se lève :

— Je te salue, ô mon violon ! Grâce à toi, j'ai toujours été un homme libre, parce que j'ai toujours été un homme pauvre. Les biens de ce monde n'ont jamais enchaîné mes pieds dans leurs broussailles. J'ai marché où mon cœur m'a conduit, jetant par-ci par-là un air de gaieté à ceux qui avaient dans l'âme un air de tristesse. Mais un jour, ô violon, mon ami, tu as laissé chanter mon cœur trop haut. Les chaumières n'épousent pas les châteaux, et les va-nu-pieds...

Mi-ré se penche à la fenêtre ; un sourire allume son regard :

—Voilà Jeanne-aux-Bluets qui va passer pour aller à la fenaison ; il faut que je lui joue un air sentimental.

De toute la vigueur de son archet, il entonne la *Carmagnole.*

Et avec désappointement :

— Eh bien, elle ne danse pas ? — Cependant elle m'a entendu, puisqu'elle vient ici.

Jeanne-aux-Bluets est une jolie fille de dix-huit ans, un peu hâlée, mais rose et fraîche sous le coup de soleil, avec de grands yeux bleus qui lui ont valu son nom.

— Ah ! Mi-ré, dit-elle en entrant chez le musicien, il s'agit bien aujourd'hui de violon et de danse ! Vous ne savez donc pas ce qui se passe au château?

— Je le sais, répond Mi-ré ; le marquis rudoie sa basse-cour, les canards se pavanent sur l'étang, mademoiselle Blanche joue du clavecin...

— O musicien que vous êtes ! Le château est à feu et à sang. Il n'est plus habité que par les sans-culottes du Tremblay.

— Eh bien, je suis philosophe, je m'en lave les mains. Je n'aime pas les châteaux, mais celui-ci était défendu par un ange.

— Chut ! dit la faneuse, je suis jalouse, ne me parlez pas de mademoiselle de la Chesnaye.

— Après tout, Jeanne-aux-Bluets, il faut bien que le diable entre quelquefois au paradis. Du reste, le vin du marquis est fort bon.

Mi-ré prend son violon et joue un vieil air de noël.

— Tenez, Jeanne, dit-il avec émotion, c'est la même gaieté, la même couleur, le même accent. —

Quand je bois du vin du marquis, il me semble que je joue du violon ; mais, hélas ! je n'en bois plus !

— Il s'agit bien de tout cela ! s'écrie Jeanne avec colère. Vous êtes fou, Mi-ré ! Le marquis est emprisonné dans la tour aux oubliettes, mademoiselle Blanche est garrottée. On parle de la conduire en triomphe au citoyen Robespierre.

Mi-ré a pâli pendant cette apostrophe.

— Pourquoi faire ?

— C'est tout simple, — pour lui couper la tête.

Mi-ré essaye de cacher son émotion.

— Voilà bien des contes de ma mère l'Oie ! s'écrie Mi-ré. Le citoyen Robespierre n'est pas un Barbe-Bleue. Il ne coupera la tête qu'à la royauté.

Mi-ré allait continuer sur ce ton, mais un coup de théâtre imprévu paralyse sa faconde : Blanche, la fille du fier marquis de la Chesnaye, Blanche est devant lui. Elle vient de se jeter dans la chambre comme une biche que la meute a déjà mordue ; elle est pâle comme la fleur du lotus d'argent ; elle tremble et crie en joignant les mains :

— Sauvez-moi, sauvez-moi ! je ne veux pas mourir !

Jeanne-aux-Bluets la regarde avec douceur et sort pour tenir tête aux furieux.

— Mourir ! s'écrie Mi-ré en prenant les mains de Blanche.

— Oui, mourir... la guillotine... jamais ! soupire

Blanche en s'affaissant dans les bras du ménétrier.

Mi-ré jette sur la jeune fille un regard profond ; il l'assied sur sa chaise, il s'agenouille devant elle.

— Blanche, pourquoi parlez-vous de mourir ? je suis là, je vous défendrai jusqu'à la mort.

Il passe une main sur son front, et il ajoute tout bas :

— Mais, vous savez, je n'ai que mon amour et mon violon.

Blanche le regarde, elle l'écoute ; elle n'a pas encore eu l'air de comprendre ce qu'il a dit.

— Hélas ! murmure-t-elle, mon père est enchaîné ! les barbares ! ils ont haché le portrait de ma mère...

Mi-ré se redresse :

— Ce ne sont pas des barbares, dit-il froidement, c'est Dieu qui les a amenés, ils combattent pour l'Évangile.

Blanche a relevé sa tête abattue ; elle regarde le musicien avec effroi :

— Hélas ! dit-elle, je suis venue à vous avec confiance, ne croyant pas trouver un ennemi.

— Moi, un ennemi ! s'écrie Mi-ré avec force, oh ! non ! car j'ai rencontré souvent des pauvres qui priaient pour vous.

Et il ajoute avec amertume :

— Mais s'il n'y avait qu'un mot à dire pour que le château de la Chesnaye tombât en ruine, ce mot, je le dirais avec une vraie joie.

Blanche regarde son maître de musique avec effroi :

— Quel mal ce château vous a-t-il fait? demande-t-elle vivement. Vous y êtes souvent venu, et...

Mi-ré l'interrompt avec douceur :

— Oui, dit-il, mon violon a eu quelquefois l'honneur de faire danser vos nobles amis. Je passais la nuit à jouer ; on me donnait un petit écu le matin en me disant de passer à la cuisine avec les gens et les chiens. Et on croyait que j'étais bien payé!— Bien payé!—Quand je rencontre un pauvre sur ma route et que je n'ai rien à lui donner, je lui joue un air. Il comprend, et rit de l'aventure, tout en battant des mains. Ah! c'est alors que je suis bien payé! Ne croyez pas que j'allais jouer au château pour un petit écu. Si vous n'étiez pas là, je dirais tout haut pourquoi j'y allais avant ce jour terrible et charmant où je faillis être tué d'un coup de fusil.

Blanche, jusque-là, avait tenu ses yeux baissés ; son front avait rougi aux dernières paroles de Mi-ré ; elle lève les yeux, elle ouvre la bouche pour répondre.

Tout à coup elle tressaille, elle se jette dans les bras du musicien.

—Entendez-vous?... balbutie-t-elle. — Entendez-vous leurs cris... Ils me poursuivent... On dirait d'une tempête... Je suis morte!... Écoutez, monsieur

Mi-ré, écoutez-moi! vous êtes bon, quoi que vous disiez... Ne me laissez pas vivante entre leurs mains infâmes toutes tachées de sang et de vin... Tuez-moi vous-même, — ou plutôt, aidez-moi à me précipiter là-bas dans la rivière.

Mi-ré la soutient dans ses bras; il se sent des larmes : cette chaste frayeur lui fait oublier tous ses griefs.

— Pourquoi tant de craintes? lui dit-il doucement. Vous êtes une femme, et ils sont des hommes.

— Des hommes! s'écrie Blanche en riant du rire des fous, des hommes ces bêtes féroces !... les voici... O mon père, mon père!

Mi-ré, éperdu, cherche à calmer Blanche, lorsqu'un bruit de pas sur le seuil de sa porte, lui fait lever la tête. Il voit entrer chez lui Curtius, le fils du tonnelier du Tremblay.

Ce Marat au petit pied est suivi d'un groupe de sans-culottes, ivres et furieux, dont les éclats de voix l'accompagnent comme le chœur antique des furies accompagnait les imprécations des héros abandonnés des dieux.

— Enfin, dit-il en avançant la main sur Blanche à demi évanouie, voici la ci-devant, c'est bien à propos que nous la trouvons chez le citoyen Mi-ré-fa-sol, puisqu'il nous les faut tous les deux.

Une voix de sans-culotte : — A la lanterne! la ci-devant! à la lanterne son maître de musique!

Chœur des sans-culottes :

— A la lanterne ! à la lanterne !

Mi-ré repousse la main de Curtius, et d'une voix assurée :

— Silence ! on ne cuve pas son vin ici. — Que me veut-on ? Ne suis-je pas le premier sans-culotte d'Armagny ?

Le chœur fait entendre un grondement de colère. Curtius s'écrie :

— Le premier sans-culotte, c'est moi !

— C'est moi ! c'est moi ! c'est moi ! crie chacun de ses compagnons.

Mi-ré hausse les épaules :

— Voyons, dit-il, point de royauté ici !

— Pourquoi, reprend Curtius, t'appelles-tu le premier sans-culotte du pays ? Tu n'es pas venu jeter le château par les fenêtres ; tu n'as pas même mis le feu au confessionnal...

— Non, interrompt Mi-ré, mais je suis allé jouer du violon devant les moissonneurs. Je voudrais bien savoir pourquoi, vous tous qui êtes du Tremblay, vous faites les bons apôtres à Armagny. Vous n'êtes pas de la paroisse.

— C'est un fou, dit Curtius.

— Si vous voulez. Je ne tiens pas à passer pour un sage, car ici-bas c'est toujours la folie qui a raison.

— Sage ou fou, point de réflexions ! dit Curtius avec autorité. — En vertu de mon civisme, je te somme de me livrer la ci-devante, et de me suivre avec accompagnement de violon.

— En vertu de ma volonté d'homme libre, répond Mi-ré, je t'ordonne de t'aller promener, toi et les tiens. La ci-devant est ici chez elle, parce qu'elle est chez moi.

— Qu'est-ce que cela veut dire? s'écrie Curtius avec fureur. — Tu outrages un représentant de la volonté du peuple! tu envoies promener la loi!

— Ce n'est pas la loi que j'envoie promener, c'est le citoyen Curtius et les gens ivres qui l'accompagnent.

Curtius se jette sur Mi-ré, en criant :

— Citoyens! au nom de la loi, je vous ordonne de vous saisir de ces deux aristocrates.

Blanche s'était levée. Mi-ré a saisi son violon :

— Monsieur Mi-ré, tuez-moi! dit Blanche en s'avançant vers le musicien.

— Je brise mon violon sur le premier coquin qui...

Mais Mi-ré n'achève pas; Blanche est entourée par les sans-culottes; Curtius rit au nez du ménétrier, en lui disant :

— La raison du plus fort est toujours la meilleure, citoyen Mi-ré-fa-sol!

Blanche chancelle au milieu de ses gardiens; Mi-ré se frappe le front avec son violon :

— Est-il possible, murmura-t-il, que je ne puisse la sauver?

Un sans-culotte le menace du poing, de loin, en disant :

— Mi-ré-fa-sol est un traître; il a trahi la patrie !

— Oui, crie un autre, il était l'esclave du château.

— C'est un agent de Pitt, crie un troisième, c'est pour cela qu'il donnait des leçons de musique à la ci-devant.

— Il conspirait, dit Curtius; quand le tocsin a sonné, on ne l'a pas vu parmi les exterminateurs.

— C'est un traître à la patrie ! conclurent dix voix.

Pendant toutes ces exclamations, Mi-ré a parcouru du regard le cercle qui se resserre autour de lui. Tout à coup, il pousse un cri de joie, il s'avance vers Curtius, il dit :

— Citoyens, je suis toujours un pur et fidèle patriote !—Mais je ne suis pas allé au château, parce que je ne pouvais pas me battre avec moi-même.

— Qu'est-ce que cela veut dire ? demande Curtius.

Mi-ré étend la main vers Blanche :

— Cette femme... que vous voyez là,... c'est ma femme !...

— Sa femme ! s'écrient tous les sans-culottes.

—Est-ce vrai, citoyenne ? demande l'un d'eux à Blanche.

— Puisqu'il vous l'a dit ! répond la jeune fille en pâlissant.

Les sans-culottes ont rompu le cercle; Blanche se rapproche de Mi-ré.

— Ta femme ! s'écrie Curtius d'un air de doute, mais depuis quel temps?

— Depuis tantôt six semaines,—au temps des primevères, — n'est-ce pas, Blanche? dit Mi-ré, en prenant la main de la jeune fille.

— Raconte-nous cela, demanda Curtius en s'asseyant sur la chaise.

Et il frappe la terre du pied en disant :

— Voilà une histoire !

— C'est bien simple, répond tranquillement Mi-ré.

Mais il sent Blanche tressaillir, il la regarde, et il ajoute avec embarras :

— Et pourtant, c'est bien compliqué... Il y a... un an... vous savez tous que j'allais jouer du violon au château...

— Oui, interrompt brusquement Curtius, mais depuis, on t'a mis à la porte...

Mi-ré sourit :

— J'y suis rentré par la fenêtre.

En ce moment, Jeanne-aux-Bluets se précipite tout effarée dans la maison du musicien. Elle repousse les sans-culottes, et vient se jeter dans les bras de Mi-ré, en disant d'une voix suffoquée :

— Ah! mon Dieu ! Mi-ré, sauvez-moi !

Le musicien soutient Blanche d'un bras, il offre l'autre à Jeanne, en disant :

— Qu'as-tu, Jeanne? A ton âge on n'a peur que des loups.

— Ne sont-ce pas des loups enragés? répond la faneuse en regardant autour d'elle avec effroi... Ils reviennent du château; ils se sont jetés sur moi... ils sont tous soûls comme des grives à la vendange. Ils ont dit qu'ils m'embrasseraient tous... J'ai répondu que cela vous regardait...

— Ah ça! que chantes-tu, Jeanne-aux-Bluets? s'écrie Curtius, qui s'est levé et qui se rapproche des deux jeunes filles.—Est-ce que le citoyen Mi-ré-fa-sol serait bigame? Il ne lui manque plus que cela!

— Mi-ré n'a épousé ni l'une ni l'autre, cela se voit bien, dit un sans-culotte, l'ex-sacristain de la paroisse.

— A quoi vois-tu cela, toi?

— Parbleu, à sa tranquillité... Un homme qui a deux femmes sur les bras n'est pas aussi calme que cela.

— Je veux savoir la vérité! s'écrie Curtius. Il n'y a ni folie, ni calme, ni violon qui tienne! Au nom de la loi, Mi-ré, je t'ordonne de parler. Si tu nous trompes, nous vous conduirons tous les trois à Paris, toi comme traître et conspirateur, la ci-devant comme suspecte, et la belle Jeanne comme une aristocrate qui a refusé l'accolade de cinquante sans-culottes bien intentionnés. Allons, parle!

Et le grand Curtius se rassoit avec dignité, en faisant signe de se taire aux sans-culottes qui murmurent.

— La vérité, la voilà, dit gravement le musicien en se rapprochant.

Il dégage son bras de la taille de Jeanne, et il lui dit :

— Toi, Jeanne, va cueillir des roses dans mon jardin.

— Je ne vous quitte pas, répond la faneuse en voulant reprendre le bras de Mi-ré.

— Je te l'ordonne, dit-il impérieusement.

Jeanne-aux-Bluets jette un regard sur Blanche, baisse la tête et obéit. Les sans-culottes, surpris, ouvrent leurs rangs pour la laisser passer. La faneuse sort lentement, et vient au-dessous de la fenêtre, d'où elle peut tout entendre.

— Il y a un an, dit Mi-ré d'une voix mal assurée, il y a un an que...

Mais il s'interrompt, il porte sa main à sa poitrine comme pour apaiser les battements de son cœur, et il dit d'une voix presque inintelligible :

— Oh ! citoyens, ne condamnez pas la ci-devant à écouter ce que je vais dire. C'est un secret entre Dieu et elle. Vous êtes maîtres d'enchaîner ses mains, mais non de dévoiler son cœur. Vous ne pouvez la condamner au supplice de ma confession, qui est la sienne. Laissez-la aller aussi cueillir des roses...

Curtius, impatienté, se lève :

— Veux-tu me pousser à bout? dit-il à Mi-ré.

Et s'adressant au chœur des sans-culottes :

— Avez-vous des cordes? demanda-t-il d'une voix brève.

— Allons, rassieds-toi, lui dit Mi-ré, voici l'histoire... Il y a un an, j'étais seul avec mademoiselle Blanche dans le grand salon du château. Elle touchait du clavecin, je jouais du violon. C'était un air d'opéra, je ne sais plus lequel, mais si triste, si triste, que j'en ai encore les larmes dans les yeux. Tout d'un coup mademoiselle Blanche devint pâle, se renversa sur son fauteuil et s'évanouit.

— La ci-devant avait des vapeurs! dit un sans-culotte en riant.

— Mon devoir était d'appeler, continue Mi-ré, mais elle était si belle, que je tombai agenouillé comme devant la vierge Marie, sans avoir la force de dire un mot. J'osai lui prendre la main, elle ne se réveilla pas. J'étais effrayé des battements de mon cœur. J'allai ouvrir la fenêtre, je revins au clavecin, je repris cette main adorable... Voyez, citoyens, comme elle est blanche ! s'interrompt Mi-ré en soulevant jusqu'à ses lèvres la main de la jeune fille immobile.

— C'est une main d'aristocrate, nous le savons bien, dit Curtius. — Après?

Mi-ré hésite encore, mais il continue ainsi :

— Mademoiselle Blanche avait brisé son peigne en laissant tomber sa tête à la renverse; sa belle chevelure, libre comme l'air, s'éparpilla sur ses épaules.

Quel tableau! quel souvenir!—Le marquis survint alors; il avait son fusil, car il partait pour la chasse. il me coucha en joue, mademoiselle Blanche poussa un cri, se leva d'un bond et se jeta dans les bras de son père. «—Pas un mot ! » dit-il en laissant retomber son fusil avec fracas.—Et moi, vous croyez peut-être que j'essayai d'attendrir le marquis à force d'éloquence?— Non, je m'enfuis à toutes jambes, car je voulais encore jouer du violon.

Quelques sans-culottes rient; Curtius relève sa moustache en fronçant les sourcils. Mi-ré se tait.

—Après? demande Curtius avec impatience.

—Après? Eh bien! c'est tout !

Un patriote éclate de rire :

— C'est tout? dit-il. Alors c'est trop ou pas assez. — Tu t'imagines donc que tu a sépousé la ci-devant, parce que vous avez fait un duo au château?

— Tais-toi, dit sévèrement Curtius à son acolyte. Vous ne comprenez pas, vous autres, qu'un si beau duo a dû amener un trio.

Le délégué de la nation se penche à l'oreille de Mi-ré, et lui dit finement :

— Où est l'enfant?

— Voyons! s'écrie un sans-culotte impatient, on se moque de nous ici. Il n'y a point de mariage là-dedans; qu'on en finisse! emmenons-les tous !

— Mais, butor, répond Mi-ré, on ne se marie pas

de but en blanc comme les bêtes. On ne se met pas à table sans dire son *benedicite !*—Blanche, pardonnez-moi et n'écoutez pas : je ne sais plus ce que je dis, ajoute le musicien en s'adressant à la jeune fille.

Blanche est restée au bras de Mi-ré, elle regarde, elle écoute, comme si tout cela ne la concernait pas. Seulement, de temps en temps, tout son corps est agité et frissonne. Curtius a fait quelques pas en grommelant; il se pose devant Mi-ré et lui dit avec colère :

— Est-elle ta femme, oui ou non ?

— Oui et non, répond Mi-ré. Oui, si j'écoute mon cœur...

— Il s'agit bien de ton cœur ! — Le notaire a-t-il passé par là ?

— Non, pas le notaire, mais le bon Dieu. C'est un notaire qui en vaut bien un autre.

— Mi-ré-fa-sol, tu as l'art de parler et de ne rien dire. Tu devrais chanter. Mais écoute, citoyen, il y a un moyen bien simple d'éclaircir la question. Je représente Dieu et les hommes, puisque je suis le délégué du peuple souverain.

— La voix du peuple est la voix de Dieu ! murmure l'ex-sacristain. Le ci-devant curé a dit cela une fois au prône, en latin.

— Il avait du bon, remarque sentencieusement un des patriotes.

— Voici mon moyen, continue Curtius : — je vais aller chercher mon écharpe tricolore, et je vous donnerai ma bénédiction à la face de Dieu et des hommes...

— Mais... dit Mi-ré.

— Pas de mais ! Si vous êtes déjà mariés, eh bien, vous serez remariés. Je suppose que la ci-devant n'a pas peur des sacrements,—un de plus ou de moins !—Voilà tout à propos le citoyen maître d'école qui écrira le compliment et recevra nos paraphes sur le livre de la mai-re-rie.

— Voilà qui est sérieux, murmure Mi-ré. — Mais dit-il à Curtius, cela ne presse pas tant. Vous avez bien autre chose à faire.

— Je comprends, répond Curtius en ricanant. Tu as voulu me jouer, mais je prends ma revanche et j'aurai la belle. Tu t'es dit le mari de la ci-devant pour la soustraire à notre justice. Eh bien, Mi-ré-fa-sol, tu seras son mari pour tout de bon. Sinon, nous ferons le petit voyage de Paris, et après, gare au grand voyage !—Je vous donne le quart d'heure de réflexion. Je vais chercher mon écharpe ; le citoyen Bonjour va chercher le livre de la mairie, et tous ceux qui sont ici vont monter la garde à la porte et garder les issues.—Réfléchissez, mes amours.

En terminant cette petite harangue, le grand Curtius sort avec dignité ; il est immédiatement suivi de tous les sans-culottes, qui se placent en faction, les uns à la porte, les autres à la fenêtre. Quelques-uns cherchent dans le jardin la belle faneuse, Jeanne-aux-Bluets.

Mi-ré-fa-sol est seul avec Blanche ; il la conduit jusqu'à la chaise qui a servi de siége présidentiel au farouche Curtius. Blanche s'est remise un peu de ses terreurs. Elle regarde souvent le musicien à la dérobée. Mi-ré la contemple avidement ; il cherche à deviner les pensées de la jeune fille. Enfin, il rompt le silence :

— Combien je suis désolé, mademoiselle ! Mais il fallait vous sauver à tout prix. — Cent contre un !

Blanche a tressailli ; elle tend sa main à Mi-ré en disant :

— J'ai tout compris. Je vous ai laissé dire, Mi-ré, comme si j'avais écouté mon frère. D'ailleurs je suis résignée, — non pas cependant à la mort qu'ils me préparent... la mort sur la guillotine... C'est odieux !.. La mort a sa pudeur ; elle aime le mystère et les voiles. Ah ! si je pouvais m'enterrer moi-même !... Écoutez, Mi-ré, tout à l'heure, quand ils vont revenir... votre jardin est presque sur la rivière..., vous ne m'empêcherez pas, car vous comprenez qu'il ne me reste que cette porte ouverte.

— Non, dit Mi-ré vivement, c'est une porte fermée. Mourir à vingt ans ! cela est impossible. Vive la république plutôt ! car, sous la république, il n'y aura plus ni grands seigneurs, ni pauvres diables.—On s'épousera, parce qu'on sera jeune, et non parce qu'on sera riche.—Après tout, il vous reste une autre porte qui me semble un peu moins sombre...

Blanche regarde Mi-ré avec émotion. Le musicien pâlit et rougit, il fait un pas en arrière, il s'écrie :

— Qu'ai-je dit? Est-ce que les oies ont jamais barboté sur le lac où voguent les cygnes? Si on ne s'épousait qu'avec le cœur, je serais là à ma place, car j'apporterais une belle dot !

En disant ces mots, Mi-ré se frappe le cœur; Blanche paraît en proie à un grand trouble. Si Mi-ré était observateur, il verrait que la jeune fille est toute prête à trouver que cette dot est la meilleure, mais le ménétrier a plus de passion dans les regards que de pénétration. Il continue avec emportement :

— Mais non ! on s'épouse avec la main !

Il prend la main de Blanche dans les siennes, et il dit avec un sourire amer :

— Vous voyez, du rouge et du blanc ! cela ne se marie pas !

— Mais... dit Blanche avec effort...

Mi-ré ne l'écoute pas, et il continue avec tristesse :

— On s'épouse avec le nom : madame Mi-ré-fa-sol ! comme cela irait bien à mademoiselle Blanche de la Chesnaye ! Et puis il faut un château pour épouser un château !... Quand on a vécu sous des plafonds dorés, on ne peut pas respirer dans un nid d'hirondelles comme le mien... Ah! si vous saviez, comme moi, bâtir des châteaux en Espagne !

Blanche sourit; Mi-ré voit ce sourire :

— Oui, dit-il, je vous comprends. Vous vous dites que c'est l'histoire d'Orphée, en rêve. Il chantait, lui, et les pierres s'élevaient à sa voix ; je joue du violon, moi, et mes châteaux ne s'élèvent que sur le sable de ma folie !

— Mi-ré, vous êtes injuste, dit Blanche à demi-voix.

Mais il n'a pas entendu. Il se promène de long en large, puis tout à coup il revient se placer devant Blanche, et il dit avec un accent d'ironie et de colère :

— Après tout, comme vous l'avez dit, mademoiselle, il vous reste la rivière !

Blanche jette un cri et se cache la figure dans ses mains. Jeanne-aux-Bluets apparaît sur le seuil. La faneuse tient un bouquet.

— Voilà mon bouquet de mariage, dit-elle en essuyant une larme.

— Tu te maries donc, Jeanne-aux-Bluets ? demande Blanche avec un soupir.

Jeanne la regarde avec colère :

— Ne cachez donc pas votre jeu, mademoiselle. Tout le monde ne peut pas épouser M. Mi-ré-fa-sol.

— Que voulez-vous dire, Jeanne ?

— C'est bien clair. Vous épousez M. Mi-ré, donc je ne l'épouse plus.

— Jeanne, s'écrie le musicien, je ne vous ai jamais parlé de mariage.

— Quoi ! vous ne m'avez pas chanté que vous m'aimiez ?

— Qu'est-ce que cela prouve ? dit Mi-ré. — Je vous aime parce que vous êtes belle, parce que je vous vois passer toujours fraîche et joyeuse comme un air de printemps. Mais j'aime aussi le soleil, la lune et les étoiles ; j'aime aussi le vin quand j'entre au cabaret. Je n'ai jamais songé à vous épouser, le mariage n'est pas dans mes habitudes. Le mariage est un pays attrayant, mais malsain ; les étrangers y veulent toujours entrer, tandis que les habitants veulent toujours en sortir.

Jeanne s'apprête à donner son cours au flot de paroles qu'elle a amassées pendant cette dure explication de Mi-ré, mais Blanche, qui s'est penchée vers la fenêtre, l'en empêche.

— Oh ! mon Dieu, les voici qui reviennent, s'écrie-t-elle en se jetant entre Jeanne et le ménétrier.

Mi-ré regarde les deux jeunes filles d'un air égaré ; puis il s'avance vers Jeanne en disant :

— Une idée ! — Après tout, on peut bien se marier une fois dans sa pauvre vie, surtout pour sauver quelqu'un. — Jeanne, je t'épouse !

— Moi ! s'écrie Jeanne radieuse, mais c'est comme un coup de soleil, me voilà tout éblouie.

— Vous l'épousez ? balbutie Blanche en pâlissant et en s'appuyant à la chaise.

— Il n'y a pas un moment à perdre, répond Mi-ré.

— Passez toutes deux dans ce cabinet et échangez vos vêtements. Écoute, Jeanne.

Jeanne se rapproche avec empressement du ménétrier. Il lui parle à voix basse. Blanche se sent défaillir ; elle tombe sur la chaise :

— Mademoiselle Blanche, lui dit le ménétrier, un peu de dévouement à vous-même... Voyons, que diable ! je me marie bien pour vous sauver !

— Pour me sauver ! soupire Blanche. — Pour aujourd'hui, peut-être, mais demain !

— Eh bien, demain, vous resterez avec nous. Vous serez encore Jeanne-aux-Bluets, et tant que durera le danger, tant durera la métamorphose de la noble demoiselle en faneuse de foin.

— Mais, monsieur Mi-ré !... dites-moi... est-ce qu'elle vous aime, Jeanne-aux-Bluets ?

Mi-ré sourit :

— Elle aime sa jeunesse, répond-il, elle aime ma gaieté, elle aime mon violon. — Je crois que c'est là tout, car elle n'est passionnée que pour la danse.

— Et vous... l'aimez-vous ? demande Blanche.

— Moi ! je n'y avais pas encore songé. — Mais la question n'est pas là : je l'épouse sous vos habits, voilà! cela me rappelle un conte de fées qui nous vient de l'Orient, ou de ma grand'mère. — Vous savez ce sultan Achmet qui poursuit une belle femme revêtue d'or, de fleurs, de perles et de diamants? Il finit par l'atteindre. Il l'épouse comme une fille du paradis de Mahomet. Le soir, quand elle est devant le lit nuptial, elle laisse tomber à ses pieds l'or, les fleurs, les perles et les diamants. Le sultan veut lui donner la main pour l'aider à monter dans le lit, mais elle s'envole en fumée en lui disant : « Je suis l'Espérance ; sous mes habits, il n'y a rien. »

— Je comprends, dit Blanche. Quoi! vous allez vous marier sans vous aimer! mais je ne veux pas!

Mi-ré la pousse vers le cabinet en disant :

— Remarquez qu'il n'y a pas deux partis à prendre. Ces enragés sont presque à la porte.

Blanche revient vivement :

—Il n'y a pas deux partis... à moins que...

—A moins que?... répète Mi-ré en la regardant avec espoir.

— A moins que... je n'aille me jeter dans la rivière... ou que je me livre à leur fureur pour la sainteté de notre cause.

Mi-ré fait un geste de désappointement.

— Ce serait là deux bêtises, dit-il. On ne revient ni de la rivière, ni du tribunal révolutionnaire. On revient quelquefois du mariage.—Après tout, si, vous dégageant des préjugés qui enchaînent votre vie, vous accordiez franchement votre main à un pauvre diable de rien qui vaille comme moi, croyez-vous que votre cause serait moins bonne ?

— Monsieur Mi-ré, répond Blanche avec fierté, venant ici j'avais compté....

— Et vous avez eu raison, mademoiselle. A la vie, à la mort ! Mais hâtez-vous, les voici qui apparaissent à la lisière du bois, et nos gardes s'approchent un peu trop près de la porte.

Blanche hésite encore, mais Jeanne, à moitié déshabillée, l'attire par le bras et referme la porte du cabinet. Il était temps, car le sans-culotte de garde dont Mi-ré vient de parler entre en disant :

— Il me semble qu'on vient de conspirer ? Qu'est-ce qu'on a dit, s'il te plaît, citoyen ?

— Tu es ici pour veiller, et non pas pour écouter aux portes, répond Mi-ré.

— Ah ! Mi-ré-fa-sol, tu feras si bien qu'on te conduira dans un certain lieu où il n'y a plus de porte ! A propos, tu n'as donc rien à boire ici ?

— Rien à boire ! et la rivière donc ?

— Si tu en fais ta boisson, je ne m'étonne plus que tu sois un si triste musicien !

Mi-ré n'a pas le temps de répondre à cette raillerie, car Curtius, cerclé de son écharpe, Bonjour armé du registre des mariages, et tout le chœur des sans-culottes font irruption dans la chambre du ménétrier.

— Eh bien, a-t-on réfléchi? Où est la mariée? demande Curtius en goguenardant.

— Elle est là, dans ce cabinet, répond Mi-ré. Jeanne-aux-Bluets lui attache son voile.

— Eh! mais, et toi? Tu n'as pas seulement un bouquet! Il nous faut pourtant une vraie noce, et j'espère que tu vas faire danser les filles tout à l'heure.

Jeanne entre; elle est revêtue des habits de Blanche, et un voile blanc lui cache la figure. Blanche la suit, portant les vêtements de la faneuse; elle dérobe la moitié de son visage avec son mouchoir.

Curtius s'avance galamment vers Jeanne-aux-Bluets, et lui dit :

— Madame la mariée, j'ai la satisfaction de pouvoir vous donner des nouvelles de votre père.

— Vous l'avez vu? demande Blanche, placée derrière Jeanne-aux-Bluets.

— Oui, votre père a l'avantage d'être provisoirement notre prisonnier. Il roucoule dans le pigeonnier du ci-devant curé, mais il n'y roucoulera pas longtemps; je lui ai promis de le mettre en liberté aussitôt après votre mariage, s'il y consentait.

— Voilà qui est bien, citoyen, dit Jeanne en se retournant du côté de Blanche, qui contient à peine son émotion.

— Je veux être dans le cortége qui ira délivrer le ci-devant; ce sera Jeanne la faneuse qui lui ouvrira la porte et qui lui donnera la première des nouvelles de sa fille.

— Mais qu'a t-il dit du mariage ?

— Il a dit, répond Curtius en riant, que Mi-ré-fa-sol était un coquin, mais qu'après tout, si sa fille tombait de si haut sans regrets, il s'en lavait les mains. Il a même ajouté, ce qui prouve que le séjour d'un colombier a une bonne influence sur les vautours, que si ce mariage pouvait ramener la paix dans le pays, il s'y résignerait, faute de mieux. Il n'en aurait pas autant dit, s'il avait été encore dans son château.

Blanche a tressailli, et elle a répété tout bas ces mots : « Tomber de si haut ! » Puis elle a regardé Jeanne-aux-Bluets, qui ne peut cacher sa joie, et elle soupire.

— Jeanne, prends garde ! dit tout bas Mi-ré à la faneuse triomphante. Sois triste, et parais à peine résignée, sans cela on va te reconnaître.

— Je n'ai pourtant pas envie de pleurer, murmure Jeanne. J'aurai le temps quand je serai mariée.

Curtius s'est assis gravement sur la chaise; le maître d'école s'est augenouillé après de lui et va griffonner sur son livre, dans la posture d'un procureur de théâtre dressant procès-verbal.

— Allons, approchez, dit Curtius avec autorité. — Par-devant nous, Brutus-Agricola-Égalité Curtius, représentant délégué du peuple souverain, maire de la commune du Tremblay, en présence de témoins, avons ouvert le registre de l'état-civil pour y inscrire le mariage du citoyen Mi-ré-fa-sol, né de parents inconnus, avec la citoyenne Blanche, ci-devant de la Chesnaye.

Le citoyen Bonjour a commencé à écrire les noms; Curtius se lève et continue, de sa voix officielle :

— Citoyen Mi-ré-fa-sol acceptes-tu pour épouse et femme légitime la citoyenne Blanche la Chesnaye?

— Oui, répond Mi-ré.

— Citoyenne Blanche la Chesnaye, acceptes-tu pour époux et mari légitime le citoyen Mi-ré-fa-sol?

— Oui, oui, dit Jeanne-aux-Bluets.

Mais on ne l'entend pas; Blanche s'est jetée au-devant d'elle, et, toute jalouse, elle s'écrie :

— Citoyens, on vous trompe! Ce n'est pas elle qui est Blanche de la Chesnaye, c'est moi... Je ne veux pas assister à une pareille abnégation... Je reprends ma place, et je déclare hautement que je donne ma main à Mi-ré.

— Mais moi, je ne l'accepte pas! dit vivement le ménétrier. Ce sacrifice est au-dessus de vos forces, mademoiselle.

— Vous ne savez donc pas que je vous aime! dit Blanche dans un transport.

— Et moi donc? s'écrie Jeanne-aux-Bluets.

Et elle se met à pleurer.

— Allons, dit Curtius en retirant son écharpe, je

vous donne ma bénédiction. Signons, et allons-nous-en. Mais je ne sais pourquoi, voilà que je pleure comme une bête. Ma foi, tant pis, comme dit Jeanne, mais vive le roi et vive la république, pour aujourd'hui ! Laissons les épousés s'épouser tout à fait. Nous danserons dimanche...

Après cette allocution patriarcale, tout le monde signe. Jeanne-aux-Bluets fait le signe de la croix toujours éplorée et ne comprenant guère. Et puis on s'en va en beau désordre au pigeonnier du curé où rugit sans doute le père de Blanche.

Les nouveaux mariés sont restés seuls; Blanche est toute rêveuse au bord de la fenêtre ; sa pensée paraît suivre les sans-culottes qui vont délivrer son père. Mi-ré la contemple avec amour ; ses regards sont des actes d'adoration. Il se parle tout haut :

— Qu'elle est belle ! Quel rêve j'ai fait aujourd'hui ! Mais ce n'est qu'un rêve... Un mariage en Espagne...

De son côté, Blanche se parle aussi tout haut :

— Mon père, que va-t-il faire ?

Mi-ré a deviné sans doute les pensées de Blanche, car il prend son chapeau et son violon :

— Adieu, mademoiselle ! dit-il en se détournant pour essuyer ses larmes.

Blanche se retourne, elle le regarde avec surprise :

— Adieu, mademoiselle ? Qu'est-ce que cela veut dire, monsieur Mi-ré ?

— Cela veut dire que je m'en vais.

2.

— Vous allez me laisser seule ?

— Ne craignez plus rien. Maintenant mon nom vous sauvera. Aujourd'hui même ils vous rendront votre père.

Blanche s'avance vers Mi-ré :

— Vous n'avez pas le droit de vous en aller sans moi.

Mi-ré regarde autour de lui, il semble dire adieu à sa chambre, puis il salue Blanche :

— Adieu, mademoiselle. Un jour, peut-être, je reviendrai.

— Je ne vous comprends pas...

— Oui, je reviendrai... quand je serai digne de vous.

— Digne de moi ! s'écrie Blanche en joignant les mains.

— Sans doute... Je veux que cette main qui a touché la vôtre fasse une grande action. La patrie est en danger, et je cours à la frontière... avec mon violon et une épée !

— C'est votre femme, Mi-ré, qui est en danger...

— Ma femme !

— Oui, votre femme ! croyez-vous donc que c'est une comédie, notre mariage ?

— Ne parlez pas ainsi, vous me feriez mourir de joie, dit Mi-ré en saisissant et en portant à ses lèvres les mains de Blanche.

Puis il fait un pas vers la porte en répétant :

— Adieu !

— Encore ! s'écrie Blanche.

— Oui, adieu Blanche ; je ne vous demande qu'un an.

— Prenez ma main, Mi-ré, car vous êtes un noble cœur, et votre dessein seul vous fait plus grand à mes yeux que ne l'a été aucun de mes ancêtres.

Et Blanche dérobant ses larmes ajoute d'une voix plus émue.

— Demain, nous irons demander la bénédiction de Dieu dans son église.

Mi-ré veut prendre Blanche dans ses bras pour l'appuyer sur son cœur.

— Aujourd'hui, dit-elle en se dégageant doucement, je ne suis que votre sœur.

Blanche va s'asseoir, et ouvre un livre de prières ; Mi-ré reprend son violon, s'appuie contre la porte et dit en souriant :

— Demain il faudra acheter une seconde chaise.

Et il continue l'air interrompu qu'il jouait au commencement de ce récit, c'est-à-dire au lever du rideau.

Mais à peine Mi-ré-fa-sol a-t-il joué *Une fièvre brûlante,* qu'un grand bruit de chevaux retentit dans la masure.

Blanche se jette à la fenêtre, et reconnaît son père qui accourt victorieux avec la maréchaussée.

On a mis les révolutionnaires à la raison. M. de la

Chesnaye saute à bas de son cheval, et court embrasser sa fille, qui s'est précipitée sur le seuil.

— O mon père, que je suis heureuse! s'écrie-t-elle en cachant sa tête sur le cœur éperdu de son père.

Heureuse! Était-elle bien heureuse?

Oui et non.

Elle retourne à Mi-ré, qui a laissé tomber son violon à ses pieds.

— Adieu, lui dit-elle, le rêve est fini.

— Moi, je rêverai toujours, murmure tout bas le joueur de violon en portant la main à son cœur.

LIVRE I

LA GIROUETTE ROUILLÉE
ET LES MARGUERITES CI-DEVANT REINES.

I

Dans les solitudes du Vermandois, au fond d'une des plus belles vallées, sur la lisière d'un sombre bois d'ormes et de chênes, on découvre encore aujourd'hui les débris du gothique château de la Chesnaye. Le portail et les deux tours surtout ont résisté aux ravages des hivers et des révolutions. Mais là où flottait si majestueusement la fastueuse bannière, on voit à cette heure les panaches mouvants de la folle avoine et des coquelicots. A la porte de l'ancien parc, on trouve une petite chapelle, dont le style byzantin éveille la piété des passants. Depuis un demi-siècle on n'a franchi le seuil de cette chapelle qu'avec le frisson de la mort; en dépassant la porte, les plus hardis ont eu peur; les lamentables souvenirs de cette sainte solitude s'éveillent sous leurs pas et les poursuivent comme des fantômes.

Les murs d'enceinte, à meurtrières, sont partout abattus; la bande noire a trouvé là des pierres admirables pour la route qui traverse le pays. Par un de ces miracles si chers à l'archéologue, la façade du donjon, qui est un chef-d'œuvre de style épanoui, a échappé aux démolisseurs; nulle main marchande n'a profané les riches enroulements qui encadrent les fenêtres; un chaste vêtement de lierre se déploie de saison en saison sur les pierres rouillées; çà et là, dans les niches désertes et sur les fenêtres, une giroflée s'épanouit au soleil, une touffe de ravenelles est battue par le vent.

Par une échappée du parc, on voit, au penchant de la montagne, bondir une source écumante sur des roches brunes, qui la rejettent bruyamment dans un ravin où le soleil n'arrive jamais.

Cette sombre solitude, aimée des corbeaux et des chouettes, serait digne du pinceau d'un autre Salvator Rosa; Panini y ferait sourire la lumière; Ruysdaël, un jour de mélancolie, y eût pleuré comme un poëte ou comme un amant. Pour la douleur qui se cache, ou plutôt pour la tristesse qui se souvient, ce serait la Thébaïde la plus voluptueuse.

Rien n'est désolé et poétique comme la vue de ces

ruines féodales à la porte d'un grand bois, surtout pour ceux qui se rappellent l'histoire étrange que je vais raconter. Cette histoire semble un roman fait exprès; cependant, c'est une histoire qui s'est faite toute seule. Un demi-siècle nous sépare du temps où elle s'est passée, mais quelques-uns des personnages sont encore de ce monde.

Autrefois, la petite ville d'Armagny dépendait de la seigneurie de la Chesnaye, mais, dès le dix-huitième siècle, grâce à Richelieu, le grand pourfendeur de la féodalité, la souveraine justice du pays, si longtemps enfermée dans le donjon des ducs, comtes et barons de la Chesnaye, fut transférée à Armagny.

Cette ancienne ville, qui n'a pas d'histoire, est çà et là éparpillée sur le sommet de la montagne, à une demi-lieue du château; les façades grisâtres et les toits rouges des maisons s'y dessinent harmonieusement sur la verdure flottante des jardins et des vergers. Sur le versant de la montagne se déroulent quelques arpents de vignes coupés par les mille ondulations des sentiers et clair-semés de ces vieux cerisiers qui, en automne, animent si doucement le paysage par leur feuillage rougi. Au nord d'Armagny, de l'autre côté du château, le versant de la montagne offre un aspect triste et sauvage; de grandes roches où pendent des églantiers, des liserons et des ronces, quelques bancs de sable, quelques draperies de verdure, quelques bouquets de chênes : tout un tableau sévère. Au bas de la vallée s'étend une vaste prairie bordée par des champs de seigle et de sainfoin ; trois ou quatre fermes, à peu près autant de maisons rustiques, se perdent dans le lointain ; la petite rivière de Parmailles y serpente nonchalamment à l'ombre des saules et des aunes ; au sortir du bois de la Chesnaye, la rivière se précipite sous la feuillée, et se brise comme un flot d'argent sur la roue d'un vieux moulin.

Cette verdoyante allée, cette rivière qui l'arrose, ce château dans les bois, ce moulin dans les prés, cette petite ville perchée d'un côté, ces roches pendantes de l'autre, tous ces contrastes ont un puissant attrait pour ceux qui, dans leur vif sentiment de la nature, sont paysagistes sans le savoir.

II

A Armagny, en 1792, il y avait un sculpteur sur bois qui vendait du vin, — Jacques Maillefer, — dont toute la noblesse du pays parlait avec effroi : suivant le langage du temps, c'était un jacobin, un terroriste, un monstre... que dis-je ? un philosophe!

Jacques Maillefer avait une belle et intelligente figure, couronnée de cheveux noirs retombant en boucles; son front découvert était légèrement sillonné; ses yeux bleus semblaient soumis à toutes les variations de l'âme, tantôt jetant des éclairs de joie, tantôt se voilant d'une sombre tristesse. Cette âme s'allumait à trois idées, ou plutôt à trois sentiments : Dieu, sa fille et son pays.

Avant d'être marchand de vin, il avait failli être, selon son expression, « un gai chanoine. » Il avait étudié les lois du Seigneur à la petite abbaye de Saint-Pierre, espérant attraper un vicariat à la ville voisine; mais, un beau jour, au bruit voltairien qui se faisait du côté de Paris, il s'était avisé de rêver la liberté. Alors, adieu le monastère et le vicariat! il était devenu Gros-Jean, comme son père, en songeant que la liberté, c'est la fortune des hommes de cœur. Il s'était armé d'un rabot et d'un ciseau, gai compagnon du tour de France. Il était revenu au pays, doué d'un vrai talent de sculpteur sur bois; il s'était marié à la fille d'un cabaretier, qui n'avait pas voulu que sa fille pût déchoir, et qui, en conséquence, lui avait donné son cabaret, où, selon lui, cinq générations du même chef avaient passé sans mettre d'eau dans leur vin.

Voilà comment le sculpteur sur bois devint cabaretier. Il eut bientôt le chagrin de perdre sa femme. Son cœur, dans l'amertume des regrets, s'était ouvert à toutes les orageuses espérances d'une révolution; il avait passé son temps à prêcher l'amour de la liberté et à s'égarer en brûlantes rêveries, à la lecture des philosophes du siècle.

Les premières rumeurs de la grande révolte du peuple se répandaient jusqu'au fond des provinces; la discorde soufflait partout, le vent d'orage annonçait le tonnerre : la trompette de l'Apocalypse ne sonnera guère plus haut au jour du jugement. Les idées sont des oiseaux voyageurs qui parcourent le globe avec la rapidité de l'éclair, soit qu'elles viennent de Dieu ou des hommes, soit que la destinée les porte sur les ailes, soit que le vent les chasse au hasard, comme la paille après la moisson. En 1788, les oppresseurs et les opprimés, avertis par ces messagères mystérieuses plutôt que par les gazettes, avaient le pressentiment d'une lutte acharnée, sanglante, infinie : les oppresseurs, passant par-dessus les petites inimitiés de voisinage, se donnaient la main en tremblant; quelques-uns levaient déjà une de ces mille têtes vaillantes qui tombèrent en sacrifice.

A Armagny, Jacques Maillefer fut le premier qui eut l'audace de parler d'esclavage et de liberté. Animé de ce dévouement plébéien qui a improvisé quelques grands hommes, il avait osé prêcher, dès 1788, à voix haute et sur le pas de sa porte, la révolte contre les priviléges. En 1789, il avait fait de son tonneau une tribune, de son bouchon une torche, et de son cabaret une assemblée constituante, où on déclamait autant de discours qu'on y avait bu de bouteilles.

Il fut encouragé par des républicains célèbres de la province : l'ardent Camille Desmoulins courut l'embrasser, le marquis de Condorcet lui écrivit une lettre glorieuse, et le fanatique Saint-Just, qui sortait à peine des écoles, fit un jour quinze lieues pour le voir.

En dépit du cabaret, qui porte à la soif et aux passions adjacentes, Jacques Maillefer était d'une austérité patriarcale. Il prêchait la sagesse à tout venant, il moralisait les ivrognes d'Armagny. Il affichait un grand dédain pour les plaisirs corporels; s'il lui arrivait de boire, c'était pour divertir les buveurs; s'il lui arrivait d'être amoureux, c'était pour distraire les femmes. Dans ses bonnes heures, il devenait philosophe, versant l'esprit et la gaieté avec son vin, chansonnant les rois du droit canon avec une verve intarissable.

Mais, triste ou joyeux, Jacques Maillefer avait toujours le cœur ouvert, et les pauvres étaient bien venus au seuil de sa bouteille : « Tenez, brave homme, buvez. » Et quand le brave homme avait bu, il avalait un coup de philosophie par-dessus le marché.

Maillefer n'aimait pas trop les riches; ayant l'âme compatissante, il ne pouvait voir sans souffrir les souffrances des pauvres. Il faut tout dire : les riches ne venaient point à son cabaret, qui était le plus beau de la ville, et presque tous ses petits revenus passaient en leurs mains ; il payait des impôts à M. le marquis de la Chesnaye, à madame la marquise de Marcilly, à l'église et au presbytère d'Armagny. C'était bien la peine de cultiver des vignes quand d'autres recueillaient la vendange !

Il touchait à l'âge mûr, mais il avait encore toute la verdeur de la jeunesse, et, comme à vingt ans, il était plein d'ardeur et d'enthousiasme. Par une des bizarreries de la nature humaine, il gardait toujours au fond de son cœur, comme le plus cher trésor, l'insouciance et la candeur des enfants ; aussi Camille Desmoulins lui disait un jour :

— Quand le bon Dieu nous a faits, vous et moi, il s'est souvenu de Jean la Fontaine.

Jacques Maillefer était un peu cousin de notre ami Mi-ré-fa-sol, qui venait tous les dimanches faire danser les filles, dans l'arrière-cabaret, une belle salle dédiée à Therpsichore. C'étaient deux philosophes, qui, armés d'un verre éloquent, prouvaient souvent que la vérité sort d'une bouteille, et non d'un puits.

On retrouve encore le cabaret de Jacques Maillefer ; le clocher paroissial l'ombrage durant la matinée ; le pignon, dont les briques rouges s'écaillent tous les hivers, est orné d'un bouquet de gui, d'une couronne de pommes, d'une niche qui abrite une svelte statue de saint Jacques, de quatre pots bleus à fleurs noires, où les moineaux font leurs nids, d'une porte brune, et de deux fenêtres encadrées de sculptures légères. Oh! que Marguerite était belle dans ces cadres grossiers! Comme elle rayonnait sur le fond enfumé des salles ; comme on sentait, en voyant ce charmant portrait, que Dieu est au-dessus de Van Dyck lui-même.

Hélas! du temps de Marguerite, le bord des fenêtres était couvert de pots de marguerites — encore reines. — Qu'il était doux d'y voir la brune fille, en blanc corset, en jupe bleue, plus jeune encore qu'elle n'était belle, et pourtant aussi belle qu'elle était jeune, arrosant ses fleurs, détournant les boucles de cheveux qui l'aveuglaient, s'accoudant indolemment pour espérer! Le temps de Marguerite, c'était le beau temps : aujourd'hui le bord des fenêtres est désert; adieu marguerites — ci-devant reines! — On y voit à peine un chat frileux quand le soleil y luit; adieu, charmant portrait qui souriais avec tant d'amour et de mélancolie! Il ne reste plus que le cadre désert.

Mais notre histoire se passe au temps de Marguerite.

En ce temps-là, tout en face du glorieux cabaret, une maison parée d'un toit d'ardoises, de deux cheminées rouges, de six volets verts et d'une girouette allégorique représentant Éole, attirait les regards entre ses humbles compagnes par ses airs de grande dame : c'était en cette maison que demeurait la veuve du marquis de Marcilly. La nuit, le jour, à toute heure, la bruyante girouette agaçait les dents de Jacques Maillefer et irritait ses haines contre les priviléges. Quand il sermonnait les clubistes, quand il criait avec passion que l'heure était venue de se délivrer « du joug des rois, de la servitude des grands, du cilice de l'Église, de toutes les chaînes de l'esclavage, » la girouette opposante semblait le braver par les grincements ; sans la despotique girouette, peut-être eût-il prêché avec moins d'enthousiasme le culte de la liberté.

Marguerite aimait la girouette dont elle écoutait les cris plaintifs avec une joie tendre et mélancolique, durant les orages de juillet, durant les tempêtes nocturnes de novembre. La girouette l'avait tant de fois éveillée pour les plus doux rêves !

III

A seize ans, Marguerite était la plus brune, la plus jolie, la plus enjouée, la plus agaçante des filles d'Armagny : un démon folâtre, ayant toujours sur ses lèvres un sourire ; mais, à vingt ans, elle avait subi une éclatante métamorphose : l'amour, en passant par là, avait chassé loin de l'enfant le cortége

charmant des folâtreries ; ses joues pleines de roses
s'étaient fanées sous les larmes.

Pour vous peindre les aurores de cet amour,
plein de joies éphémères et d'éternelles tristesses, il
me faut retourner en 1790, au dernier dimanche
de mai.

C'était la fête du village le plus proche d'Armagny. — Au soleil couchant, Marguerite pleurait sur
le bord d'un petit chemin de traverse, en regardant
au-dessus des arbres un clocher aigu, comme les
clochers du Brabant. — Raoul vint à passer.

Raoul, le seul fils du marquis de Marcilly, était
un grand et pâle adolescent, qui étudiait alors dans
un presbytère voisin la théologie et l'histoire. Marquis sans marquisat, il voulait servir Dieu. Loin de
son maître, il respirait pour la première fois ; à la
vue du ciel, au parfum des brises, il pressentait enfin la vie et l'amour, il tendait les bras pour secouer
les chaînes du presbytère et la poussière des livres.
En dépit des réprimandes maternelles et des craintes
du purgatoire, il allait à la fête, joyeux, alerte, insouciant comme un écolier qui fait l'école buissonnière.

— Pauvre Marguerite! dit-il en voyant sa belle
voisine.

Un regard douloureux et suppliant l'arrêta.

— Pauvre Marguerite! dit-il encore : elle est belle,
et elle pleure!

Jusqu'à ce jour, Raoul ne s'était pas avisé de la trouver belle. Il la voyait souvent sur le seuil du cabaret, faisant patte de velours avec le chat; il la voyait aux fenêtres lutinant les buveurs, qui s'amusaient de ses jeux; mais il ne voyait encore qu'une enfant donnant des promesses blondes et lointaines pour l'amour et pour la beauté. Un voile tomba de ses yeux; il sentit au fond du cœur que la jeune fille qui pleure n'est plus une enfant. Et il voulut pleurer avec elle.

— Ah! dit-elle en soupirant, quelle fête là-bas!

Et Raoul, pour commencer, s'assit aux pieds de Marguerite.

— Pourquoi n'êtes-vous pas à la fête? lui demanda-t-il.

Marguerite se contenta de regarder sa robe. Que la robe eût été pauvre, si celle qui la portait n'eût pas été si belle!

— J'ai oublié de m'habiller, dit-elle, ou plutôt j'ai oublié que c'était dimanche.

— Ne restons pas sur ce chemin où passe tant de monde, dit Raoul d'une voix émue. Allons cueillir des bluets dans le seigle. — Le beau soleil au-dessus des bois! la belle verdure! le beau ciel! — Oh! que vous êtes belle, Marguerite!

On était au mois de mai : la nature, dans toute sa jeunesse, déployait un luxe éblouissant; le vent détachait les premières fleurs des pruniers et chassait vers la vallée le dernier parfum des primevères ; les aubépines neigeaient sur la verdure des chemins et des sentiers ; les églantiers s'épanouissaient aux rayons du soleil ; les papillons se cherchaient amoureusement, les abeilles bourdonnaient sur les fleurs rouges des sainfoins ; dans les bocages, la peuplade ailée chantait les romances les plus sentimentales, les élégies les plus langoureuses ; c'était un beau soir d'amour.

Cependant Marguerite ne voulut point trop longtemps cueillir des bluets avec Raoul, et Raoul se remit en route vers la fête.

Marguerite, plus émue encore, reprit le chemin du cabaret.

Ils se retournèrent vingt fois ; ils se regardèrent mille fois, et ils ne pouvaient plus se voir qu'ils se regardaient encore.

Raoul s'ennuya à la fête : il n'y resta qu'une heure ; il s'endormit en songeant à Marguerite.

Marguerite, qui ne dormit guère, regrettait, dans son insomnie, de ne pas avoir cueilli plus de bluets ; — puis elle se disait, en souriant, que monseigneur Raoul de Marcilly était un sot, tout marquis qu'il fût.

3.

IV

Le lendemain, l'aube blanchissait l'orient quand Marguerite se glissa hors de son lit, toute endormie encore par ses songes. En agrafant sa robe, elle sentit que son jeune cœur débordait.

Quant elle eut lissé ses cheveux, elle descendit au jardin. La petite ville dormait encore : on n'entendait que le mugissement des vaches, le chant du coq, les rumeurs naissantes de la vallée, ensevelies sous les blanches vapeurs de la nuit. Le ciel était d'une sérénité divine ; les brises répandaient l'amer parfum des aubépines qui encadrent les vergers d'Armagny. Marguerite traînait languissamment ses pieds dans l'herbe humide des allées. Au bout du jardin, entre deux allées de persil, elle déracina à grand'peine un rosier de mai tout emperlé de rosée, et elle l'emporta au cabaret dans un pot de porcelaine de Rouen d'une curieuse structure.

En vous peignant le cabaret, j'ai oublié de dire que devant l'une des fenêtres de la façade, un tilleul déployait une forêt de verdure : Marguerite déposa le rosier sur cette fenêtre. L'amour le plus naïf aime les masques ; Marguerite songeait qu'il lui serait plus doux d'entrevoir Raoul, dont la fenêtre était en face, au travers de ce beau voile verdoyant qui la cachait à ses yeux.

Elle se mit à arroser le rosier en regardant la fenêtre de Raoul par une échappée de tilleul qui les séparait; Raoul était à sa fenêtre, regardant la fenêtre où n'était pas Marguerite. Une seconde fois l'ingénue pensa que le marquis était un sot. Elle arrosait toujours le malheureux rosier; du moins elle penchait toujours son arrosoir au-dessus du pot. Tout à coup elle éclata de rire; Raoul entendit cette petite voix brisée et tressaillit comme à une parole d'amour. Après bien des peines, il parvint à entrevoir la belle par une échappée du feuillage; elle riait encore, et du rire le plus fou. A cet instant, Jacques Maillefer survint. Marguerite se jeta à son cou et lui demanda du regard son baiser de tous les matins. Le cabaretier appuya paternellement ses lèvres sur le front de sa fille, et mit la tête à la fenêtre.

Plus que jamais, Jacques Maillefer entendit les grincements qui l'éveillaient toutes les nuits; il jeta au dieu des vents un regard terrible où il y avait un vœu de vengeance qui fit peur à Marguerite, la pauvre amoureuse s'imaginant que son père avait vu Raoul.

— Girouette maudite! maudite noblesse! murmura Maillefer.

La famille de Raoul était d'une noblesse ancienne et renommée; on se souvenait encore, dans le pays, de sa grandeur passée et du mal qu'elle avait fait. Elle avait fait plus de bien que de mal, mais qu'est-ce que le souvenir des bonnes œuvres?

Le marquis de Marcilly s'était rendu célèbre, à la cour de madame de Pompadour, par son esprit, ses duels et ses maîtresses. Cette célébrité ruina la famille; le courtisan folâtre dépensa toute sa fortune en habits gris de perle, en culottes de soie, en fines épées, en belles séductions et surtout en petits soupers, oubliant sa femme et ses enfants. Il mourut après une pirouette, sans avoir la peine d'écrire son testament.

On s'apitoya dans le pays sur la veuve; on maudit la mémoire du marquis. Le château de Marcilly avait été vendu pour payer les dettes, et sans un héritage que recueillit la mère de Raoul, la misère eût été leur partage à l'un et à l'autre.

La maison d'Armagny, dont la girouette agaçait les dents du cabaretier, était le gros lot de cet héritage; la pauvre famille déchue y passait sa vie au sein des vertus paisibles, regrettant la fortune, mais regrettant aussi le marquis.

Maillefer devait à madame de Marcilly une rente viagère de douze écus, de vingt bouteilles de vin blanc, d'une dinde et d'une oie : madame de Marcilly le dispensait toujours de l'oie et de la dinde; mais cette dispense ne touchait guère le cabaretier, qui contestait dans sa pensée la légitimité de la redevance, s'imaginant que ce n'était rien autre chose qu'un droit féodal.

Cependant l'affabilité de madame de Marcilly, sa sollicitude pour les pauvres, sa dignité silencieuse auraient fini par attendrir le voisin, si la girouette l'eût laissé dormir en paix; mais la maudite grinceuse se moquait de lui à toute heure et l'irritait à tout propos. Une fois, une seule fois, en donnant les douze écus à madame de Marcilly, il lui avait dit que sa girouette était superflue puisque le coq du clocher tournait à tous les vents; mais, ne voulant point avouer qu'elle faisait son supplice éternel, dans la crainte d'avoir l'air de demander une grâce, madame de Marcilly ne prit point garde à son avis.

Or, dans la première matinée des amours de Raoul et de Marguerite, Maillefer, plus irrité que de coutume, fut poursuivi d'un sanguinaire dessein qu'il finit par accomplir : il descendit dans sa cour, attrapa une oie et une dinde, leur coupa le cou, et pria sa fille de porter à madame de Marcilly ces deux victimes de sa fureur, disant qu'il ne voulait rien devoir à une famille noble, et surtout à une famille qui avait une pareille girouette.

Marguerite prit les oiseaux par les pattes et s'avança toute confuse vers la maison de madame de Marcilly; Raoul l'arrêta sur le perron et lui demanda pourquoi elle riait si follement le matin : la mutine lui tourna le dos. Arrivée devant madame de Marcilly, elle déposa les sanglantes victimes, fit une révérence pleine de grâce, une petite grimace pleine de moquerie, et disparut aussitôt. Au bas du perron, elle retrouva Raoul.

— Pourquoi riais-tu donc ainsi ce matin? demanda-t-il.

— C'était pour ne pas pleurer, répondit-elle.

Il l'embrassa sans qu'elle songeât à s'offenser de cette douce violence, et elle retourna lentement au cabaret, abattue par les premières secousses de l'amour, inclinant le front sous une adorable mélancolie. Mais son joyeux caractère prit bientôt le dessus : une heure après, elle gambadait comme de coutume et imaginait mille narquoiseries contre les buveurs. Cependant, de temps en temps, elle s'arrêtait toute pensive, laissait tomber ses deux bras, et regardait le ciel et le tilleul en écoutant les battements de son cœur.

V

A la brune, le cabaret étant désert, Marguerite se remit à arroser les roses que le soleil avait baisées à son couchant. Raoul n'était plus à sa petite fenêtre, pourtant la jeune fille n'en détachait pas le regard. Raoul y reparut enfin, comme si ce regard l'eût appelé; il lança à Marguerite de vives œillades, et détachant au mur quelques écailles, il les jeta le plus doucement du monde au travers du tilleul.

Cet enfantillage plut à Marguerite; mais il déplut à Maillefer, qui vint tout exprès à la fenêtre, besicles sur le nez, gazette à la main, pour recevoir une pierrette sur l'œil.

— C'était bien la peine de mettre des lunettes! dit Marguerite, qui, malgré son trouble, n'avait pu s'empêcher de rire.

Le cabaretier essuya son œil offensé, détacha ses besicles et murmura, en s'assurant qu'elles n'étaient pas cassées :

— Voyez-vous ce rien qui vaille qui a failli briser mes lunettes!

Une autre pierrette vint tomber sur sa main.

— Ce petit gentillâtre se moque de moi! — Enfant de marquis, finiras-tu bien vite?

A cette terrible voix, Raoul ferma doucement sa croisée.

— Pourquoi étiez-vous à cette fenêtre! reprit Maillefer en s'adressant à sa fille.

— J'arrosais le rosier.

Le cabaretier ne s'avisa pas de demander pourquoi le rosier était sur la fenêtre.

Pendant toute la semaine, Marguerite arrosa en regardant Raoul. La semaine suivante, elle eut pitié des pauvres roses à demi noyées; elle apporta sur sa fenêtre un pot de tulipes; et bientôt après un pot de jacinthes.

Le mois de mai se passa. Il fut plein de charmes pour les amoureux, il fut le plus beau mois de la vie de Marguerite.

Raoul la rencontra un soir dans la vallée : elle allait voir si les fèves de son père étaient bien fleuries. Il lui prit la main et la pressa. La belle le regarda du coin de l'œil et lui dit sournoisement :

— Vous me faites mal.

Elle détacha sa main; pour cacher sa rougeur, elle se pencha sur l'herbe comme par distraction, et cueillit des fleurettes.

Raoul s'agenouilla auprès d'elle et la renversa sur les fleurettes. Mais, plus alerte qu'un jeune faon, Marguerite, la mutine et la folâtre, bondit et s'échappa de ses bras.

Il la poursuivit à travers un champ de sainfoin. Les abeilles, qui s'enivraient dans l'arome des fleurs, jetaient à leur passage un doux bourdonnement.

Aux pieds de Marguerite une volée de perdrix prit bruyamment son vol; la tremblante amoureuse en fut si effrayée qu'elle oublia ses dangers et se jeta sur le cœur palpitant de Raoul en demandant grâce. Raoul, qui s'attendait à une vive résistance, n'eut plus le courage de l'attaquer : il joignit les mains sur son cou et la contempla avec passion. Elle s'était réfugiée dans ses bras comme une colombe effarée sous les ailes du ramier : elle ne songeait à rien.

Au bout de quelques secondes, ses dangers lui revinrent à l'esprit; elle se détacha mollement, abandonna ses petites joues en feu aux baisers orageux de Raoul et s'en retourna seule à Armagny en priant le ciel de protéger leurs amours.

Aux premières maisons de la ville elle s'arrêta, et chercha vainement Raoul dans la vallée : les derniers feux de l'horizon s'éteignaient dans la nuit. Peu à peu sa mélancolie se changea en tristesse; elle vit la fin du jour avec des regrets déchirants; la pauvre enfant voyait finir le plus beau jour de sa jeunesse, et elle n'avait pas vingt ans.

Une lumière attira longtemps ses regards : c'était une lampe du château de la Chesnaye. Alors elle se prit à penser que la plus belle fille du pays était en ce vieux donjon. Elle fut jalouse par pressentiment.

VI

A peine Raoul fut-il seul dans le champ de sainfoin qu'il regretta d'avoir agi comme un enfant de chœur avec une petite sournoise qui devait se moquer de lui. Comme la rosée tombait, il sortit des touffes de sainfoin et suivit nonchalamment la petite rivière en songeant aux regards alanguis de Marguerite, qui n'était plus déjà un diable mutin, mais presque un ange attristé. Comme il arrivait à l'oseraie servant de limite aux prés, il vit passer sur le chemin la berline du château. Il entrevit Blanche de la Chesnaye qui regardait avec mélancolie le fond brun de la vallée, — tout là-bas, vers la petite rivière où était la maison de Mi-ré-fa-sol.

Marguerite, le tilleul, le rosier, le champ de sainfoin, toutes ces choses où se dessinaient son amour s'effacèrent soudainement de la mémoire de Raoul.

La berline, qui fuyait rapidement, disparut bientôt dans les arbres. La douce mélancolie de mademoiselle de la Chesnaye vint jusqu'à l'âme de Raoul, et durant plus d'une heure il se promena dans le monde des fées.

Marguerite pleurait alors.

A son retour dans sa chambre, Raoul allait fermer sa fenêtre, lorsqu'il vit, à travers le tilleul, scintiller au vent la lampe de Marguerite. Cette lumière ranima ses désirs mal apaisés : il se souvint que la belle avait des yeux enivrants et des joues pleines de roses.

Ce soir-là, en s'approchant de la fenêtre, l'arrosoir à la main, la pauvre Marguerite vit que son rosier n'avait plus de roses, et que ses jacinthes allaient mourir.

Elle pensa que c'était d'un mauvais augure pour son amour, et elle se mit à pleurer.

La nuit, elle eut encore des songes charmants, mais traversés de tristes visions.

Le lendemain, Raoul fut plus moqueur que sentimental, et la pauvre fille essaya vainement de sourire comme aux premiers jours du printemps.

VII

Par une de ces contradictions du cœur humain que les philosophes n'expliqueront jamais, Raoul n'aimait déjà plus Marguerite, qui mourait d'amour pour lui. Il avait vu passer la blanche image de mademoiselle de la Chesnaye, et sa fierté aristocratique l'avait entraîné au château. Il s'était mis à sourire de ce brave cœur du cabaret, dont le premier battement, dont le dernier battement devaient être pour lui.

Et chaque jour il errait autour du château de la Chesnaye, pour entrevoir Blanche penchée à quelque fenêtre du donjon ou perdue dans quelque allée ombreuse du parc.

Plus d'une fois, au lieu de rencontrer Blanche, il rencontra Mi-ré-fa-sol. D'abord, il n'y prit point garde, mais peu à peu cette obstination du musicien à courir les mêmes sentiers lui donna quelque ombrage. Un jour, il le surprit qui franchissait le saut de loup de l'arrière-parc.

—Que faites-vous là? lui cria-t-il d'un air d'autorité, pour cacher sa jalousie.

—Et vous, que faites-vous là? lui demanda Mi-ré-fa-sol d'un air railleur.

Raoul se mordit les lèvres et passa son chemin en se promettant bien de châtier cette impertinence.

Les choses eussent sans doute tourné au tragique, si Raoul et Mi-ré-fa-sol n'eussent, quelques jours après, quitté le pays tous les deux : l'un, pour chercher fortune à Paris ; l'autre, pour retourner chez l'abbé, qui lui enseignait la théologie et l'histoire avec un maître d'armes entre chaque leçon.

Mais s'ils partaient, c'était pour revenir bientôt; ils ne quittaient leur rêve que pour mieux le retrouver ; ils ne s'éloignaient de Blanche que dans l'espérance d'être un jour plus près d'elle.

Et cette pauvre Marguerite? Raoul la fuyait sans songer à la revoir.

Et cette pauvre Jeanne-aux-Bluets? que fera-t-elle de ses vingt ans et de son amour?

Qui sait? Raoul a le cœur changeant, et Mi-ré-fa-sol est un philosophe qui n'aime pas les châteaux.

Mais mademoiselle de la Chesnaye, qui donc aime-t-elle?

Quand Raoul reparut au presbytère, le maître s'étonna de voir une métamorphose en son écolier : Raoul, naguère ardent à l'étude, y revenait avec dégoût; l'histoire, qu'il aimait, le rebuta comme la théologie. Il avait entr'ouvert une autre histoire plus attrayante, celle de la vie : ce n'était plus l'histoire des rois et des guerres, mais celle de la jeunesse et de l'amour.

L'abbé s'étonna surtout de voir Raoul distrait pendant ses sermons. Ces distractions n'empêchaient point Raoul d'avoir toujours l'âme religieuse ; il adorait encore le ciel, mais il arrivait parfois que l'image de mademoiselle de la Chesnaye s'élevait toute rayonnante sur l'autel et lui cachait l'image de Dieu.

Et pendant qu'il était distrait à l'étude, à la messe et aux sermons de son maître, Marguerite arrosait ses fleurs bien-aimées. Dans ses tristesses, quelques larmes tombaient avec les dernières gouttes de l'arrosoir.

Et Blanche de la Chesnaye s'attristait de ne plus entendre dans le silence des belles nuits les airs aimés de Mi-ré-fa-sol.

LIVRE II

PLUVIOSE

I

Il s'est passé toute une saison depuis ce beau jour où Marguerite pleurait sur le bord du chemin au passage de Raoul. L'amour de Marguerite, loin de s'apaiser aux obstacles, s'est allumé de plus en plus, comme ces incendies que battent les mauvais vents. Ce n'est plus la folle et mutine Marguerite : au lieu de sourire, elle rêve ; au lieu de chanter, elle soupire ; la mélancolie est venue dans son cœur, la gaieté s'en est envolée ! Hélas ! elle aime ; elle arrose encore ses fleurs aimées ; dans ses extases, elle regarde toujours le tilleul, la girouette, le ciel, la fenêtre de Raoul ; le ciel lui sourit comme naguère, la girouette crie; par ses frémissements, le tilleul éveille en elle la volupté, mais la fenêtre est déserte. Elle a revu Raoul, mais Raoul amoureux de mademoiselle de la Chesnaye. Il ronge son frein chez sa mère, et n'attend que l'heure propice pour devenir soldat.

La pauvre femme a peur de la Révolution, elle a forcé son fils à revêtir l'habit des républicains. Raoul est beau comme Saint-Just, et porte fièrement, comme lui, les bottes hongroises, l'habit à revers et le chapeau pointu ; mais il est furieux d'être ainsi déguisé.

Il aime Blanche et voit toujours Marguerite. Madame de Marcilly l'a présenté au château de la Chesnaye, le comte lui témoigne beaucoup de sympathie. Il se réjouit presque de la Révolution, car elle rapproche la distance qui le sépare de Blanche, lui qui est pauvre, elle qui possède encore une des plus belles terres de la vieille France.

Pauvre Marguerite! Elle croyait que sous la république, la fille du cabaretier Maillefer pouvait inspirer une passion sérieuse à un gentilhomme, ou plutôt elle ne croyait pas qu'il y eût encore des gentilshommes et des plébéiennes. Un soir, dans le jardin du cabaret le voile tomba de ses yeux ; elle rêvait à Raoul et effeuillait des églantines toutes mouillées par une pluie d'orage, quand elle entendit la voix du jeune marquis. Elle ouvrit la petite porte d'un pavillon qui donnait dans les champs, sur le chemin du château. Elle vit Raoul et Blanche qui se promenaient comme des amoureux.

Blanche s'était aventurée toute distraite vers Armagny; l'orage l'avait surprise; Raoul, qui rôdait souvent autour du château, lui avait dit qu'il l'adorait et qu'il voulait mourir pour elle. On écoute toujours cela. Blanche trouvait peut-être que Raoul parlait avec plus d'éloquence que Mi-ré-fa-sol, et puis Mi-ré-fa-sol n'était pas revenu. L'amour aime les absents — qui reviennent. Le pavillon rustique du cabaretier avait abrité Raoul et Blanche; aussi la douleur de Marguerite fut-elle vive et profonde.

—Lui! dit-elle, et moi qui croyais...

II

Dans la soirée du 17 novembre 1792, un homme de mauvaise mine, vêtu à la diable, s'arrêta devant le cabaret de Jacques Maillefer. A la vue de la statue de saint Jacques, ou plutôt à la vue de l'enseigne que le vent battait alors, il ne put retenir une exclamation.

—Les chenapans! murmura-t-il en levant la main vers le pauvre saint de pierre.

Ce bandit était d'une stature superbe; sa figure, ravagée par la débauche, gardait encore quelques traces d'une beauté évanouie dans la fleur de la jeunesse. Avec son teint bruni, ses traits énergiques, son regard d'aigle, sa crinière de lion, sa tête respirait une sauvage énergie, une audacieuse férocité qui jetait l'épouvante par tous les cœurs.

C'était un de ces farouches assassins de l'Abbaye et de la Force, que Marat avait dispersés dans les provinces avec son journal pour sauvegarde.

Il avait été baptisé du nom de Pluviôse sous la rosée de sang de ses victimes.

Il voulut entrer dans le cabaret ; Marguerite, qui était seule, fut si effrayée de ses guenilles, qu'elle lui ferma la porte au nez. Le représentant de Marat, irrité de cette sauvagerie, se mit à rugir, à parler de sang : plus effrayée encore, mais devenue courageuse dans le danger, Marguerite ouvrit la porte, et demanda à ce furieux ce qu'il voulait. Pluviôse se jeta dans la première salle, et répondit qu'il voulait une bouteille du meilleur vin et la tête de tous les brigands. Marguerite, s'imaginant voir un fou dangereux, s'empressa de lui servir du vin.

Comme elle franchissait le seuil de la porte pour aller avertir les voisins, Pluviôse l'arrêta par la robe, et lui dit d'une voix de tonnerre :

—Citoyenne, je t'absous en vertu de mes droits ; mais viens t'asseoir à ma table, et dis-moi ce qui se passe en ce pays.

—Rien, répondit Marguerite.

4

—Voyez-vous, reprit-il en se versant à boire, comme ces chiens de paysans sont rebelles à la sainte cause! Il y aura de la besogne ici.—Citoyenne, dis-moi quelles sont les familles nobles de ce pays?— Eh bien, réponds-moi donc! je te parle avec ma langue des dimanches.

Marguerite répondit involontairement :

—La famille de la Chesnaye, la famille de Marci...

La pauvre fille devint pâle comme la mort.

—O mon Dieu! qu'ai-je dit? murmura-t-elle.

—Sais-tu écrire? poursuivit Pluviôse.

—Non, non, je ne sais pas écrire!

—Citoyenne, reprit l'envoyé de Marat d'une voix sombre, je vois bien à ta mine que tu sais écrire. Prends garde, je tiens entre mes mains toutes les têtes de cette commune ; et si tu fais la revêche, j'enverrai la tienne au diable. Cela serait fâcheux, car tu es jolie ; mais la pitié est la vertu des lâches.

Tout à coup le serviteur de Marat fit un bond sauvage en voyant sur la cheminée un numéro de *l'Ami du peuple;* et, tout hideux d'une horrible joie, il saisit Marguerite et l'embrassa avec frénésie.

Raoul entrait alors dans le cabaret. Sachant que Maillefer était au courant des nouvelles, il se décidait, après beaucoup d'hésitations, à lui demander une de ses gazettes. A la vue de Pluviôse qui embrassait Marguerite, il fut saisi de surprise et d'indignation. D'abord il s'arrêta à la pensée que cet homme était un de ces brigands impunis qui ravageaient certaines provinces; dans son dégoût, il voulut sortir; mais, naturellement aventureux, il s'avança dans la salle.

—Raoul! s'écria Marguerite.

Et, tout égarée, elle se jeta dans les bras du jeune marquis, comme pour échapper au septembriseur.

Raoul pressa doucement Marguerite sur son cœur, et sembla défier du regard cet homme horrible, qui lui dit, en se versant à boire :

—Citoyen, je n'ai pas voulu te ravir ta belle. Vive l'amour et vive la nation! C'est l'amour qui fait les citoyens. Que les citoyens fassent donc l'amour!

Marguerite, se souvenant qu'elle aimait Raoul, s'échappa de ses bras toute rouge et tout émue.

—Citoyen, poursuivit Pluviôse, tu sais écrire, sans doute? Assieds-toi à cette table.

Raoul sembla ne pas entendre; il alla s'appuyer contre la cheminée, et regarda tristement Marguerite, qui ranimait le feu.

—Tu ne m'écoutes pas, citoyen! Prends garde à ta tête; je viens dans cette bourgade avec la mission d'envoyer tous les royalistes dans le royaume des taupes.

—Eh bien, dit Raoul, j'aime mieux ce royaume-là que votre république.

—Royaliste! s'écria le serviteur de Marat. Mais, à demain les débats; aujourd'hui, en vertu de mes droits, je t'ordonne d'écrire sans retard la liste de tous les nobles, de tous les cagots, de tous les chiens de ton pays. Un détachement de gendarmerie va venir à mon aide. Il me faut la tête de tous les brigands.

—Tu devrais commencer par prendre la tienne, dit Raoul.

Pluviôse, qui écoutait avec ivresse le glouglou de sa bouteille, n'entendit pas ce compliment.

Espérant sauver sa mère et ses sœurs, M. de la Chesnaye et sa fille, Raoul s'attabla néanmoins devant Pluviôse, et chercha des noms imaginaires pour la liste sanglante.

A cet instant, Jacques Maillefer, suivi des clubistes, parut à la porte du cabaret. Ses amis venaient, selon la coutume, écouter la lecture des journaux.

L'envoyé de Marat s'avança vers eux et leur demanda s'ils étaient des hommes ou des chenapans ; et comme ces gens le regardaient en silence, il se mit à crier :

—Vive la nation !

Jacques Maillefer et ses prosélytes crièrent :

—Vive la nation !

Raoul, indigné de voir les hommes de son pays unir leur voix à celle d'un brigand, cria :

—Vive le roi !

Une rumeur sourde s'éleva dans la salle; tous les regards, hormis le regard de Marguerite, tombèrent avec courroux sur l'imprudent, qui demeura froid et calme, les yeux fixes, la bouche dédaigneuse. Pluviôse saisit la bouteille, et leva le bras d'un air menaçant ; mais Marguerite s'avança devant lui, et dit :

—N'allez-vous pas casser mes bouteilles?

Pluviôse voulut d'abord se jeter sur le rebelle; mais il aima mieux noyer sa colère dans un verre de vin.

—Citoyens, dit-il aux clubistes, je devine que vous êtes les représentants du peuple de ce pays ; fraternisons en buvant ensemble à la mort des tyrans et à la gloire de la nation. Je suis Pluviôse, ainsi nommé parce que je me suis couvert d'une pluie de sang. Je suis l'ami de Marat, qui est l'ami du peuple, et je viens ici pour le triomphe de la liberté et des sansculottes.—J'ai vu avec peine, citoyens, que dans le pignon de ce cabaret il existe encore une trace de la barbarie et de la superstition. J'ai vu un saint dans sa niche, un saint couronné de feuilles comme les représentants du peuple, et revêtu d'une tunique blanche comme les diseurs de messes.—A-t-on voulu embêter la nation?

Maillefer demanda la parole :

—Je suis du peuple comme Jésus-Christ, dit-il ; je vis pour le peuple, et je voudrais mourir pour le peuple...

Dans son enthousiasme pour ce début, Pluviôse embrassa Maillefer, et Maillefer poursuivit :

—Je ne pensais pas que saint Jacques, qui est bien

4.

le meilleur des saints, pût offenser la nation, et je le laissais saintement dans sa niche.

—Pour un sans-culotte, dit Pluviôse, tu parles avec bien de la sainteté !

—C'est dans l'Évangile que j'ai puisé mes sentiments républicains. Dieu avant le peuple, mais le peuple après Dieu.—Or donc, si saint Jacques t'offusque...

—A la lanterne ! à la lanterne ! murmura le serviteur de Marat.

Puis, se ravisant tout à coup :

— Une belle idée, citoyens ! Nous peindrons en rouge la tunique de saint Jacques, et nous écrirons à ses pieds : *Le sans-culotte Jacques.*

On applaudit à outrance.

—Citoyens, reprit Pluviôse d'une voix altière, racontez-moi les événements de ce pays depuis 89.

—Hélas ! répondit Maillefer, j'ai vainement prêché la révolte envers les oppresseurs ; il y a des esclaves indolents qui aiment leurs chaînes ; il y a des lâches qui n'osent lever la tête pour la liberté. Tu vois à ma suite les seuls hommes courageux d'Armagny, les seuls amis de la nation. Pouvons-nous lutter à dix contre mille ?

—Je lutterais seul contre tous les lâches et contre tous les esclaves ; mais moi, je me suis baigné dans le sang des nobles, j'ai abattu cent têtes superbes ; je sens encore sur mon front la brûlante rosée qui tombait de la tête de Lamballe quand je la promenais au bout d'une pique devant les fenêtres du Temple, pour épouvanter l'Autrichienne.

Pluviôse essuya son front et regarda sa main, comme lady Macbeth, croyant y voir encore du sang.

—Ah! reprit-il avec abattement, c'était une belle tête!

Tout le monde l'écoutait avec effroi; il se fit autour de lui un silence de mort.

Marguerite se jeta au cou de son père, et lui dit en sanglotant :

—O mon père! cet homme nous a embrassés!

—Poursuis, citoyen, reprit Pluviôse en chassant les mauvais souvenirs qui l'obsédaient.

—Pour la liberté, dit Jacques Maillefer, il y a beaucoup d'appelés, il y a peu d'élus. D'autres, avec moins d'ardeur, ont été plus heureux que nous. Cette province s'effraye des grandes choses; elle maudit le joug qui l'opprime, mais elle n'ose encore briser ce joug. Cependant, nous commençons à résister aux droits illégitimes des prêtres et des nobles. Mais, dans cette petite ville, nous sommes les plus faibles, nous autres patriotes.

—Demain vous serez les plus forts, dit Pluviôse; car demain nous enverrons à la sainte guillotine tous les brigands qui ne font rien pour la patrie. Il me faut une longue liste.

S'adressant à Raoul :

—Citoyen, écris-moi tout de suite les noms des rebelles à la république.

Raoul écrivit un seul nom, et dit en le présentant à Pluviôse :

—Je n'en connais pas d'autres.

—Un seul! s'écria d'un ton lamentable le serviteur de Marat; un seul! quel vol impie! Citoyen, je te dénonce pour avoir voulu dérober à la nation les têtes de ses ennemis. Tu es un voleur!

—Un sublime voleur! dit Marguerite, qui avait lu.

—Ton nom? reprit Pluviôse d'une voix sonore.

—Vous l'avez, répondit Raoul d'un air insouciant.

—C'est celui qui est écrit là? Voilà qui est digne d'un enfant du peuple! un noble n'aurait pas ce courage.

—Je suis noble.

—Tu es noble, reprit Pluviôse en relevant la tête. Eh bien, je veux te prouver que le peuple est plus grand que toi. Je te fais grâce.

En ce moment, l'horrible Pluviôse s'embellit aux yeux de Marguerite.

Raoul s'inclina froidement, et voulut sortir.

—Un instant! la liste n'est point finie. Je me souviens que tout à l'heure cette jolie citoyenne, qui te regarde trop souvent, m'a dit le nom d'une famille royaliste de ce pays : la famille de la Chesn... de la

Chesnaye. J'ai bonne mémoire à propos de ces brigands-là.

Raoul jeta un regard amer à Marguerite. Jamais regard ne fit tant de mal à la pauvre fille.

—S'il pouvait lire en mon cœur, pensa-t-elle.

—M. de la Chesnaye est maire de la ville, dit un des assistants.—C'est un homme courageux. En 89, il ne s'est point enfui comme les autres; il a, le premier, flétri les lâches qui se sont armés contre leur pays; il nous a souvent dit qu'il aimerait mieux la mort en France que la vie ailleurs. Cependant il demeure fidèle à l'ex-roi, et je pense qu'il ne changera pas.

—Il n'en aura pas le temps, dit le représentant de Marat, car dès demain nous l'enverrons prier Dieu au ciel pour Sa Majesté le roi notre sujet. Mais, à propos de Dieu, de ciel et de prières, qu'est devenu votre curé, citoyens?

—C'est un digne vieillard de quatre-vingts ans qui mourrait si nous le chassions, dit Jacques Maillefer. Il ne voit que deux choses en ce monde : l'église et le cimetière; il demeure étranger aux grands événements de ce temps; pourvu qu'on ne renverse pas l'autel, il s'effraye peu de tous les renversements; il sait que sur la terre tout est périssable, il se résigne à tout; il dit en ses sermons que les rois et les peuples sont pareillement les enfants de Dieu; cependant il prêche la fidélité et la soumission...

—Nous l'enverrons prêcher sur la guillotine. Citoyen, commence la liste par le seigneur et son curé. M. la Chesnaye a sans doute des enfants?

—Une fille, poursuivit Maillefer, un ange de vertu et de beauté.

Marguerite courut embrasser son père.

—Je me défie beaucoup des anges, dit Pluviôse.

—Il faut avoir pitié de mademoiselle la Chesnaye, reprit Maillefer, elle a épousé, au commencement de la Révolution, Mi-ré-fa-sol, un brave musicien qui n'avait rien, et qui commence à faire parler de lui dans les clubs de Paris.

—Elle a fait semblant, dit un révolutionnaire d'Armagny ; j'étais là, et je ne crois pas à ce mariage, puisqu'il n'y a pas eu de nuit de noces.

—Elle aime les pauvres, elle fait beaucoup d'aumônes, reprit Maillefer.

—C'est par hypocrisie, dit le plus fanatique des clubistes : elle espère que les pauvres la serviront contre nous.

—Puisque c'est un ange, murmura Pluviôse, nous l'enverrons voir les anges. Mais il y a sans doute d'autres familles nobles en ce pays?

—Il y a la famille de Marcilly, dit le plus fanatique.

En ce moment, la malencontreuse girouette grinça avec plus d'acharnement que jamais.

—Je me garderai bien, dit un voisin de Maillefer,

charmé de faire sa cour au marchand de vin, de dénoncer à la vengeance du peuple madame de Marcilly, qui est bien la meilleure des femmes, mais je dénonce sa girouette, qui damne tous les gens de ce pays.

Pluviôse se tournant vers Raoul :

—Citoyen, inscris la girouette de la citoyenne Marcilly.

—Pour quel crime? demanda Raoul, qui ne pouvait s'empêcher de sourire.

—Pour le crime d'avoir agacé les dents de tous les voisins, d'avoir troublé le sommeil de tous les patriotes d'alentour; enfin pour le crime d'avoir été tyrannique et féodale envers le peuple.—Vous êtes sûrs que la citoyenne Marcilly n'a point planté la girouette dans le dessein perfide de se venger des sans-culottes ou de les insulter?

—Je ne puis croire à une pareille perfidie, dit Maillefer en souriant.

Comme il achevait ces paroles, la porte s'ouvrit, et les six gendarmes attendus par le septembriseur entrèrent bruyamment. Durant quelques minutes, tout le cabaret retentit de cris frénétiques.

Raoul sortit avec dégoût. Il songeait que mademoiselle de la Chesnaye serait victime de tous ces insensés, quand Marguerite, qui le suivait, l'atteignit sous le tilleul.

—O Marguerite! vous avez voulu vous venger,

vous avez averti ce buveur de sang qu'il y a des nobles en ce pays !

—Raoul!...

—Je ne m'étonne pas, reprit Raoul en s'éloignant, je ne m'étonne pas que cet homme vous ait embrassée.

Marguerite regarda le ciel.

III

Il y avait quelques semaines que Raoul était revenu à Armagny ; il passait solitairement ses journées dans les mélancolies de la promenade et dans loisirs de l'étude, fuyant le souvenir importun de Marguerite et poursuivant de ses rêves le fantôme adoré de Blanche. Comme on était en novembre, il chassait quelquefois, mais c'était plutôt la chasse aux songes d'or que la chasse au gibier. Il partait, le fusil sur l'épaule, et s'en revenait sans avoir versé le sang, le cœur plein et la gibecière vide, heureux d'être resté plusieurs heures en face du donjon de la Chesnaye.

Pendant qu'il rôdait aux abords du château, si Blanche venait à passer dans l'avenue, il se jetait tout tremblant sous une touffe de chênes ou sous une charmille, et la suivait des yeux avec enchantement. A peine si deux fois ses regards l'avaient avertie de son adoration. Il n'osait presque jamais l'aborder. Il la voyait souvent, à certaine fenêtre du donjon, à demi cachée dans les grands plis du rideau, regardant toute pensive le ciel et les arbres, écoutant les bruits sauvages du torrent qui bondissait dans la montagne. Pensait-elle à lui?

Il était aimé de M. de la Chesnaye, qui l'accueillait en son château avec la meilleure grâce du monde : une fois le comte avait chassé avec lui, une autre fois il l'avait emmené chez un de ses amis où les nobles du pays conspiraient contre la Révolution. Raoul augurait bien pour son amour de toutes ces avances; déjà dans son imagination, qui allait vite comme les jeunes imaginations, il voyait son mariage avec Blanche; mais, pour cette nature ardente et romanesque, ce tableau n'était pas le plus attrayant : il aimait mieux le tableau de son amour.

Il était trop doucement enchaîné dans sa passion pour se jeter tout à fait dans la grande lutte du peuple et de la noblesse. Ayant hérité d'un beau nom, il jurait sur l'ombre de ses aïeux que ce nom sortirait sans tache de la Révolution; mais se confiant à Dieu, espérant que l'orage passerait sans trop l'atteindre, il attendait en paix, bien résolu d'ailleurs de braver le premier danger.

Parfois, en revenant de ses promenades, il s'arrêtait ému comme au bruit imprévu d'un écho de la vallée : c'était au bruit d'un écho de son cœur.

Alors il voyait apparaître et s'évanouir Marguerite, et il disait en soupirant :

— Je l'ai donc aimée !

IV

Voici en quelques traits la physionomie d'Armagny à l'arrivée de Pluviôse.

Le comte de la Chesnaye était demeuré le seigneur de la petite ville, à part ce jour de révolte des sans-culottes du Tremblay, révolte bientôt comprimée, où nous avons vu Blanche fuyant le château et se jetant dans les bras de Mi-ré-fa-sol. Malgré Maillefer et ses prosélytes, M. de la Chesnaye gardait en main le sceptre du pays. Ce sceptre n'était dur à personne, car le comte avait un noble cœur. Il souffrait beaucoup des progrès de la Révolution. Loin de l'abattre, les succès du peuple ranimaient son orgueil; à chaque défaite de la noblesse, il relevait la tête avec une sombre fierté. Raoul, qui eût été humble dans la puissance, était comme lui fier dans le danger; mais il était le seul des amis du comte qui eût du caractère : tous les autres, faibles ou lâches, auraient volontiers abandonné les titres de noblesse inscrits sur leurs parchemins et non sur eux-mêmes, si on leur eût laissé leurs châteaux, leurs terres, leurs vignes, leurs prés et leurs bois.

Les riches et les fermiers du pays s'étaient adjoints aux nobles, non pour laver des offenses ou pour défendre des parchemins, mais pour repousser les violences du peuple; ils craignaient le pillage; ils avaient peur des pauvres; des bruits confus les avertissaient que tous les biens de ce monde seraient partagés, et ils aimaient mieux mourir riches sous le règne du roi, que de vivre pauvres sous le despotisme du peuple.

A Armagny, il n'y avait guère que des républicains, les uns sans savoir pourquoi, les autres par irritation, ceux-ci par entraînement, enfin ceux-là par sympathie pour les opprimés. A la tête de ces derniers étaient Maillefer et ses amis.

Je vous ai dit que le cabaretier avait formé un club dans la grand'salle de sa maison; tous les soirs, on y lisait les journaux, on y discutait les intérêts de la nation; les jours de fête on y chantait des hymnes patriotiques. Les clubistes étaient les gens les plus sages et les plus doux; ils devaient devenir un jour les Girondins d'Armagny. Maillefer, aimé de tous pour son cœur d'or et ses cris d'éloquence, demeurait le Mirabeau du club, en dépit d'un ancien notaire qui recherchait la gloire de conduire les hommes les plus courageux et les plus dévoués de son pays.

Les républicains par irritation suivaient la bannière jacobine arborée par un jeune maître d'école qui avait à venger des humiliations sans nombre : téméraire, audacieux, frénétique, il était presque aussi redoutable que Maillefer. Il avait sans peine ramassé dans les cabarets une troupe de drôles qu'il haranguait tous les soirs le plus grotesquement du monde. Son meilleur ami était un valet du château de la Chesnaye, que le comte avait chassé pour vol de jambons.

Au renouvellement des prêtres, Jean de Bry, présidant l'assemblée électorale du district de Vervins, envoya à Armagny un prêtre constitutionnel; mais on eut pitié du vénérable vieillard qui desservait l'autel d'Armagny depuis un demi-siècle; on accueillit mal son remplaçant, qui, voyant la douleur causée par le renvoi du vieux curé, disparut du pays à la grande joie des dévotieux.

Rien n'était donc changé à Armagny; mais il ne fallait qu'un orage pour tout bouleverser; et cet orage, qui se formait depuis si longtemps, n'attendait qu'un coup de vent pour éclater avec violence.

V

Vers minuit, Pluviôse, tombant sous l'ivresse et sous la fatigue, s'était endormi dans un coin du cabaret.

Le lendemain, tout en repoussant les vapeurs du vin et du sommeil, il déclara aux fanatiques de la commune qu'en vertu de ses pouvoirs il transformait l'église en tribunal, où chacun irait défendre les droits du peuple et combattre les priviléges de la noblesse. C'était un dimanche; les femmes passaient aux fenêtres leurs têtes effarées; les hommes s'assemblaient autour du cabaret constitutionnel, d'où s'échappaient mille clameurs.

Ce jour-là Marguerite n'arrosa pas ses marguerites.

La messe était sonnée depuis près d'une heure, quand le représentant de Marat, ayant pour ceinture une écharpe rouge, à la tête des patriotes et des vagabonds, s'avança solennellement vers l'église, en chantant *la Lanterne*. A la vue de ces fanatiques et de ces forcenés qui venaient profaner la maison de Dieu, les fidèles du pays oublièrent qu'ils étaient là pour prier; les desservants eux-mêmes abandonnèrent l'autel; le vieux prêtre seul demeura devant Dieu, tout à sa sainte mission.

Pluviôse gravit d'un bond l'escalier de la chaire, et cria d'une voix de tonnerre :

—Citoyens, il y a assez longtemps que les cloches sonnent pour la Vierge et les saints; il est temps que les cloches sonnent pour la liberté.

Un des fanatiques applaudit à outrance, et courut dans une chapelle où pendaient des cordes attachées aux cloches.

—Citoyens, reprit Pluviôse, il y a assez longtemps qu'on dit la messe pour les rois; il est temps qu'on dise la messe pour les peuples.

Pluviôse se frappa le front et chercha vainement la suite. Après un silence de quelques minutes, il accorda la parole à Maillefer, qui ne la demandait pas.

Quand Maillefer se trouva dans la chaire en face d'une foule attentive, il se troubla, perdit ses idées et désespéra de lui; mais tout à coup il se ranima comme un soldat en face du danger, un rayon de lumière passa dans son âme, il ressaisit toutes ses idées, ou plutôt il s'abandonna à l'inspiration, et, la bouche ardente, l'œil animé, le front radieux, il parla ainsi :

— Mes frères, nous sommes coupables d'avoir troublé le culte sacré; Dieu nous pardonne! c'est pour la liberté. Le grand peuple de Paris a le premier secoué son joug; serons-nous les derniers à nous délivrer du nôtre? Enfants de Dieu, nous sommes tous frères! Dieu seul est au-dessus de nous, Dieu seul est notre maître et seigneur. Il nous a donné à tous l'usufruit de ce monde, Dieu soit béni par tous! En ce monde, les mauvais frères ont opprimé, dépouillé, tyrannisé les autres; les mauvais frères sont les rois et les nobles : vengeons le peuple, vengeons les pauvres, vengeons-nous, mes frères! le bras du peuple est le bras de Dieu.

Maillefer était rayonnant, sa bouche soufflait le feu de la révolte, ses yeux jetaient des éclairs.

Une rumeur sourde s'éleva sous lui; la foule, enflammée à ses paroles, dominée par ses regards, semblait n'attendre qu'un mot pour commencer sa vengeance. Dans une petite chapelle, en face de la chaire, un groupe de quelques hommes demeurait froid à l'énergique sermon du cabaretier : c'étaient Raoul, le comte de la Chesnaye, et ses amis. Près d'eux mademoiselle de la Chesnaye, blanche comme un lis, à demi agenouillée sur la dalle, à demi renversée sur un banc désert, semblait effrayée des paroles de Jacques Maillefer. Raoul, qui voyait à la dérobée l'égarement de ses beaux yeux, le soulèvement de sa gorge, la pâleur de ses lèvres, voulait et n'osait la secourir; il écoutait le sermon de Jacques Maillefer, les clameurs du peuple, les paroles de résignation de M. de la Chesnaye; mais il n'entendait que la respiration haletante de Blanche.

Le tocsin jetait sa voix lugubre dans cet orage : tous les paysans accouraient à l'église, qui, trop grande pour les serviteurs de Dieu, devint trop petite pour ceux de la révolte. Le peuple, de plus en plus irrité, fut de plus en plus menaçant; il sembla se souvenir tout d'un coup de ses souffrances et de celles de ses pères; il leva son bras redoutable et attendit avec ardeur l'instant de frapper ses ennemis.

Pluviôse reparut en chaire :

—Citoyens, en vertu de mes pouvoirs; j'ordonne l'arrestation du ci-devant comte de la Chesnaye, maire de cette commune.

Un murmure d'approbation retentit dans l'église.

—Je nomme le citoyen Maillefer représentant du peuple d'Armagny et des villages voisins.

Un murmure plus bruyant suivit le premier.

—Le cabaret de Maillefer sera à l'avenir la salle du conseil : c'est là que le peuple ira se plaindre des tyrans et demander sa part de leur héritage. Aujourd'hui, citoyens, nous allons brûler sous l'arbre de la liberté tous les titres des nobles et des prêtres; nous allons faire de ces parchemins sacrilèges un beau feu de joie, pour chauffer les sans-culottes. J'ordonne, en outre, le pillage des châteaux et des presbytères.—En avant, citoyens! du sang et du feu! tout ce qui est rouge réjouit la nation.

Maillefer s'élança à la tribune :

—Mes frères, si je suis votre représentant, je vous défends l'incendie et le meurtre. Ne soyons pas esclaves, mais soyons maîtres des événements; résistons à nos tyrannies comme à celles des autres. Vengeons-nous du mal par le bien, n'imitons pas nos mauvais frères : la clémence n'a pu être la vertu des rois, elle sera la vertu des peuples. Ne nous épuisons point contre le passé, gardons nos forces pour l'avenir; l'avenir est à nous : qu'il soit glorieux et sans tache!

Mademoiselle de la Chesnaye, soudainement ranimée, s'élança vers la chaire, tendit ses bras à Jacques Maillefer, et tomba évanouie dans la foule.

VI

Le comte de la Chesnaye, qui voulait apaiser l'orage ou lutter contre les rebelles, avait oublié sa fille. Raoul courut vers Blanche, entraîné par un sentiment où il y avait autant de fraternité que d'amour. En passant près d'un pilier, il faillit renverser Marguerite, qui priait Dieu pour lui : Marguerite, morne et désolée, tremblante comme la feuille, sombre comme la mort! Elle ne se plaignit point, et il passa sans la voir. En arrivant à mademoiselle de la Chesnaye, il repoussa les curieux du bras et du regard, il la saisit avidement, et, fort de son amour pour elle et de sa haine pour le peuple en révolte, il traversa la foule, renversant toutes les barrières qui se formaient sur son passage, et revint à la petite chapelle du comte de la Chesnaye. Blanche, se réveillant à la vie, s'attacha à lui d'une main mourante et lui dit qu'elle avait peur. Ému de cette confiance naïve, il demeura devant elle comme pour la protéger,

—Citoyens, criait Pluviôse en promenant sur l'auditoire un regard féroce, Maillefer est un républicain à l'eau de rose ou à la soupe au lait. Il faut des sacrifices à la liberté, et rien n'est plus agréable à cette divinité que le sang des nobles.

Tous les fanatiques trépignèrent d'admiration. Maillefer, pressentant que la tempête allait éclater, courut vers le comte de la Chesnaye pour le prier de partir au plus vite. Le comte lui glissa dans la main une bourse pleine d'or :

—C'est pour vos amis, lui dit-il.

Maillefer réprima un mouvement de colère, mais se rappelant que le tronc des pauvres était dans la chapelle des la Chesnaye, il y fut en silence et y versa tout l'or de la bourse ; puis il revint près du comte et lui remit dans la main la bouse vide.

—Avec de tels ennemis, nous sommes perdus! dit M. de la Chesnaye.

—Citoyens! poursuivait le septembriseur, marchons contre les brigands, marchons au presbytère, marchons au château! C'est là que sont enfouis tous les trésors du pays. Mais ne vois-je pas là-bas votre tyran et sa famille! Qu'on les mène au tribunal que j'institue... Mais non, ce serait une lâcheté... Nous saisirons les loups dans leur nid.

Le comte de la Chesnaye prit la main de sa fille et partit en toute hâte pour son château. En ce moment, le vieux prêtre, qui avait fini de dire la messe, descendait de l'autel, rayonnant encore d'une religieuse extase.

Il s'avança vers la nef, et la foule soulevée s'apaisa à la vue de cette majesté de l'âge, de cette tête qui avait blanchi en s'inclinant devant Dieu. Tout le monde était ému de vénération ; les plus exaltés se dérangeaient avec respect ; Pluviôse lui-même se sentit faible en le voyant passer. Toujours recueilli, le vieux prêtre arriva au portail, et disparut après s'être incliné une dernière fois. Un morne silence régna durant quelques minutes. Le septembriseur, craignant un refroidissement dans la haine du peuple, s'empressa de poursuivre ses hideuses déclamations.

Quand il vit le peuple ranimé par sa voix tonnante et par sa féroce énergie, Pluviôse dénoua son écharpe rouge, l'agita au-dessus de la foule et s'écria :

—Au presbytère! au presbytère !

Les plus exaltés s'élancèrent au portail en répétant ses cris. Il descendit, ou plutôt il se jeta au bas de la chaire, dépassa bientôt les plus exaltés, et se mit à chanter je ne sais quelle sans-culottide.

On vit alors Marguerite, pâle, chancelante, éperdue, s'avancer en s'appuyant contre les piliers, sur les bancs, contre les murs, sur la foule, vers une porte de l'église. Elle en franchit le seuil et se trouva dans le cimetière, qui formait le jardin du vieux prêtre. Dans le cimetière, elle se signa sur une fosse couverte d'une belle draperie de verdure.

—O ma mère, dit-elle, protégez-nous !

Elle arriva devant une petite porte s'ouvrant dans la cour du presbytère. Dans cette cour, elle rencontra le vieux curé, qui s'en revenait paisiblement, appuyé sur la pensée du Seigneur.

—Fuyez, fuyez! lui dit-elle : ces insensés viennent vers vous avec la soif du sang. Fuyons! venez avec moi, monsieur le curé.

—Rassurez-vous, mon enfant ; ils trouveront que ce n'est pas la peine de me tuer, car je ne suis déjà plus de ce monde, mon âme est toute au ciel. Qu'ils renversent mon corps sur la terre, et Dieu soit loué !

Des cris confus retentirent.

—Les voilà ! Sauvez-vous ! s'écria Marguerite d'un air suppliant.

Le prêtre s'avança vers la grande porte de la cour et l'ouvrit à deux battants ; puis il revint sur ses pas et rentra dans le presbytère.

Marguerite demeura sur le perron, pétrifiée par la peur. Les fanatiques apparurent à la porte en hurlant comme des bêtes féroces.

—A bas les prêtres ! à bas les nobles ! à bas les dîmeurs! criaient-ils avec rage.

—Le vieux cagot s'est caché, dit Pluviôse en arrivant auprès de Marguerite ; il a peur de la justice ; les coupables seuls ont peur ; au pillage ! au pillage !

Alors le vieillard revint sur le perron, ayant en ses mains une bourse et une épée rouillée.

—Que voulez-vous, mes enfants? dit-il avec calme en promenant sur la foule un regard attristé; est-ce ma vie? je vous l'offre sans regret.

Le prêtre présenta son épée.

—Avant d'être soldat de Dieu, j'ai été soldat de la France, et sur cette épée il y a encore du sang des ennemis de la patrie; frappez!

Et découvrant sa poitrine :

—Vous y trouverez de l'amour pour Dieu et de la charité pour vous.

—Nous y trouverons de la haine pour le peuple, dit Pluviôse en saisissant l'épée.

—Vous y trouverez du sang! que vous faut-il de plus? dit Marguerite avec indignation.

La foule redevint silencieuse.

—Est-ce mon argent? reprit le vieux curé en secouant sa bourse; voilà ce qui me reste. Si les pauvres étaient venus la semaine passée, ou si j'avais eu la force d'aller à eux, cette bourse serait vide.

Il sema l'argent sur l'assistance.

—Ne nous abaissons pas à ramasser ces misères, dit Pluviôse; repoussons le mépris par le mépris.— Pasteur du diable, reprit-il aussitôt, tu vas sans plus tarder comparaître devant le tribunal du peuple.

—Dignes citoyens d'Armagny, entourez-moi de vos lumières.

—En attendant le jugement de Dieu, je me soumets au jugement des hommes, dit le vieillard en faisant le signe de la croix. Souvenez-vous, mes frères, que les hommes ont condamné notre divin Sauveur Jésus-Christ.

—Souvenez-vous, citoyens, que Jeanne d'Arc, la fille du peuple, a été condamnée par un prêtre.

—Quels sont mes crimes? de quoi suis-je coupable?

—Quelles sont tes vertus? qu'as-tu fait pour le peuple?

Le vieillard garda le silence.

—Le silence des accusés en face des juges est l'aveu de leurs fautes; en vertu de mes pouvoirs, je condamne le curé d'Armagny au bannissement; j'ordonne que le presbytère soit transformé en hospice pour les malades et pour les pauvres. Toutes les richesses seront partagées entre les citoyens du pays; l'église sera desservie par un prêtre national, qui prêchera la liberté et l'amour de la patrie. Si ce prêtre-là n'a pas le génie oratoire, il lira en chaire les meilleures gazettes de Paris, *l'Ami du Peuple*, et encore *l'Ami du Peuple*. Tous ces décrets seront sanctionnés par Marat.—Ainsi soit-il.

—Hélas! dit le prêtre avec abattement, me détacher de mon église, c'est détacher l'époux de l'épouse, l'âme du corps, l'amour du cœur, l'enfant de la mère, l'oiseau du nid. Ayez pitié de moi, mes enfants; laissez-moi vivre, ou faites-moi mourir dans mon église;

je ne veux pas d'autre patrie, je ne veux pas d'autre tombeau.

Maillefer, qui avait refusé de marcher au presbytère, y vint en ce moment dans l'espérance de sauver le vieillard.

—O mes frères ! bannir un vieillard ! s'écria-t-il tout indigné ; cette mauvaise œuvre vous portera malheur : Dieu vous frappera au jour de sa vengeance, pour vous punir d'avoir banni un vieillard dont la vie était sans tache, un prêtre qui avait prié pour tous. — Républicains, Jésus, le premier des républicains, a prêché...

—Va-t'en au diable avec ton Christ et ta candeur ! dit un des fanatiques.

—A bas les noirs ! dit un autre en levant sa main vers le prêtre.

—A bas les blancs ! dit une femme par amour des contraires.

—Vivent les rouges ! dit Pluviôse ; vive Marat ! vive Robespierre ! vive Saint-Just ! vivent les montagnards !

—Mes enfants, je pardonne à vos erreurs, et je prie Dieu de vous pardonner, reprit le vieillard en faisant encore le signe de la croix.

Alors Marguerite monta péniblement sur le perron, prit la main du vieux curé, et descendit avec lui ; la foule se dérangea soudainement, comme si elle eût obéi à la main du Seigneur.

Et quand le prêtre et la jeune fille dépassèrent la porte de la cour, cette foule insensée se jeta dans le presbytère avec une sauvage avidité.

Maillefer, déjà las des révoltes et des sermons patriotiques, retourna à son cabaret, en se glorifiant du cœur de sa fille.

Il trouva sa servante qui batifolait avec un ivrogne.

—Vive la liberté! criait l'ivrogne.—Citoyen Maillefer, on dit que tous les biens seront partagés ; en attendant, je prends ma part de ta servante.

LIVRE III

A FEU ET A SANG

I

Les fanatiques d'Armagny ne trouvèrent à leur grand dépit, dans l'humble demeure du vieux curé, que misère et délabrement. Les seules choses qui firent murmurer contre l'opulence du prêtre étaient un prie-Dieu en chêne sculpté, un crucifix d'ivoire, un bénitier de cuivre repoussé, deux chandeliers argentés, un rosaire d'ébène à croix d'or, un tableau représentant l'Adoration des mages, un autre représentant le Crucifiement, des œuvres médiocres du xvie siècle.

—Au château ! au château ! cria Pluviôse ; c'est là que sont toutes les richesses du pays.

Les révoltés, animés par cette voix de tonnerre, se précipitèrent tumultueusement sur le revers de la montagne. Ils étaient à peine armés ; ils avaient dévalisé le jeu d'arc ; quelques-uns portaient des fusils de chasse. En cinq minutes, ils furent aux abords du grand bois de la Chesnaye. On eût dit des bêtes fauves répandues dans les campagnes : c'étaient des cris barbares, des rugissements forcenés. Cette foule, tour à tour ardente au bien et au mal, selon la passion du moment, offrait dans sa course le plus curieux des spectacles ! On ne voyait que ses haillons, on ne voyait que son délire ; il n'y avait plus rien d'humain dans ces hommes égarés qui croyaient se dévouer au peuple et à la France, dans ces insensés capables de tous les crimes comme de toutes les vertus.

Ils suivaient leur chef avec une ardeur aveugle : le peuple est toujours soumis ; quand ce n'est plus à Louis XVI, c'est à Marat.

A l'entrée du bois, Pluviôse, qui avait en main la vieille épée du prêtre, rassembla cette troupe vagabonde, prêcha la discorde et la vengeance avec plus de feu que jamais ; il ordonna de couper au plus vite des touffes de cornouiller pour armer les amis du peuple contre ses tyrans. Les plus fougueux de la troupe s'étaient armés de faux, de piques et de fourches.

A quelques pas devant cette horde sauvage, dans

l'avenue de la Chesnaye, le vieux curé d'Armagny, appuyé sur Marguerite, se hâtait d'arriver en ce dernier refuge.

C'était une heure avant le coucher du soleil : la nature, joyeusement éveillée le matin, s'attristait peu à peu ; le ciel, rougeâtre à l'occident, s'embrunissait aux autres horizons ; le vent chassait les feuilles et pleurait dans l'ormoie.

Dans le fond de la vallée on entendait la chanson de Jeanne-aux-Bluets qui s'en revenait des vignes sans souci des révolutions, en songeant à son ami Mi-ré-fa-sol qui ne revenait pas de Paris. La pauvre fille aimait toujours son cher joueur de violon ; elle ne pouvait s'imaginer qu'il ne reviendrait pas ; elle avait déjà fait dire une neuvaine pour mettre le ciel dans ses intérêts.

Le cri monotone du coucou retentissait dans les bois, les oiseaux chantaient comme de coutume ; mais toutes ces chansons se perdaient dans les cris des fanatiques.

Marguerite écoutait ce concert troublé avec une tristesse infinie ; dans ses rêves, elle voyait passer la belle et noble figure de Raoul ; puis bientôt, sur cette figure adorée, elle voyait la douce et tendre image de Blanche. Toutes ces apparitions réveillaient en son âme des sentiments confus d'amour et de jalousie ; elle espérait encore, elle retournait à ses beaux jours évanouis, elle s'aveuglait sur les derniers mois ;

de riantes perspectives se rouvraient en son imagination ; ce n'étaient que paysages verdoyants et fleuris. A ces tableaux fugitifs elle souriait de l'âme, elle ralentissait le pas ; sans le vieillard qu'elle conduisait à l'abri, elle se fût arrêtée pour achever son rêve. Un poëte a dit : « Les rêves commencent dans le ciel et finissent sur la terre. » Hélas ! il fallait dire : —les rêves commencent sur la terre et finissent dans le ciel,—s'ils finissent.

Aux rugissements des bêtes féroces qui couraient au carnage, croyant courir à la gloire, les doux rêves de Marguerite s'évanouirent, ses charmantes visions s'effacèrent ; elle ne vit plus que les arbres assombris et le portail gigantesque du château. En contemplant ces hautes murailles et ces tours gothiques, qui, surtout dans les guerres de religion, avaient protégé la demeure seigneuriale, elle pensa que M. de la Chesnaye, sa fille et son curé seraient là pour longtemps à l'abri de la colère du peuple. Arrivée au portail, elle sonna la cloche d'appel le plus doucement possible, afin de ne pas éveiller la crainte au château. On ne voulait pas ouvrir ; cependant un valet ayant reconnu le curé d'Armagny, M. de la Chesnaye dit qu'il fallait recueillir cette première victime des outrages du peuple ; on baissa le pont, et on ouvrit. Marguerite se jeta au cou du vieillard, lui dit adieu d'une voix tremblante et voulut partir ; mais le valet la saisit par la robe en se souvenant que

Maillefer était le premier des clubistes d'Armagny.

—Je tiens le lionceau, dit-il avec un laid sourire : le lion viendra lécher nos pieds.

—Prenez garde qu'il ne vous dévore ! dit le prêtre.

Marguerite voulut se débattre, mais en vain ; un autre valet avait refermé la porte. Elle se résigna, sans oser s'avouer qu'elle allait sans doute voir Raoul.

L'immense cour du château était plus animée que de coutume : sous les marronniers centenaires qui la parsemaient, des chevaux tout sellés frappaient le sol du pied et levaient superbement la tête : d'autres penchaient le cou avec une mine somnolente. Les premiers étaient les chevaux de M. de la Chesnaye et de ses amis ; les chevaux somnolents étaient ceux des fermiers du pays. Divers groupes de paysans et de valets s'agitaient bruyamment sous le perron ; les chiens, détachés de leur chenil, jappaient et bondissaient de toutes parts ; l'un d'eux, un grand lévrier gris, lécha en passant les mains de Marguerite, qui le regarda avec un profond sentiment de reconnaissance : c'était le premier être vivant qui lui fût hospitalier. M. de la Chesnaye vint au-devant du prêtre ; à son approche, elle s'inclina froidement. Il la regarda froidement et dit :

—Que veut cette fille ?

La pauvre enfant était résignée à tout.

Cependant les clameurs des fanatiques devenaient de plus en plus bruyantes et distinctes.

—Vivent les rouges ! vivent les jacobins ! à bas les blancs ! à bas les nobles ! vive Pluviôse ! à bas la Chesnaye !

Tous ces cris terribles éveillaient les échos de la sombre solitude, et les vieux murs féodaux tremblaient aux rugissements du peuple.

II

En 1792, le donjon de la Chesnaye avait pour naturelles défenses de gothiques murailles à peine ébréchées et de larges fossés serpentant autour. Avant de baigner la vallée d'Armagny, la petite rivière de Parmailles, qui prend sa source parmi les roches de la montagne, coulait dans les fossés au sud, au levant et au nord. De ces côtés, le château semblait inattaquable pour des assiégeants sans artillerie ; au couchant, le fossé avait à peine quelques mares d'eau croupissante cachées sous une magnifique végétation ; mais pour y arriver, quand on était dans l'avenue du château, il fallait traverser la petite rivière, et le comte de la Chesnaye avait fait abattre le pont à son retour de la messe.

Le soleil se couchait quand les révoltés arrivèrent devant le château : les derniers rayons blanchissaient à peine les grands arbres, et déjà la brume voilait le fond de la vallée. A la vue de ce vieux donjon défendu de toutes parts, Pluviôse se sentit moins courageux. Il voulait faire le tour des murs, mais la petite rivière l'arrêta bientôt. Il revint sur ses pas avec abattement, et demanda des conseils pour l'attaque à ceux qui avaient pénétré dans le château. Parmi les fanatiques se trouvait à propos l'ancien serviteur de M. de la Chesnaye, chassé du château pour vol de jambons; il donna au septembriseur quelques sages avis; il conseilla d'abandonner le portail, de jeter à la hâte un autre pont sur le ruisseau et de franchir la muraille du couchant, assurant qu'une fois dans le parc, quelques-uns d'entre eux pourraient, pendant la nuit, se glisser sans trop de danger par le soupirail d'une cave ayant plusieurs issues. Le septembriseur, un peu ranimé, décida que huit des plus robustes iraient à la découverte de bûches ou de fagots pour former un passage sur l'eau, au lieu le plus touffu, afin de ne pas être vus des assiégés; que huit autres iraient bruyamment du côté opposé, dans le seul dessein d'y attirer les défenseurs; que le reste de la troupe demeurerait en face du portail en attendant l'heure de l'attaque.

Le camp fut donc formé dans l'avenue du château, devant le redoutable portail, dont les deux tours gothiques semblaient deux gardes menaçantes. La grande porte bardée de fer eût vaincu Samson; et, malgré sa confiance en toutes ses actions, Pluviôse n'espérait point abattre cette porte colossale. Il ordonna de ramasser tous les fagots épars dans le bois, de pratiquer un pont sous le pont-levis, et de préparer des échelles de joncs.

La soirée était froide : une femme ramassa des branches mortes, des feuilles rouillées, des herbes jaunies, et demanda du feu au seul fumeur d'Armagny, en déposant son butin contre le tronc d'un chêne. Le fumeur vint à son aide ; en moins d'une minute, une épaisse fumée se dispersa dans les arbres ; et bientôt la fumée fut suivie d'une flamme transparente qui réjouit toute l'assistance.

Pluviôse avait détaché deux hommes vers les six gendarmes, avec l'ordre de les amener à lui sans retard : ne voyant arriver ni les gendarmes ni les envoyés, il confia la même mission à deux paysans des plus alertes. Comme ils s'éloignaient, il leur cria de rapporter quelques bouteilles de vin.

Et comme la troupe, enhardie par cette demande, criait de joindre au vin un peu de pain :

—Vous êtes des lâches! hurla-t-il : l'arme est le pain du brave ; d'ailleurs nous irons souper au château.

Il achevait de parler, lorsque le valet qui avait saisi Marguerite parut sur le portail et pria les rebelles de l'écouter. Après quelques huées, il se fit un silence douteux, et le valet prit ainsi la parole :

—La fille de Maillefer est notre prisonnière : vous êtes avertis que, si vous vous avisez de guerroyer contre nous ou notre château, nous nous vengerons sur elle.

Pluviôse s'enflamma d'une belle colère :

—Valet, s'écria-t-il, va-t'en dire à ton seigneur que j'enverrai demain ses deux oreilles aux Jacobins s'il s'avise de toucher à Marguerite. A toi, valet, je te laisserai tes oreilles, car qui voudrait de tes oreilles ?

—O mon Dieu ! murmura le valet, que ne puis-je renverser ce portail sur tous ces brigands !

A peine l'eut-on entendu qu'une volée de pierres siffla à ses oreilles. Il descendit à la hâte et s'enfuit au château. Les plus acharnés jetaient encore des pierres, quand Pluviôse, qui veillait à tout, entrevit à travers les arbres un jeune homme rôdant aux abords de son camp. C'était Raoul.

Raoul avait passé toute l'après-midi près de sa mère. Il était sorti de l'église avec le comte de la Chesnaye, il avait conduit Blanche jusqu'à la berline du château, et, se souvenant alors de sa mère, il était rentré pour la consoler et pour la préserver ; mais, le soir, horriblement tourmenté du sort de mademoiselle de la Chesnaye, il revenait à elle. A la vue de ces révoltés commandés par Pluviôse, il trembla pour la noble famille, et s'avança du côté du parc, priant le ciel de le conduire au secours du château.

Il rencontra bientôt les huit hommes chargés de faire un passage pour traverser la petite rivière : ils

6

s'épuisaient alors à traîner le tronc ébranché d'un orme tortueux. Raoul se détourna d'eux et voulut passer l'eau. Après avoir vainement cherché l'ancien pont, il monta sur un saule, prit un élan et tomba sur l'autre bord du ruisseau, mais dans un sable humide et mouvant.

—Citoyen, lui cria l'un des paysans, si tu avais attendu quelques minutes de plus tu ne te serais pas ainsi ensablé comme une bouteille de vin de Champagne.

—En attendant que nous allions à ton secours, dit un autre qui reconnaissait Raoul, amuse-toi à cueillir de la racine de patience, il y en a autour de toi.

—Si vous attendez pour passer que votre pont soit achevé, je vous conseille d'en cueillir vous-mêmes, murmura Raoul en relevant la tête.

Les paysans dressèrent l'orme et le renversèrent en travers du ruisseau. Le pied de l'arbre, lancé avec violence, effleura la main de Raoul.

—Prends garde à toi! crièrent-ils en se moquant de sa frayeur soudaine.

Raoul prit le pied de l'arbre avec toute sa force, avec toute sa colère, et pendant que ses ennemis riaient de voir ses mains blanches se déchirer aux racines, il parvint à soulever l'orme et à le rouler dans le courant. Les huit hommes trépignèrent de dépit; Raoul se croisa les bras avec un calme apparent.

Pluviôse, qui l'avait suivi des yeux, survint à cet instant et se mit à l'insulter.

—Monseigneur d'autrefois, lui dit-il en essayant d'attirer la tête de l'arbre, n'approche plus la patte de cet orme, ou je te blasonne la figure !

Raoul s'avança dans les roseaux, et repoussa plus loin le pied de l'arbre.

—Beau damoiseau, reprit Pluviôse, regarde une dernière fois couler la rivière ; dans un instant tu n'y verras goutte.

Pluviôse se mit à califourchon sur l'arbre et descendit avec une agile assurance. En quelques secondes il se trouva presque au bout. Cinq pieds d'eau à peine le séparaient alors de Raoul. Confiant en sa fortune, il monta sur l'orme, non sans toutes les peines du monde, et fit mine de se jeter vers Raoul, au risque de tomber dans l'eau.

Il attendit un peu, se maintint en équilibre, prit un élan et s'abattit sur la rive comme un cheval indompté.

Raoul déployant toute sa vigueur, le renversa dans les roseaux, et, pendant que Pluviôse se débattait comme un démoniaque, il disparut dans l'ombre et dans les arbres, soit qu'il eût peur ou qu'il dédaignât de lutter avec un pareil homme. Tout en écoutant les rugissements de Pluviôse, il entendait les bruits divers du donjon. Redevenu plus calme, il oublia les événements du jour ; le farouche brigand s'effaça de sa pensée; le peuple en révolte, fier de ses guenilles comme de sa colère, se perdit peu à peu dans l'ombre de sa mémoire; et sur ce fond confus il vit se détacher, comme par enchantement, l'angélique figure de Blanche.

M. de la Chesnaye avait mis quelques gardes fidèles à la porte du parc; Raoul, passant par là, leur demanda entrée au château, pour le plus dévoué des amis du comte. Les gardes reconnurent Raoul et lui ouvrirent avec joie. Il leur raconta son aventure avec Pluviôse, les encouragea par ses discours chevaleresques, et traversa rapidement le parc, brûlant de revoir mademoiselle de la Chesnaye, et d'aller braver le seul corps redoutable des assiégeants. Il rencontra devant le donjon le comte qui lui tendit la main avec reconnaissance et qui le conduisit dans une grande salle où étaient réunis des nobles, des fermiers et des valets.

D'abord Raoul ne vit point ces hommes, il vit deux femmes : Blanche et Marguerite; du moins il vit Blanche, qui, à demi morte de frayeur dans un fauteuil, avait la tête renversée et les bras pendants. La pauvre enfant semblait aussi oubliée au château qu'à l'église; nul n'était là pour veiller sur elle. Les femmes de service avaient bien d'autres soins; elles passaient le temps à cacher leurs nippes, à chercher un refuge ou une sortie pour le mauvais moment. M. de la Chesnaye était tout à la défense du château, plus préoccupé de sa déchéance que de sa fille ; il y avait alors en lui plus de haine que d'amour.

Après avoir tendrement regardé Blanche, Raoul vit Marguerite, qui, assise sur un sofa, à l'autre coin de la salle, était calme et résignée comme toujours. Il se souvenait de l'avoir offensée, et il n'osait la regarder en face.

Depuis l'entrée de Raoul, elle suivait de l'œil tous ses mouvements. Pendant qu'il la regardait à la dérobée, elle pensa qu'il songeait peut-être au passé, et comme il y avait dans son expression quelque chose de tendre et de triste à la fois, elle pencha la tête, et mit la main sur son cœur pour en comprimer les battements.

III

Retournons au cabaret. Quoique Marguerite n'y soit plus, c'est encore un théâtre intéressant, où se déroulent quelques scènes de ce drame tragicomique.

Durant toute la soirée, le cabaret regorgea d'ivrognes et de curieux. Ceux qui avaient craint d'aller au château, les arrivants des pays voisins qui, alléchés par le vagabondage, n'osaient s'aventurer la nuit dans le grand bois de la Chesnaye, s'arrêtaient chez Maillefer et buvaient à plein verre, en attendant mieux. La cave du cabaret était ouverte à tout venant : on buvait, on chantait, on criait, on se battait ; jamais, au cabaret, soirée ne fut mieux remplie ; jamais la servante de Jacques Maillefer ne dispersa tant de bouteilles en si peu de temps. Les buveurs qui n'avaient pas d'argent la payaient avec des galanteries.

Les six gendarmes venus de Saint-Quentin, à la suite du représentant de Marat, étaient dans l'ivresse la plus embrumée. Ils avaient répondu aux premiers ambassadeurs, après avoir entendu l'ordre d'aller au château sans plus tarder, que le cabaret de Maillefer était la prison provisoire du pays, suivant un décret de Pluviôse ; qu'étant en cette prison, ils se regardaient comme prisonniers et qu'ils n'avaient garde de briser leurs chaînes. Là-dessus, ils s'étaient remis à boire, à chanter, à se battre, à cajoler la servante ; et les envoyés, séduits par leur joyeuse mine, buvaient, chantaient, se battaient et cajolaient la servante.

Maillefer prêchait la sagesse aux buveurs ; mais, comme tous les apôtres de la sagesse, il prêchait dans le désert. Il s'inquiétait de l'absence de Marguerite, mais il en bénissait le ciel ; car il rougissait à la seule pensée que sa fille eût pu voir l'orgie qui se passait dans sa maison ; d'ailleurs, il savait que Marguerite était avec le vieux prêtre, et que tout en servant de sauvegarde au vieillard, elle avait en lui une sauvegarde.

Quelque peu dégoûté de défendre les droits du peuple, depuis que le peuple buvait son vin et s'ébattait avec sa servante, le cabaretier se promettait de demeurer coi à propos de la république, et d'étouffer en lui ses beaux rêves de liberté, lorsque les derniers ambassadeurs des rebelles entrèrent bruyamment au cabaret.

—Piliers de cabaret, gendarmes d'enfer, vous avez donc le diable au corps? dit l'un d'eux en saisissant un verre : on vous attend depuis trois heures, et vous buvez comme des lessives !

Le paysan se versa à boire et parodia fort joliment les ivrognes.

—Et le château? où est le château? demanda un des gendarmes en trébuchant.

—Le château est toujours sur ses jambes, répondit le second envoyé; le château se porte mieux que vous, intrépides buveurs de vin !

—J'aime mieux être un buveur de vin qu'un buveur de sang, dit sentencieusement le plus ivre des gendarmes.

—Si nous sommes intrépides à l'attaque de la bouteille, dit le plus éloquent, vous ne l'êtes guère à l'attaque du manoir.

—Votre commandant en chef est un agneau, dit le plus fanfaron : si j'avais été comme lui à la tête des sans-culottes du pays, j'aurais déjà jeté le château par les fenêtres.

—Les grandes tours renversées, dit le plus burlesque, ne seraient à présent que de grands puits où j'aurais enseveli le seigneur avec toute sa valetaille.

—Ah! dit en soupirant le plus amoureux, j'aurais déjà épousé sa fille.

—Je m'en lave les mains, dit le plus candide qui dormait sous une table, ayant pour oreiller une bouteille vide.

Les derniers ambassadeurs trinquaient et buvaient sans nul souci pour la veille, le jour et le lendemain.

IV

Tout d'un coup, l'un d'eux tomba dans une rêverie profonde.

—Hélas! dit-il, le plus fâcheux de tout cela, c'est que Marguerite soit prisonnière au château.

—Ma fille! s'écria Jacques Maillefer, pâlissant de colère et d'angoisses, Marguerite dans les griffes du lion!

—Et le comte de la Chesnaye, reprit l'envoyé, menace de la sacrifier si les sans-culottes touchent à son château.

Le cabaretier pencha la tête avec désespoir ; mais bientôt, ayant honte de se laisser abattre dans un pareil moment, il la releva avec fierté et s'écria :

—O mes amis ! sauvons ma fille ! ô mes frères, sauvons Marguerite !—Mangez mon pain, buvez mon vin, sauvez mon sang !

Tous les ivrognes sortirent de leur ivresse comme par miracle : les bras furent levés en signe de bravade ; un cri de guerre retentit de tous côtés ; emportés par un généreux élan, les buveurs demandèrent des armes ; les plus fougueux s'armèrent de leurs bouteilles. Le cabaretier ouvrit une armoire de chêne grossièrement sculptée ; dans cette armoire étaient suspendus un sabre rouillé, une épée du maréchal de Villeroi que le hasard avait jetée entre ses mains, deux mauvais fusils venant de la campagne de Flandre où avait combattu son père ; enfin un grand nombre de flèches destinées au jeu d'arc de la ville. Maillefer garda l'épée, donna le sabre à un de ses amis, les fusils aux derniers envoyés du septembriseur, et les flèches aux paysans ; puis il marcha en tête des buveurs devenus soldats, qui criaient avec une ardeur farouche :

—Vive Marguerite ! vive la liberté !

La servante demeura seule dans la tabagie, surprise que les ivrognes eussent laissé leurs verres pleins.

Malgré les ténèbres profondes, le cabaretier, les

gendarmes et les paysans descendirent la montagne avec assurance, sans tomber et sans trébucher. Il semblait qu'ils fussent éclairés par leur soudaine et belliqueuse ardeur.

Ils criaient sans cesse, et, du fond des bois de la Chesnaye, les assiégeants répondaient par des clameurs de joie et de colère. Quand ils furent tous réunis, l'ardeur se changea en délire : c'étaient de fraternelles accolades, de féroces trépignements, de hideux serments de vengeance.

Le feu, allumé devant le portail, n'était point consumé : par intervalles, quand le vent éveillait la flamme et chassait la fumée, tout le camp s'illuminait comme par enchantement; et alors on voyait la fureur, la folie, le délire de ce ramas de fanatiques.

Par une de ces soudaines et fugitives illuminations, au moment de l'arrivée de la seconde troupe, Raoul apparut sur le portail, tenant à la main la vieille bannière.

Tous les regards s'élevèrent à lui, toutes les bouches s'ouvrirent pour l'insulter.

Il agita la bannière au-dessus de la foule en signe de défi. Les flammes blanchissantes répandaient plus de lumière : il était superbe, au-dessus des assiégeants, en balançant son drapeau, dont les lis semblaient plus éclatants que jamais. Sa jeune tête avait un caractère héroïque et chevaleresque.

Un paysan, qui, tout en cheminant dans le bois, était parvenu à faire un arc avec un rameau de noisetier et un frêle jet d'osier, lui décocha une flèche ; il l'entendit siffler à son oreille et il en devint plus altier encore. Le paysan allait recommencer, mais l'osier, déjà écorniflé, se détacha du rameau : en vain il essaya de l'y renouer, le jet glissait dans ses doigts.

—Ma commère, donne-moi ta jarretière, dit-il à une femme qui le regardait.

La commère lui rit au nez ; mais Pluviôse, qui était partout et qui ne riait guère, ordonna à cette femme, en vertu de ses pouvoirs, de remettre au plus tôt sa jarretière entre les mains du tireur d'arc, pour servir à la défense des sans-culottes. La commère résista et se moqua de l'ordonnance indiscrète du septembriseur ; mais le paysan, alléché par l'idée de dénouer lui-même la jarretière, saisit amouresement la commère par le corsage, la renvesra sur l'herbe, fit voltiger sa jupe au gré de ses mains et de ses yeux ; et, quoique la commère se défendit en femme qui a de vilaines jarretières, il remporta la victoire, aux applaudissements des voisins. Quand il eut une corde à son arc il voulut lancer une seconde flèche à Raoul ; mais le jeune marquis avait remis la bannière dans ses crochets rouillés, et il était redescendu dans la cour du donjon sans répondre aux demandes paternelles de Maillefer.

—Les ingrats! c'est ainsi qu'ils se vengent de ma sollicitude! dit le cabaretier avec désespoir, quand Raoul eut disparu.

La bannière, que le vent agitait, réveilla sa colère contre les nobles.

—Mes amis, s'écriait-il en se retournant vers les paysans, nos ennemis ont voulu nous insulter jusqu'à l'heure de leur chute par de vaines bravades. C'est aujourd'hui le jour de la vengeance : vengeons-nous ; marchons à la gloire, marchons à la liberté! Voyez notre misère, et voyez ce palais : Dieu combattra avec nous ; Dieu est l'appui des pauvres. En avant! Camille Desmoulins, mon ami, n'a-t-il pas dit : *Paix aux chaumières, guerre aux châteaux!*

—Calme ton ardeur insensée, dit Pluviôse à Maillefer ; attends qu'on s'endorme un peu au château, attends que la nuit devienne plus sombre. Tu m'as l'air d'un pourfendeur de moulins à vent. La belle avance d'aller te mesurer avec ces terribles murailles, de t'épuiser en vaines estocades contre ces portes de fer ! N'allons pas, comme des fous, nous jeter dans la cage de cet oiseleur qui nous guette sans cesse. Puisque le brigand a osé fermer sa caverne, c'est qu'il peut se défendre contre nous ; il a des armes : où sont les nôtres? Si nous avons des amis dévoués, il a des esclaves qui seront fiers de mourir pour lui. Patience, patience, Maillefer ! nous ne pouvons attaquer ce château par ce côté. Prends soin de la troupe; je cours au ruisseau voir si le pont s'achève. J'ai des desseins inspirés par la victoire. Il est bien regrettable que mon habit et ma culotte soient dans le déluge : une ardeur aussi folle que la tienne m'a entraîné au milieu de l'eau. Mais voilà un bavardage de pie indigne de gens comme nous. Avant que je m'éloigne, crions vive Marat ! de tout notre cœur et de toutes nos forces. Il faut que les brigands du château sachent que nous sommes toujours là.

Pluviôse cria : vive Marat ! et tous les révoltés furent ses échos, hormis Maillefer, qui murmurait entre ses dents : « Malheur à vous qui ajoutez terres à terres sans qu'il reste de place pour les pauvres ! Êtes-vous donc les seuls habitants de ce monde ? »

Comme il contemplait la forme imposante du donjon, il se souvint de ces paroles du Christ qui achevaient sa pensée : « Je jure que cette multitude de palais seront tous déserts et démolis ! »

V

Quand Raoul rentra dans la salle du donjon, le vieux curé prêchait la paix, et regrettait que M. de la Chesnaye se fût enfermé dans son château. Suivant lui, les rebelles irrités, par la défense, seraient, dans leur triomphe, méchants comme des tigres : ils incendieraient le donjon, ils égorgeraient tous les défenseurs.

—O mes frères! dit-il en finissant de parler, ouvrons les portes et prions Dieu.

—Avec des hommes, dit M. de la Chesnaye, il faudrait suivre vos conseils; mais avec des bêtes féroces, il faut se défendre jusqu'à la mort. Un vieux proverbe champenois dit qu'il ne faut pas tendre les bras à son ennemi, car, au lieu d'embrasser, il mord. D'ailleurs ces manants ne sont pas à craindre. Ils ont voulu nous effrayer; ils effrayeraient à peine des lâches! L'ennui, la fatigue, le sommeil ou la peur vont les prendre; avant l'aube, tous auront déserté. Si par hasard ils triomphent, n'est-il pas beau de mourir fidèles au roi et à nous-mêmes?

M. de la Chesnaye avait, lui aussi, l'air chevaleresque; le mot de guerre l'enivrait; à la seule vue d'une épée, il s'enflammait d'une ardeur héroïque. Par malheur pour lui, la fortune, qui passe son temps à contrarier nos desseins, n'avait point souri à cet amour des combats. Une seule fois, dans sa jeunesse, la guerre l'avait appelé : la guerre de Sept ans; mais il se maria. Dans l'ennui du mariage, il regretta la guerre, et lut pour se consoler les romans de chevalerie. Ces lectures romanesques ranimèrent son ardeur belliqueuse jusqu'aux premiers jours de sa vieillesse. Quand les armées étrangères passèrent le Rhin pour arrêter les premiers troubles révolutionnaires, il pensa encore à prendre les armes; mais il fallait combattre contre le roi ou contre la France; il fallait d'ailleurs abandonner sa fille à l'heure du danger : en loyal chevalier, il demeura en son château, décidé à se défendre jusqu'à la mort.

Le temps était venu et M. de la Chesnaye sentait reverdir son vieux courage en face des assiégeants; loin de l'effrayer, leurs cris sauvages irritaient sa bravoure; il se voyait transporté comme par enchantement dans ces glorieux jours où ses aïeux commandaient à des milliers de vassaux; il oubliait que le temps avait tout changé; dans son ivresse, il s'aveuglait sur cette guerre d'enfants et se croyait sur un plus grand théâtre; sous ses yeux, ses amis et ses valets se changeaient en des milliers de soldats; aux clameurs menaçantes des assiégeants, il se voyait en face d'une véritable armée. Tout avait grandi pour lui, la gloire comme le danger; il s'imaginait que la France entière le regardait, et déjà il lisait les mémorables événements du château de la Chesnaye dans la Gazette du Roi.

Il veillait sans cesse à la défense; il allait, il venait, encourageant tout le monde par des promesses. Il avait mis ses valets en sentinelle aux crénelures des murailles, dans les tourelles, aux portes de sortie, avec l'ordre d'observer ou d'écouter les assiégeants,

A leur moindre signal, le corps de réserve, c'est-à-dire les cent cinquante hommes qui attendaient dans la grande salle et dans la cour tout en préparant leurs armes, devaient sortir pour le combat. M. de la Chesnaye, impatient d'engager la lutte, étonné de la lenteur des assiégeants, allait voir à chaque instant si les sentinelles ne dormaient pas. Il avait applaudi Raoul, dans son noble dessein de relever sur le portail la bannière des lis, qui en était tombée le jour de la prise de la Bastille; à son retour, il l'avait embrassé avec enthousiasme en lui prédisant une belle vie ou une belle mort.

Raoul était exalté par une idée et par un sentiment : plus que jamais il avait la guerre en tête et l'amour au cœur ; il vivait de toutes ses forces, et le monde lui paraissait à peine assez grand pour lui. Il veillait à la défense, comme M. de la Chesnaye, il avait l'œil et l'oreille au guet ; mais souvent il n'entendait que les battements de son cœur, il ne voyait que Blanche.

Quand il rentrait dans la grande salle, ce n'était nullement pour les beaux discours des nobles et des fermiers, mais pour les beaux yeux noyés de larmes de mademoiselle de la Chesnaye. Malgré son oubli de Marguerite, il ressentait toujours, en passant devant elle, un douloureux émoi ; il avait appris qu'elle était en otage au château, et il s'apitoyait sur cette jeune infortune ; il ne l'aimait plus, mais l'ombre de son premier amour glissait çà et là sur le second, comme au printemps les nuages sur le ciel.

VI

Pendant que Marguerite s'abandonnait à ses rêveries, Blanche, le cœur oppressé devant le danger — peut-être par la vue de Raoul, — peut-être au souvenir de Mi-ré-fa-sol, — se détacha lentement du fauteuil et s'en alla respirer à la fenêtre voisine.

Par intervalles, le vent chassait dans la salle, au nez des défenseurs du château, d'importuns nuages de fumée. M. de la Chesnaye venait d'ouvrir cette fenêtre. Le grand rideau de damas rouge était relevé vers le milieu par une torsade à franges d'or. Les clartés obscurcies des candélabres se jouaient sur le damas, mais n'atteignaient point Blanche, et du premier regard l'œil ébloui ne pouvait la découvrir. Raoul, qui l'avait vue se glisser sous le rideau, passa près d'elle avec un violent battement de cœur, et tout à coup emporté par sa passion, il s'avança vivement dans l'embrasure. Blanche tressaillit et se jeta contre la boiserie. Alors son cœur dut battre comme le cœur de Raoul. Le pauvre amoureux, redevenu plus timide que dans l'adolescence, se pencha sur la balustrade et regarda dans l'ombre des charmilles du jardin; mais à un mouvement de mademoiselle de la Chesnaye, il lui saisit le bras comme s'il eût craint de la perdre. Par une légère résistance, Blanche détacha son bras, mais sa main ne put échapper à celle de Raoul.

—Oh! je puis mourir! murmura-t-il en levant sur elle un regard plein d'amour.

Blanche pencha la tête sous ce regard comme sous un rayon de soleil.

—Mourir! dit-elle d'une voix émue.

—Les dieux ont soif! entendez-vous les clameurs des brigands? J'ai peur de ne plus revoir le soleil, Blanche; j'ai des pressentiments sinistres; ce soir, je ne pouvais me détacher des bras de ma mère. Au moins ma mort sera glorieuse, car je veux mourir en vous défendant.

—Nous mourrons tous cette nuit, dit Blanche.

—Non, vous ne mourrez pas : le Pluviôse lui-même aurait pitié de vous.

Les cris des révoltés arrivaient au cœur des amants comme de sinistres présages.

—Voilà notre dernière heure! murmura Blanche.

Elle s'était approchée de Raoul comme pour s'abriter du massacre; par un même mouvement, Raoul s'était approché d'elle comme pour la préserver, et leurs lèvres se touchèrent.

—Si je meurs, dit Raoul d'une voix étouffée, consolez ma mère, et remettez-lui ce scapulaire que j'ai depuis vingt ans bientôt.

Il détacha de son cou un ruban noir où était suspendue une petite croix d'argent.

—Voilà ce scapulaire, reprit-il en le déposant dans les mains de Blanche : c'est un crucifix rapporté de Saint-Jacques de Compostelle par l'aïeul de ma mère.

Blanche passa le ruban à son cou.

—Oh ! gardez-le toujours, et soyez bénie ! s'écria Raoul éperdu de joie. Pourtant, reprit-il d'une voix attristée, si un jour votre cœur... de grâce, ne profanez pas... je vous en supplie, Blanche, la veille de vos fiançailles, le jour où vous perdrez mon souvenir..., de grâce courez vers ma mère et remettez-lui ce scapulaire.

Mademoiselle de la Chesnaye croisa ses mains sur le crucifix.

Blanche ne savait pas ou ne voulait pas savoir si elle aimait Raoul, mais comme toutes les femmes elle permettait à Raoul de l'aimer.

Sans bien penser à ce qu'elle disait, elle lui parla ainsi :

—Jusque dans le cercueil, je veux garder cette croix, dit-elle ; si Dieu me fait la grâce de mourir avant vous, et si vous m'oubliez quand je ne serai plus de ce monde, venez, venez arracher cette croix de mon cœur éteint ; car il me semble qu'elle troublerait mes ossements dès le premier jour de l'oubli.

Raoul leva les yeux aux ciel, comme pour prendre le ciel à témoin de son serment.

VII

Tout à coup la grande salle fut en rumeur au signal d'une sentinelle.

—Aux armes ! aux armes ! s'écria M. de la Chesnaye.

Raoul saisit un sabre dans les mains d'un fermier, et s'élança vers la porte. Sur le seuil il se retourna pour jeter un regard rapide à Blanche, qui ne voyait rien, mais qui sentit ce regard. Il disparut au même instant sans avoir pensé à Marguerite. La pauvre délaissée l'avait vu s'enfuir, se retourner et disparaître.

—O mon Dieu ! murmura-t-elle en laissant retomber sa tête sur le marbre de la cheminée, ô mon Dieu ! rien pour moi ! Je croyais à la pitié, c'est donc l'oubli !

Il lui sembla qu'un linceul glacé l'enveloppait ; les songes désertèrent son cœur, la nuit couvrit son âme : elle tomba dans une douleur infinie.

Les nobles et les fermiers se jetèrent à la suite de

Raoul. Les moins ardents s'attardèrent un peu; un officieux voulut donner des secours à mademoiselle de la Chesnaye.

—Si vous voulez me secourir, dit-elle, suivez mes amis.

L'officieux sortit aussitôt. Un fermier fit semblant de chercher ses armes :

—Vous vous êtes laissé désarmer par Raoul, dit Marguerite.

Le fermier désarmé eut à cœur le mépris de la jeune fille; il revint sur ses pas avec une lâche idée de vengeance.

—Ami, dit-il à un retardataire qui se chauffait les pieds, n'ayons point l'imprudence de laisser la liberté à cette sournoise, qui irait ouvrir à son père : il faut la garrotter et l'enfermer.

—Oui, s'écria le frileux : son père sera sans pitié pour nous, soyons sans pitié pour elle.

Les bons amis s'emparèrent de Marguerite, qui dédaigna de se défendre. Le vieux curé se leva tout indigné et vint à elle, mais il fut repoussé.

—Laissez-les, dit-elle avec reconnaissance, je leur pardonne, car c'est la peur du combat qui les rend infâmes.

Mademoiselle de la Chesnaye regardait cette horrible scène avec égarement. Elle ouvrit la bouche pour supplier en faveur de Marguerite, mais les bruyantes clameurs des assiégeants et des assiégés détournèrent sa pensée et arrêtèrent le généreux élan qui l'entraînait à la défense de la fille de Maillefer.

Marguerite fut emportée dans une chambre voisine, où on lui lia les mains, en lui promettant d'autres tortures. Elle souffrit tout avec un courage héroïque, avec une résignation chrétienne.

Le signal de la défense avait été donné par la sentinelle du portail, qui s'imaginait que les assiégeants essayaient de mettre le feu au château : il n'en était rien. Le vieux tronc de chêne qui servait de cheminée aux rebelles, avait fini par s'embraser ; quelques touffes voisines de charmille et de chênaie commençaient à s'enflammer, et le feu serpentait dans les herbes, et surtout dans les ronces où s'amassent toujours les feuilles. Les paysans poussaient des hurlements de joie : il leur semblait que les flammes étaient un présage de victoire.

Quand Raoul reparut sur le portail, les cris furent plus bruyants encore. Il s'attendait à combattre sur la brèche, il s'y trouva seul. Les clameurs s'étant un peu apaisées, il dit aux révoltés qu'il les attendait.

M. de la Chesnaye arrivait alors auprès de lui.

— Ce sont des lâches ! cria-t-il avec force, des lâches n'ayant ni foi pour les sauver ni bannière pour les conduire !

— Le peuple a toujours la foi, dit Maillefer ; le peuple croit en lui, il ne croit plus en vous.

—Voilà notre bannière ! dit un paysan en se tournant vers les flammes rougies par le reflet du brasier.

—Une bannière ? nous prendrons la tienne ! s'écria Pluviôse en agitant ses bras et secouant sa crinière ; nous prendrons la tienne après l'avoir teinte dans ton sang !

M. de la Chesnaye pâlit à ces horribles paroles, et fit feu à diverses reprises. Raoul tira à son tour, mais une flèche vint s'abattre sur son sein : une abondante rosée de sang jaillit de la blessure. Il en arracha la flèche et voulut la lancer aux assaillants, mais il n'en eut plus la force : sa main levée retomba lentement, un voile s'étendit sur ses yeux.

Les plus fidèles amis de M. de la Chesnaye le soutinrent dans leurs bras. Ce fut une grande désolation parmi les assiégés : le premier atteint d'entre eux était le plus ardent. Quelques-uns perdirent courage ; quelques autres, irrités de cet échec, jurèrent aussitôt de venger Raoul. On s'empressa de l'emporter au château.

Il n'avait plus ni voix, ni regard, ni mouvement ; pourtant il conservait un vague sentiment des choses présentes.

En passant devant la chambre où était emprisonnée Marguerite, il sembla se réveiller. Un faible cri de douleur échappé malgré lui alla retentir dans le cœur de la jeune fille, qui écoutait avec épouvante les divers bruits du château : elle se jeta violemment contre la porte, elle appela Raoul de toutes ses forces mourantes.

—Raoul ! Raoul ! criait-elle avec démence.

Raoul passa sans l'entendre ; il croyait déjà voir mademoiselle de Chesnaye s'évanouissant en lui donnant des secours.

Dans sa désolation, Marguerite tomba agenouillée, et dit en levant les yeux avec dévotion :

—Il n'a pu m'entendre !—O mon Dieu ! vous qui êtes ma dernière espérance, entendez-moi !

Elle se mit à prier pour Raoul. Alors, dans la grande salle, le vieux prêtre priait aussi avec ferveur.

—Priez, priez, mon père, priez pour nos amis ! dit Blanche, qui avait de tristes pressentiments.

—Je prie Dieu pour tous, mon enfant, dit le vieillard d'une voix émue. Dans la grande famille du monde, il y a des frères égarés : il faut les plaindre et les recommander au ciel.

La porte s'ouvrit bruyamment : mademoiselle de la Chesnaye devint pâle comme la mort.

VIII

Raoul fut déposé devant l'âtre, où le dernière bûche tombait en charbons. Le prêtre, atterré, n'eut pas la force de se lever et d'aller à lui ; Blanche fit un pas vers la cheminée, mais elle s'arrêta comme une pauvre folle qui ne sait plus son chemin. Pendant qu'un des amis de M. de la Chesnaye soulevait Raoul dans ses bras, un autre essayait d'étancher avec un rideau arraché à une des fenêtres le sang qui coulait toujours abondamment de sa blessure. Raoul avait penché la tête du côté de Blanche, et il voyait sa douleur à ses lèvres pâles, à ses yeux égarés, à sa gorge palpitante; et cette douleur, ou plutôt cette compassion, était le meilleur baume pour sa plaie.

Les cris de guerre ayant redoublé, les deux hommes le laissèrent à la garde du prêtre et de Blanche. Il eut un éclair de joie en se voyant presque seul avec mademoiselle de la Chesnaye. Il espérait qu'enfin elle allait venir à lui ; mais elle demeura au milieu de la salle, immobile comme une statue.

—Hélas! pensa-t-il en essuyant la rosée de son front, elle est bien lente à me secourir !

De son côté, le vieillard semblait enchaîné sur les dalles; il était brisé par la prière et l'émotion.

Durant quelques secondes, il se fit dans la grande salle un profond silence. Alors, pour la première fois, Raoul entendit les gémissements de Marguerite. Jamais plaintes ne furent plus tristes et plus déchirantes que ces plaintes qui se brisaient contre les murs; jamais sanglots n'exprimèrent si bien l'amour et la douleur. Raoul en fut si violemment ému qu'il oublia son mal, et, pour un moment, le souvenir de Marguerite lui cacha Blanche.

—Où est Marguerite ? dit-il involontairement.

Mademoiselle de la Chesnaye tresaillit et sembla chercher des yeux ; le vieux curé promena son morne regard autour de lui.

Un grand bruit se fit à la porte, et tout à coup Marguerite apparut à l'entrée de la salle. Sur sa belle figure, la joie, l'amour, la douleur éclataient à la fois. Elle courut à Raoul et se pencha au-dessus de lui, toute haletante et toute éperdue. A la vue du sang, elle pâlit, elle chancela, elle fut abattue ; mais au même instant elle se ranima à un regard de celui qui l'avait aimée.

—Détachez mes mains ! s'écria-t-elle avec feu, coupez cette horrible corde qui m'empêche de le secourir.

Elle se tourna vers le vieillard. Il lui tendit les bras et tomba inanimé devant la fenêtre.

—Détachez mes mains ! dit-elle encore en se tournant vers mademoiselle de la Chesnaye.

—Marguerite !... murmura Raoul, qui vit seulement alors l'horrible corde qui déchirait les mains de la pauvre fille.

A cette voix aimée, à cette exclamation partie du cœur, elle se sentit défaillir, elle roula sur les dalles. Mais, ressaisissant ses dernières forces, elle se traîna aux pieds de Blanche.

—Vos amis sont des lâches, dit-elle en sanglotant; vous êtes loyale, vous êtes généreuse : détachez mes mains? détachez mes mains!

Mademoiselle de la Chesnaye regardait Marguerite d'un œil effaré.

—Ayez pitié de ma douleur! reprit la pauvre fille. Je suis à vos genoux, je vous prie comme je prierais Dieu, car c'est la vie que je vous demande; si vous ne coupez cette corde, si je ne puis lui donner des secours, je sens que je vais mourir... O madame, souvenez-vous que mon père a sauvé le vôtre...; il le sauvera encore..., ayez pitié de moi!...

Blanche demeurait toujours immobile.

—Si vous n'avez pitié de moi, ayez donc pitié de lui... Qu'attendez-vous? vous avez les mains libres; vous ne serez pas jalouse de mes soins... Je vous croyais noble : qu'êtes-vous donc? Je ne suis qu'une fille du peuple, mais j'ai du cœur, madame; on ne m'a jamais demandé deux fois un service; et voilà une heure, et voilà un siècle que je vous supplie!

Marguerite se leva et se tourna vers Raoul.

—Suppliez-la! lui dit-elle en le regardant avec une tendresse angélique.

Raoul avait une plaie dans le cœur comme dans la poitrine; il souffrait à la vue de cette scène comme aux aiguillons de sa blessure. A l'approche de Marguerite, il leva la main et voulut saisir la corde; mais sa main retomba ; il perdait toujours du sang, il s'affaiblissait de plus en plus.

—Oh! mon Dieu! il va mourir! dit involontairement Marguerite.

Mademoiselle de la Chesnaye sembla secouer le manteau de plomb qui l'ensevelissait ; elle vint avec une lenteur de spectre jusqu'au fauteuil où reposait Raoul.

—Enfin vous ne dormez plus! dit Marguerite ; vous étiez dans l'horrible sommeil de la douleur, et vous ne m'entendiez pas. Vous êtes charitable comme toutes les femmes! Ayez pitié de moi, détachez mes mains! Les soins de l'amour sauvent les malades : sauvons donc Raoul, madame !

Blanche se rapprocha de Marguerite, et regarda avec compassion ses mains meurtries par les cordes.

A cet instant, les fenêtres de la façade furent tout d'un coup illuminées ; Blanche recula en jetant un cri d'effroi. Cette clarté soudaine venait du portail, où la bannière des lis n'était plus qu'une flamme blanche serpentant dans les airs.

IX

Quand Raoul fut atteint d'une flèche, Pluviôse vit la douleur et le trouble des assiégés. La nuit était profonde; il jugea que le temps était venu d'aller surprendre le donjon. Ayant appelé à lui les plus intelligents de la troupe, Maillefer et quelques-uns des clubistes les plus frénétiques, il leur confia son dessein et leur ordonna de s'agiter sans cesse.

— Bondissez comme des possédés, rugissez comme des lions, leur dit-il; ayez souvent l'air de vous préparer à l'attaque; parlez d'armes et d'échelles attendues d'Armagny, et retournez-vous quelquefois tous ensemble vers la montagne, comme si l'on venait à votre secours; épouvantez ces lâches par vos cris de vengeance et de liberté; menacez-les sans cesse; dites-leur que l'incendie de leurs châteaux réjouira le ciel; dites-leur que le sang de leurs veines arrosera la terre. Les grands mots et les grands cris sont les meilleurs soldats d'une armée comme la nôtre.

Pluviôse fit signe à l'ancien serviteur du château, qui était son aide de camp; ils partirent ensemble et disparurent bientôt dans les arbres.

Maillefer, se voyant le chef des révoltés, demanda un peu de silence.

—Comte! cria-t-il à M. de la Chesnaye, tu as ma fille en otage; tu as juré de venger sur elle les brèches faites à ton château : si tu as un cœur de père, tu ne seras point assez lâche pour cette vengeance; si tu n'as point de cœur, si tu te venges sur ma fille, garde bien la tienne ! Je t'avertis que ton corps ne pourra la préserver de ma colère... Écoute : il est temps encore d'arrêter cette lutte impie...

—Va-t'en avec ton infâme troupe ! dit M. de la Chesnaye ; je jure devant Dieu de te renvoyer ta fille.

—Tu veux nous chasser comme tes valets ! dit Maillefer indigné ; nous mourrons ici plutôt que de fuir ; car ce [n'est pas seulement pour ma fille que nous sommes venus, nous sommes venus surtout pour fouler aux pieds ta noblesse.

—Vous êtes venus pour m'assassiner et me dépouiller, assassins et brigands ! s'écria M. de la Chesnaye.

Maillefer, qui aimait beaucoup à parler, dit en levant la tête :

—Le monde est une grande famille ; nous sommes tous les enfants de Dieu et la terre est notre héritage. Les mauvais frères ont jeté la discorde autour d'eux : ils ont supprimé les justes ; ils sont devenus puissants, leurs enfants sont devenus seigneurs, leurs petits-enfants sont devenus rois : Caïn a toujours tué Abel. Pendant bien des siècles, les rois ont été la terreur des peuples : les peuples deviendront la terreur des rois. Les fidèles sujets des rois ont eu des titres de noblesse. La belle noblesse ! On a créé des duchés, des marquisats, des comtés, des baronnies ; au lieu d'un roi, on en a subi mille. Elle a bâti des châteaux avec les bras du peuple ; elle a recueilli les moissons du peuple ; et le peuple a souffert avec une sainte résignation ; il a rendu le bien pour le mal, il s'est dévoué...

Maillefer se tourna vers la foule, qui l'écoutait avec enthousiasme :

— Voilà le peuple! s'écria-t-il.

Puis se retournant vers le portail :

— Voilà la noblesse ! Or, nous sommes au jour de la justice : le peuple, las de souffrir, le peuple, fortifié par l'esprit de Dieu, s'est armé pour la conquête de ses droits et l'abolition de la noblesse. — Voilà pourquoi nous sommes venus, comte de la Chesnaye. Les brigands et les assassins sont dans ton repaire. « Le lion qui brise sa cage, a dit le prophète, déchire ceux qui le gardaient. » Le peuple, c'est le lion : tremble !

Une pierre détachée du portail vint tomber avec fracas aux pieds du tribun ; toute la troupe s'enflamma d'une horrible colère. On avait ramassé des cailloux dans l'avenue ; on se jeta sur l'entrée du château avec une avidité farouche ; et au même instant un cliquetis d'armes s'éleva dans l'air avec des cris sauvages.

— Vive Jacques Maillefer ! crièrent les révoltés.

— Vive la Chesnaye ! crièrent les défenseurs du château.

X

Pluviôse s'acheminait avec son guide vers une petite porte s'ouvrant dans le lieu le plus solitaire du parc. Ils traversèrent la rivière sur des fagots, mais ce ne fut pas sans danger, car le passage était mouvant comme le sable du désert.

Après quelques minutes de marche pénible à travers une chênaie touffue, ils arrivèrent devant la petite porte.

—Cette porte n'est pas gardée, dit l'ancien serviteur du château; M. de la Chesnaye l'a vue à peine deux fois en sa vie. Elle servait aux aventures galantes de son grand-père; voilà pourquoi elle est cachée comme un nid de fauvettes dans cette feuillée si sombre. Elle doit tomber en pourriture, car il y a plus de cinquante ans que la pluie s'y acharne.

Pluviôse leva son pied et en frappa la porte avec une vigueur surhumaine : le mur en fut ébranlé, mais la porte résista.

—Si jamais on nous entend nous sommes perdus! dit son guide.

Irrité de la résistance de la porte comme de toutes les résistances, Pluviôse recommença à frapper ; au second coup, la porte tomba avec fracas. Il s'ouvrit un passage parmi les mûriers et les épines, et s'avança rapidement vers le donjon, qu'il voyait confusément sur le fond noir du ciel. Son guide que la peur rendait merveilleusement agile, le dépassa bientôt.

—Silence! dit-il, car il y a sans doute des sentinelles à la grille.

Ils suivirent une sombre allée de tilleuls. Comme ils arrivaient aux derniers arbres :

—Silence! reprit le guide : il y a des gardes à deux pas.

Pluviôse entendit des voix confuses. La frayeur avait réuni quelques sentinelles qui croyaient à un horrible carnage et qui avisaient au moyen de sauver leurs os.

—Ils conspirent dans l'ombre, loin du danger, dit Pluviôse ; ce sont des lâches, allons plus loin, allons toujours.

Le guide rencontra le premier mur servant de limite au jardin ; il s'empressa de chercher le grand soupirail des caves. Durant quelques secondes il fit de vaines recherches; enfin, ayant trébuché à un tas de fumier, l'idée lui vint que les défenseurs du château avaient caché le soupirail. Aussitôt il se mit à l'œuvre ; le septembriseur arriva à son aide. Sous le fumier, ils trouvèrent des planches, à demi enterrées; sous les planches, ils découvrirent le grand soupirail.

—Cela m'a bien la mine d'une fosse d'où nous ne sortirons pas, dit Pluviôse. A toi les honneurs, citoyen ; passe en avant. Si d'aventure les brigands ont eu l'imagination de nous faire au fond de cette tombe un lit d'armes tranchantes, tu m'en diras des nouvelles, et tu mourras content d'avoir sauvé la vie de ton capitaine.

Le guide était immobile.

—Nous n'avons pas le temps de regarder les choses par les deux faces, reprit Pluviôse.

Il saisit l'ancien valet, qui n'osa résister et qui se laissa glisser dans les voûtes à la grâce de Dieu.

—La route est-elle mauvaise ? lui demanda Pluviôse en se penchant au soupirail.

—Elle est un peu longue, dit le guide.

L'ami de Marat jeta son épée et se laissa glisser aussi.

—Voilà donc le pas le plus malaisé, murmura-t-il en ramassant sa flamberge. Tâchons de sortir au plus vite de ces voûtes lugubres.

Son guide lui prit la main et le conduisit sans détours, grâce à sa mémoire de valet, au bas d'un escalier en pierres faiblement éclairé par une porte à jour.

—Voilà la porte de fer, dit le guide ; en dehors, elle résisterait au diable et même à toi, mais en dedans un enfant l'ouvrirait.

Le septembriseur grimpa l'escalier, leva l'arc-boutant et détacha sans peine les deux battants de la porte. Sur le seuil, il respira avec délices une bouffée d'air. Ayant vu la lumière de la grande salle, il oublia son guide, se ressouvint du hideux carnage de l'Abbaye, et se précipita vers le donjon en trépignant de rage.

XI

Pluviôse entra dans la grande salle au moment où se consumait la bannière des lis. Il était terrible, plus terrible que jamais, avec ses yeux foudroyants, sa crinière hérissée, sa bouche écumante; il rugissait, il agitait son épée, il cherchait le carnage.

A sa vue mademoiselle de la Chesnaye tomba évanouie sur les dalles, Marguerite ressentit le froid de la mort, Raoul gémit et maudit Dieu de sa blessure. Le septembriseur s'arrêta un instant, regarda tour à tour les deux amantes éplorées; et tout à coup, ayant vu son téméraire ennemi, il sourit comme un démon et se jeta vers lui. Mais Marguerite, redevenue forte pour préserver Raoul, repoussa le septembriseur, et pour un instant le maîtrisa du regard.

—Vous l'avez déjà assassiné! lui dit-elle avec mépris.

Pluviôse leva son épée pour frapper Marguerite.

—Quelle lâcheté! s'écria-t-elle; je suis une femme et j'ai les mains liées!

Ayant reconnu Marguerite, le septembriseur voulut passer outre, mais elle demeura sur son passage.

—Au moins, détachez mes mains! donnez-moi le pouvoir de le défendre! faites-moi mourir sans regret!

Voyant qu'elle priait en vain, la pauvre fille fit tous ses efforts pour saisir des dents la corde qui lui ceignait les mains.

Quand elle eut saisi la corde, sa belle figure prit un caractère sauvage. Ce fut un triste spectacle que la vue de cette bouche, faite pour l'amour, s'ouvrant alors toute frémissante pour déchirer une corde.

Pluviôse fut ému.

Il prit les mains de Marguerite et coupa la corde du bout de son épée.

Elle le regarda avec douceur.

—N'allez pas effacer cette bonne œuvre par des crimes! lui dit-elle.

Elle jeta la corde aux pieds de mademoiselle de la Chesnaye; et, s'attendrissant à la vue de sa rivale évanouie :

—Épargnez cette pauvre fille! ne la réveillez pas pour mourir!

Pluviôse regarda mademoiselle de la Chesnaye.

—Tu m'as fait connaître la pitié, dit-il à Marguerite ; la vue de celle-là me ferait connaître l'amour, si je tombais dans la faiblesse des aristocrates.

Et, secouant sa tête hérissée, le septembriseur leva son épée et fit un pas vers le prêtre.

—Grâce ! grâce pour un vieillard ! dit encore Marguerite.

Le brigand se retourna du côté de Raoul.

—Je ne vous demande pas sa grâce : je sens que je puis le défendre !

Pluviôse s'affaiblissait devant la puissance de Marguerite.

—Et sur qui donc veux-tu que je venge le peuple ? lui demanda-t-il.

—Sur moi ! répondit-elle avec fermeté.

—Il me faut du sang d'aristocrate, tu es une fille du peuple ; je ne veux pas de ton sang.

Raoul arracha le rideau rougi qui couvrait sa plaie et le jeta à la face du septembriseur.

Le monstre rugit, retomba dans sa démence, renversa Marguerite sur Blanche, et se précipita sur Raoul avec la fureur d'un tigre.

Soudainement ranimé, Raoul se jeta à sa rencontre, et détourna ainsi l'épée qui allait le frapper. Le septembriseur irrité le saisit et le ploya à ses pieds. Le mourant essayait de lutter encore quand Marguerite accourut à sa défense : elle prit en ses mains la chevelure du misérable, qui ne put arrêter un cri de douleur, et qui lâcha son ennemi en se retournant vers elle.

—Je suis là pour le défendre! dit-elle avec une sainte colère.

—Je croyais que le diable m'enlevait par les cheveux! murmura Pluviôse en regardant Marguerite. Il paraît, ma mie, que tu es coiffée jusqu'aux oreilles de ce petit gentillâtre; tu as l'enfer dans le cœur... Quel orage! quelle tempête!

Les clameurs, qui s'étaient un peu apaisées, se réveillèrent tout à coup; de hideux cris de mort retentirent par tout le château. Blanche rouvrit les yeux; et comme par magie la grande salle fut encore illuminée, mais plus splendidement que la première fois.

—Tous les repaires d'aristocrates seront pareillement éclairés, reprit le septembriseur; car nous sommes dans le siècle des lumières, comme a dit Camille Desmoulins, le plus malin et le plus gai des montagnards.

Les rugissements s'approchèrent. Pluviôse s'élança hors de la grande salle avec sa fureur et son délire.

—Enfin! dit Marguerite en respirant.

Elle était retournée auprès de Raoul.

—Marguerite, dit-il, vous êtes une noble fille! Je vous bénis de vos soins; mais ce n'est plus la peine de songer à moi : je pressens que le peuple sera vainqueur, il immolera mademoiselle de la Chesnaye. Vous qui êtes du peuple, sauvez-la !

—Je la sauverai ! dit Marguerite.

XII

Le guide de Pluviôse, se voyant seul à la grande porte des caveaux, eut presque envie d'y redescendre pour se soustraire aux griffes des assiégés ; mais, après avoir un peu réfléchi aux événements, il se décida à se venger, coûte que coûte, de M. de la Chesnaye, et il s'aventura du côté du portail, par le chemin le plus désert et le plus sombre, ayant l'œil et l'oreille au guet. Il ne fit aucune rencontre ; seulement, en passant près de la tour du nord, il vit sortir une sentinelle qui fuyait tout effarée, et tout à coup, à la lumière éclatante des flammes qui dévoraient le bois, il découvrit sur le portail les plus braves des assiégés qui se démenaient comme des tragédiens au dénoûment de la tragédie. Il ramassa un fusil et se glissa vers la porte.

Ce fut alors que Maillefer, le maître d'école d'Armagny et quelques paysans des plus braves arrivèrent sur le portail par le secours d'une grande échelle d'oseraie, et surtout d'une pyramide de branchages.

Un des fermiers de M. de la Chesnaye faillit renverser Maillefer d'un coup de fourche. La fourche, détournée comme par miracle, effleura la main du cabaretier, qui eut le temps d'arriver sur le champ de bataille, en dépit du comte et de ses plus courageux défenseurs.

Le maître d'école fut aussi heureux ; mais deux des paysans qui suivirent furent jetés au bas du portail. Le pauvre maître d'école, effrayé de son rôle dangereux, se battit en désespéré : il jeta un valet dans la cour et renversa à ses pieds, d'un coup de pique, le plus superbe des assiégés, le marquis de Bez, qui s'en souvient encore à cette heure.

Maillefer, pressé de toutes parts, se défendit avec héroïsme. Il avait à combattre M. de la Chesnaye, deux de ses valets, et un bravache de province qui s'imaginait descendre de Bayard : Maillefer fit des prodiges.

C'était un infernal spectacle que la vue de ces combattants acharnés, éclairés au rouge reflet des flammes du bois.

Il n'y avait plus qu'une sentinelle quand l'ancien valet de M. de la Chesnaye arriva sous le portail : il la désarma violemment et lui asséna un grand coup d'arquebuse sur le front.

La sentinelle fit quelques pas en arrière comme un homme ivre, et tomba lourdement dans le royaume des trépassés.

Le valet victorieux s'empressa de déverrouiller la porte. Les assiégeants s'élancèrent sous le portail et précipitèrent tempêtueusement dans l'immense cour du donjon. Jamais bêtes affamées n'allèrent au carnage avec plus d'acharnement; jamais soldats au pillage ne jetèrent plus de désolation par leurs cris.

Sur le portail le combat cessa tout d'un coup : M. de la Chesnaye, effrayé de voir ses ennemis dans la cour du château, s'élança au milieu d'eux : Maillefer le suivit, non pour le combattre encore, mais pour arrêter le torrent populaire. Le torrent allait, allait, débordait de plus en plus, s'irritant de l'obstacle et le surmontant avec une rapidité effrayante.

M. de la Chesnaye, tout égaré par son désespoir, parvint à jeter le désordre parmi tous ces hommes en démence. Vingt combattants aussi braves eussent peut-être chassé cette horde mal armée; mais, seul, M. de la Chesnaye trouva la mort pour prix de sa bravoure. Ayant été reconnu par les plus fanatiques, il fut renversé, déchiré, foulé aux pieds; il souffrit mille morts, il souffrit sans se plaindre, en priant pour son roi et pour sa fille; à son heure dernière, Dieu l'avait armé de résignation.

Ainsi mourut le dernier comte de la Chesnaye. Ce fut une mort glorieuse : comme tant d'autres plus célèbres, il n'est pas mort à l'étranger, il est mort en France, en son château, mort en défendant la noblesse que lui avaient léguée ses pères.

8.

Noblesse oblige jusqu'après la mort, disait Coucy [1].

Dès que le comte de la Chesnaye succomba, tous les défenseurs succombèrent; le comte céda sous la mort, ils cédèrent sous la terreur. Quelques-uns restèrent sur le champ de bataille; deux blessés allèrent mourir dans le parc, les autres regagnèrent péniblement leur logis.

Cependant le désordre régnait parmi les assiégeants, qui croyaient leurs ennemis au milieu d'eux et qui s'entre-déchiraient à belles dents. Pluviôse lui-même faillit devenir victime d'une de ces méprises : à sa descente du perron il était perdu, s'il n'eût arrêté les coups par sa voix puissante.

Jacques Maillefer courut à lui.

---

[1] Si le dernier des la Chesnaye eut une belle fin, il n'eut pas une belle tombe. Le lendemain du carnage, ses sanglantes dépouilles furent traînées sur une claie vers Armagny. Avant la sortie du bois, ses ennemis se lassèrent de ces vengeances qui ne s'arrêtent point à la mort: ils laissèrent le cadavre déchiré sur le bord du chemin ; et, la nuit suivante, le cadavre disparut à jamais. On a dit qu'un ami du comte avait voulu lui donner une digne sépulture : nul des amis de M. de la Chesnaye n'était si dévoué. Il faut plutôt croire Maillefer, qui, dans une lettre à Jean de Bry, assure avoir vu aux autour d'un nid de louveteaux des ossements et des lambeaux d'habits ayant appartenu au comte. Comme deux girondins illustres, M. de la Chesnaye eut pour sépulture les entrailles affamées d'un loup.

—Arrêtez-les ! arrêtez-les ! lui cria-t-il ; n'allons pas nous tacher de sang après la victoire !

—N'écoutez pas ce buveur d'eau ! dit Pluviôse.

—Si vous écoutez vos mauvaises passions, adieu, reprit Maillefer ; je m'en lave les mains.

Il s'élança vers le perron pour courir à sa fille ; mais on le saisit comme un traître, et vingt bras armés se levèrent soudainement sur lui.

—Tuez-moi ! leur cria-t-il. La vie est une prison, la mort est une patrie ! Tuez-moi, mais sauvez ma fille !

XIII

Alors Marguerite, agenouillée devant Raoul, le secourait avec la compassion d'une femme et l'ardeur d'une amante.

Et tout en secourant Raoul, elle priait Dieu pour son père.

Elle priait ; et tout à coup ces horribles paroles vinrent la glacer d'épouvante :

—Jetons-lui la tête de son père !

Elle regarda autour d'elle d'un œil effaré : tout était calme dans la grande salle ; au dehors, l'orage éclatait avec une violence infernale.

Elle écouta avec angoisse, — elle entendit des cris

confus, des cris de bêtes féroces qui se déchirent;— puis elle entendit battre la porte du vestibule; — et elle écoutait encore quand une tête sanglante vint rouler à ses pieds. Elle sentit un frisson mortel et pencha son front sur sa main.

Alors on vit mademoiselle de la Chesnaye se réveiller en sursaut et se traîner vers la sanglante tête. A la voir si pâle et si défaillante, on eût dit une morte sortant de sa tombe; ses grands yeux s'animaient douloureusement, sa voix se brisait en sanglots.

—Mon père! murmura-t-elle.

Marguerite regarda Blanche.

—Votre père! c'est votre père! dit-elle d'une voix éclatante.

En ce moment Maillefer, que son courage avait délivré, vint se jeter dans les bras de sa fille.

XIV

Dans la grande salle, Maillefer fut suivi de Pluviôse.

—Nous n'en sommes pas encore au bouquet! dit-il en reparaissant à la porte : nous avons commencé par le fer, nous finirons par le feu; après avoir dispersé les louveteaux, il faut brûler le nid. L'incendie de ce donjon féodal sera le dernier éclair de la noblesse française en ce pays. Mais, avant ce feu de joie, soupons en sans-culottes qui ont bien mérité de la patrie. —Holà ! les valets ! reconnaissez la voix de votre nouveau maître, accourez tous pour me servir.

Un silence de mort lui répondit.

—Il n'y a plus de valets en France à cette heure, reprit-il en souriant avec ironie.—Holà ! fille des la Chesnaye, lève-toi pour le peuple.

Blanche tourna vers le septembriseur ses yeux hagards.

—Si tu veux sauver tes jours, ne te lamente pas ainsi devant une mauvaise tête qui a rêvé l'asservissement du peuple.

Marguerite se détacha des bras de son père et courut au septembriseur.

—N'êtes-vous pas trop vengé ? lui dit-elle avec horreur. Pourquoi la tourmenter dans sa douleur ?

—Cette douleur fait ma joie : c'est la douleur de la noblesse, et je suis un martyr du peuple.

Maillefer ordonna à un paysan, qui s'amusait du hideux spectacle de la grande salle, d'enlever au plus vite la tête du comte de la Chesnaye. Le paysan saisit la tête et la jeta par la porte.

—Un instant ! dit Pluviôse ; n'allons pas perdre ce trophée de notre victoire ! J'ai juré, d'ailleurs, d'envoyer à Marat les oreilles de la Chesnaye. Mais à demain les choses sérieuses ; en avant ! faisons ripaille !

Comme Pluviôse disait ces paroles, les gendarmes amenèrent devant lui deux femmes du château arrêtées dans leur fuite.

—Voilà, dit un des gendarmes, deux citoyennes rebelles que nous déposons à tes pieds.

Les deux femmes tombèrent à genoux en pleurant.

—Citoyennes, leur demanda Pluviôse, avez-vous conspiré contre le peuple? Est-ce par amour pour les nobles que vous avez servi au château ?

Après un instant de silence les deux femmes dirent en même temps :

—Nous aimons tout le monde.

—Voilà bien une réponse de femmes, dit Pluviôse. Avant votre jugement, il faut nous servir à souper. Nous verrons bien à votre zèle si vous aimez tout le monde.

Jamais les deux servantes ne furent plus alertes.

En moins d'une demi-heure un souper abondant, destiné aux défenseurs du château, fut servi pour le peuple.

Les plus affamés se jetèrent autour de la table en dévorant des yeux les pains de froment, les jambons enfumés et les volailles.

Pluviôse voulut guillotiner toutes les bouteilles.

—Voilà donc le vin des nobles! dit un paysan en se versant du vin de Champagne, dont le fumet l'enivrait déjà.

—Pendant que les brigands buvaient ce nectar, dit un autre, nous allions nous abreuver à la fontaine, comme des oies.

—Oui à la fontaine du cabaret de Maillefer, remarqua le maître d'école, qui aimait à mettre les points sur les *i*.

La grande salle se remplissait de plus en plus. Par bonheur pour les affamés, un grand nombre d'assiégeants, moins soucieux du souper que du pillage, ressortaient aussitôt et se répandaient de tous côtés, s'éclairant avec des bûches ardentes. Les uns s'enfuyaient avec leur butin, les autres venaient avec respect déposer les richesses du château aux pieds de Pluviôse.

Maillefer, Marguerite, Raoul et Blanche étaient groupés autour du curé d'Armagny. Ils formaient un sombre contraste aux joyeux amis du septembriseur. Mademoiselle de la Chesnaye se voyait à sa dernière heure; Raoul n'espérait plus en la vie; Marguerite n'avait plus foi en l'amour; Jacques Maillefer ne croyait plus en sa république française; le vieux prêtre était exilé de son église :—n'avaient-ils pas tous la mort dans le cœur?

Ils ne se disaient rien; ils priaient en silence. Blanche avait les paupières à demi closes; elle n'osait regarder dans l'horrible crainte de voir encore la tête de son père; Marguerite qui était la plus courageuse, avait le regard partout; elle cherchait à deviner les événements du lendemain ; elle pensait à prévenir le mal, à sauver ses amis.

Au dessert, pendant que les plus animés chantaient des carmagnolades et des sans-culottides, Pluviôse se renversa nonchalamment sur la table et se demanda quelle route il fallait suivre pour avoir les bonnes grâces de Marat.

Il réfléchit durant quelques minutes, et se décida à envoyer à Paris mademoiselle de la Chesnaye : cela ferait du bruit ; les cordeliers et les jacobins ouvriraient les yeux et le récompenseraient à son retour de leur puissante protection ; il serait accueilli comme un sauveur par tous les patriotes des clubs.

Il décida donc qu'il enverrait à Marat la dernière des la Chesnaye ; et, dans cette résolution, il appela près de lui le maître d'école qui pérorait au bout de la table, et lui ordonna d'écrire sous sa dictée un curieux procès-verbal, dont on va voir un fragment.

Cependant avant de prendre définitivement cette résolution de livrer Blanche au tribunal révolutionnaire, Pluviôse la regarda souvent et la trouva belle ; mais il se mit à rire de lui-même.

—Moi, amoureux ! dit-il avec le dédain d'un homme qui brave son cœur ; moi, amoureux ! Je ne connais qu'une passion : la république.

Le maître d'école était légèrement lettré ; il mit quelques belles phrases dans la prose inculte et sauvage du sans-culotte Pluviôse :

AU CITOYEN MARAT.

« Dépêché par toi, infatigable tribun, pour révo-
« lutionner le peuple des districts du Nord, je m'em-
« presse, à ma première halte, de t'écrire mes
« actions.

« Je suis dans un pays de Cocagne où j'entends le
« canon de Kellermann, de Dumouriez et de Cus-
« tine. Je m'étais d'abord arrêté à Saint-Quentin,
« mais fort mal à propos, car déjà la république a
« passé par là. J'ai cependant vu que la justice de
« cette ville est en retard ; ces messieurs en sont en-
« core à pendre les aristocrates. La guillotine n'est
« pas faite pour les chiens.

« A quelques lieues de Saint-Quentin, ayant à ma
« suite six gendarmes, que je te recommande, j'ai
« abordé une petite ville du Vermandois, coupable
« de rébellion envers la république. Il y avait là un
« comte de la Chesnaye qui gouvernait le pays à sa
« guise : le chenapan n'y est plus, et je t'envoie ses
« oreilles.

« Il y avait là un pauvre diable de prêtre qui s'est
« soumis sans résistance. S'il n'est pas républicain,
« il n'est pas royaliste ; car Dieu est pour lui le ci-
« toyen du ciel et de la terre. Je l'ai mis à la porte
« de son église, et j'ai monté en chaire à sa place
« pour prêcher la liberté, qui est le Dieu du peuple.

« En arrivant à Armagny, j'ai trouvé un clubiste

« qui a le nom superbe de Maillefer. La république
« lui doit des remercîments. Depuis deux ans, ayant
« réuni les plus audacieux de la ville, il luttait de
« toutes ses forces contre l'oppression du ci-devant
« comte de la Chesnaye. Jacques Maillefer, le tailleur
« d'images, est le plus hardi des sans-culottes. A mon
« départ, je lui laisserai la présidence du district
« d'Armagny.

« Un vieux tilleul est devenu, grâce à mon bap-
« tême républicain, l'arbre de la liberté.

« Un saint Jacques était niché dans le mur de
« Maillefer; ayant égard aux services du sculpteur,
« j'ai laissé le saint dans sa niche, mais je l'ai coiffé
« d'un bonnet de sans-culotte; je l'ai armé d'un
« drapeau national, je l'ai orné d'une cocarde, et j'ai
« fait peindre en rouge sa tunique.

« Mais je m'empresse d'arriver au moment solen-
« nel où j'ai renversé à jamais la noblesse du pays.

« J'étais à la tête d'un régiment d'opprimés qui
« voulaient la liberté ou la mort. La liberté n'est-
« elle pas aussi dans la mort? En descendant au
« château de la Chesnaye, nous n'étions armés que
« de notre droit et de notre courage. Nous trou-
« vâmes le château armé jusqu'aux dents; le comte
« avait appelé à sa défense ses serviles amis, ses
« vassaux, ses valets.

« Les chenapans avaient des armes, en veux-tu? en
« voilà! des hallebardes, des fourches, des fusils de

« chasse, des piques à trèfle, à feuille de laurier,
« à cœur, à fleur de lis, à langue de serpent, à
« stylet, à cornes tranchantes; mais toutes ces
« piques se sont émoussées au bouclier de la
« liberté.

« Le ci-devant comte de la Chesnaye s'est défendu
« jusqu'à la mort. A la prise du château, il fut ren-
« versé par un des nôtres, et mourut en criant : Vive
« le roi! Le roi ira sans doute le remercier bientôt.
« C'était la nuit. Quel beau jour pour la nation que
« cette nuit-là!

« Dans la grande salle du donjon, j'ai rencontré la
« fille du noble défunt; je te l'envoie en hommage,
« ô magnanime Marat! C'est la fleur de l'aristocra-
« tie, je te la jette au nez, sauf ton respect.

« Dans la grande salle, j'ai trouvé le plus témé-
« raire de nos ennemis atteint d'un coup mortel.
« Les pleurs de sa mère m'ont touché : j'ai apaisé
« les ressentiments de nos amis et je lui ai fait
« grâce; il est vrai qu'il va mourir. Il s'appelle
« Raoul de Marcilly. Je t'écris son nom afin que si,
« par miracle, il ne meurt pas de sa blessure, il te
« soit loisible de l'appeler à ton tribunal.

« J'ai trouvé aussi, dans la grande salle, le curé
« d'Armagny, qui s'était réfugié au château : j'ai
« permis au vieillard d'en faire son ermitage, en at-
« tendant que le domaine soit vendu au profit de la
« nation, comme venant d'un émigré. L'ex-seigneur

« de la Chesnaye n'est-il pas émigré dans l'autre
« monde à cette heure?

« Nous avons fait des recherches dans les souter-
« rains du château : nous avons d'abord trouvé vingt
« bouteilles noires. Connaissant la suspicion du lieu,
« nous n'avons osé faire la dégustation du contenu,
« et l'avons transvasé dans un vaisseau à ce des-
« tiné [*]. »

Arrêtons-nous la ; ne suivons pas plus loin le septembriseur dans le curieux inventaire du château. Le
maître d'école d'Armagny, qui est mort l'an passé,
racontait à tout propos, d'une voix coupée d'éclats
de rire, que les vingt bouteilles noires étaient pleines de vin d'Espagne; que, malgré la suspicion du
lieu, ils avaient osé en faire la dégustation, si bien
que le vaisseau destiné à la transvasion était tout
simplement leur estomac d'autruche.

XV

Cependant, tout en levant son verre, Pluviôse regardait souvent mademoiselle de la Chesnaye, et se

---

[*] Un extrait de ce procès-verbal, célèbre dans tout le Vermandois, est déposé aujourd'hui aux archives d'Armagny.

demandait encore s'il devait la livrer à Marat ou à lui-même.

Tout à coup un homme apparut, qu'on n'avait vu jusque-là ni à l'attaque ni à la défense du château.

Il arriva très-agité, les cheveux en désordre, les yeux en feu, l'épée à la main, comme un homme décidé à tout.

C'était le ménétrier d'Armagny.

Il avait mis de côté son violon et ses habits de paysan, il avait revêtu le costume sévère et théâtral des républicains de l'école de Robespierre et de Saint-Just.

Malgré sa métamorphose, malgré sa gravité et sa colère, lui qu'on avait toujours vu rieur et insouciant,—et quoique l'épée remplaçât le violon,—tout le monde le reconnut :

—C'est Mi-ré-fa-sol, dit-on de toutes parts.

Il ne s'arrêta pas pour saluer ses amis : il courut à Blanche, la souleva dans ses bras et la baisa sur le front, comme un frère qui retrouve sa sœur.

—Qu'est-ce que cela ? demanda Pluviôse avec surprise.

—Cela ? dit le maître d'école, c'est un tableau conjugal ; vous ne savez pas, citoyen Pluviôse, que le citoyen Mi-ré-fa-sol a épousé, tambour battant, cette belle créature que vous voyez là ; c'est toute une histoire.

Et le maître d'école raconta en quelques mots à

Pluviôse, comment à la première révolte du pays, le ménétrier et Blanche s'étaient épousés à la face des autorités improvisées, à peu près comme Jean-Jacques Rousseau épousa Thérèse Levasseur.

Pendant ce récit, Mi-ré-fa-sol baisait les mains de mademoiselle de la Chesnaye, tout en lui disant qu'il la sauverait.

—J'arrive trop tard pour sauver votre père, mais je braverai pour vous la fureur de ces insensés.

Et se tournant vers Pluviôse et ses pareils :

—Au nom du peuple, dit-il d'une voix forte et en levant fièrement la tête, je vous défends à tous, tant que vous êtes, de toucher de vos mains sanglantes et sacriléges cette jeune fille que j'ai juré devant Dieu de protéger.

Pluviôse aussi leva fièrement la tête :

—Pas tant de jactance, mon bel ami ! la fille la Chesnaye appartient à la justice du peuple ; nous n'avons que faire de ta protection.

Mi-ré-fa-sol fit un pas vers Pluviôse, mais Raoul, que la jalousie avait ranimé, se leva debout et dit au ménétrier :

—Mademoiselle de la Chesnaye m'a été confiée par son père, et je ne vous donne pas le droit de la protéger.

—Monsieur de Marcilly, dit Blanche en forçant Raoul à se remettre sur le canapé, cet homme que vous voyez là m'a déjà sauvée une première fois ; ne vous offensez pas de son amitié, je l'aime comme un frère.

—Quel bonheur ! dit Marguerite.

—Je suis jaloux, murmura tout bas Pluviôse.

Il se jeta devant Mi-ré-fa-sol :

—Tu m'as bravé tout à l'heure, eh bien ! je te brave à mon tour ; je te défends de dire un mot de plus à la fille la Chesnaye.

—Tu me défends ? dit le musicien avec mépris.

Et il souffleta Pluviôse du bout de son épée. Celui-ci, déchaîné dans sa colère, saisit Mi-ré-fa-sol et roula avec lui sur la dalle.

Ce fut un horrible spectacle. Le musicien se défendit par toutes les vaillances d'un cœur outragé, mais Pluviôse était un lion doublé d'un tigre ; il triompha bientôt, laissant son ennemi plus d'à moitié mort.

Il ordonna d'un geste impérieux à ceux qu'il commandait de traîner le musicien dans une salle voisine, pour que sa figure ensanglantée ne troublât pas la fête.

Les paysans obéirent à regret. Mi-ré-fa-sol essaya encore de se défendre ; mademoiselle de la Chesnaye lui saisit la main et voulut le suivre, mais Pluviôse lui prit le bras et l'arrêta malgré elle.

—Tu ne verras plus tes amoureux, lui dit-il, de plus en plus jaloux.

Et, après avoir pris la clef de la salle où il enfermait Mi-ré-fa-sol, il fit renfermer Raoul dans une autre pièce.

—Il ne nous manque plus que les violons pour finir gaiement, dit-il en essayant un rire bruyant. C'est égal, je n'ai pas perdu ma journée, et je puis m'endormir pour une heure sur l'oreiller de ma conscience, comme dit Marat.

Pendant que Raoul et Mi-ré-fa-sol souffraient mille morts, chacun dans sa prison, Blanche, dans sa terreur, se croyait la proie d'un affreux songe.

—Hélas! dit-elle en joignant ses mains avec désespoir, non, je ne rêve pas! O mon Dieu! faites-moi mourir.

Maillefer entraîna sa fille et recommanda à ses amis de veiller sur mademoiselle de la Chesnaye.

Marguerite ne se laissa entraîner qu'après avoir épuisé toutes ses larmes et toutes ses prières.

—Vous me donnez votre parole, dit-elle à son père, que vous sauverez Blanche et Raoul?

—Je les sauverai, dit Maillefer.

XVI

Pluviôse finit par s'assoupir.

Aux premières clartés de l'aurore, il regarda autour de lui en se dessillant les yeux.

Les fumées du vin d'Espagne l'aveuglaient encore ; cependant il entrevit sa pâle captive entourée de gardes. Le vieux prêtre priait dans un coin ; Pluviôse ressaisit peu à peu, dans sa mémoire confuse les événements de la nuit ; mais il se souvint surtout du vin d'Espagne, et, afin de ne pas se tromper, il dit à ses soldats de suivre au plus vite les ordres de la nuit. Les paysans cherchèrent un peu ; les gendarmes, qui avaient plus de mémoire, s'emparèrent de mademoiselle de la Chesnaye en annonçant qu'ils allaient la conduire au citoyen Marat.

Un des gendarmes avait pris les deux mains de Blanche.

—Oh ! dit-elle en tournant la tête vers Pluviôse, qu'ils m'enchaînent et qu'ils ne me touchent pas !

—T'enchaîner ! dit Pluviôse encore ivre, à quoi bon ? Enchaîne-t-on le louveteau qui n'a pas de dents ? On le caresse.

Et Pluviôse voulut prendre la jeune fille dans ses bras.

Elle poussa un cri d'horreur.

—Faites votre devoir, dit Pluviôse aux gendarmes.

Les gendarmes entraînèrent Blanche hors de la grande salle.

—En avant, citoyenne ! lui dirent-ils.

Blanche descendit le perron sur le bout des pieds.

—As-tu peur de marcher sur des épines ? lui demanda Pluviôse, qui s'était penché à la fenêtre pour la voir sortir.

—Non, répondit-elle en sanglotant, mais j'ai peur de marcher sur le sang de mon père.

—La bégueule! s'écria Pluviôse. Ne la voilà-t-il pas qui fait des phrases!

LIVRE IV

LES DEUX PRISONNIERES

I

Raoul mourant avait été, pendant le sommeil de Pluviôse, emporté à sa mère par un voisin qui voulait sauver aussi Blanche.

Mais Blanche refusa de suivre Raoul, qui pourtant ne s'était laissé arracher du château qu'en croyant que Blanche allait aussi se réfugier chez sa mère.

Le soleil, qui se levait dans le plus beau ciel d'automne, illuminait toute la montagne quand mademoiselle de la Chesnaye arriva aux premières maisons d'Armagny. Le vieux prêtre avait demandé en vain la grâce de marcher avec elle. Un des patriotes, qui réfléchissait à toutes les horreurs de la nuit, se

laissa attendrir aux malheurs de la pâle captive ; i
essaya, à force de prières, de la défendre des outrages d'un peuple en délire. Elle marchait courageusement en tête des gendarmes. Tous les paysans
des campagnes voisines accouraient avidement ; la
petite ville regorgeait de curieux et d'aventuriers,
qui semèrent d'insultes le chemin de Blanche. Que
de fois ils avaient jonché de fleurs ce même chemin !
Les gendarmes entrèrent au cabaret de Jacques
Maillefer, où ils devaient attendre Pluviôse. Déjà ils
se mouraient de soif. Ils enfermèrent Blanche dans
une petite chambre et ils se remirent héroïquement
à boire.

Marguerite les servit, dans l'espérance de leur
prendre la clef de la petite chambre ; et sans doute
elle y fût parvenue, sans Pluviôse qui survint au moment où les gendarmes commençaient à battre la
campagne.

L'ami de Marat arriva sur le cheval de M. de la
Chesnaye, ayant à sa suite une vieille berline traînée
par deux juments anglaises dont tout le monde admirait le pied et l'encolure ; dans la berline il avait
jeté toutes les choses précieuses échappées au pillage ; un christ d'argent que les plus avides avaient
dédaigné, des armures, des tableaux, des candélabres. Tous les curieux applaudissaient à son passage ;
tous les aventuriers se jetaient devant lui avec enthousiasme. En descendant au cabaret, il déclara

qu'il allait présider une assemblée de représentants du peuple, destinée à juger sans appel les nobles, les prêtres et les riches d'Armagny et des pays voisins.

En ce moment, un rustre herculéen entra dans le cabaret, avec le curé d'un village voisin ; c'était un petit homme joufflu dont la face rubiconde faisait songer à Rabelais. Le paysan fit pirouetter le pauvre homme devant Pluviôse le plus pittoresquement du monde.

—Voilà, dit-il, un mignon qui voudrait bien aller vendre des indulgences chez le roi de Prusse en attendant le retour de la monarchie.

—Nous l'enverrons au diable par le chemin de la guillotine, dit Pluviôse d'une voix formidable.

Le petit curé joufflu était en proie à la plus grande terreur.

—Ou plutôt, répartit Pluviôse, nous l'enverrons aux jacobins pour les distraire un peu; il formera un digne pendant à la descendante des la Chesnaye.

—Ah! comme ils riront! Le bon Dieu lui-même devait bien rire en voyant un pareil soldat desservir ses autels! Je ne doute pas, citoyen, de ton adoration pour le divin calice.

Pluviôse prit par distraction la calotte du pauvre curé et la jeta au feu :

—Nous voilà quasi pareils; tu es un sans-calotte et moi un sans-culotte.

Pluviôse était facétieux dans ses bons moments.

Le petit curé suivait d'un regard mélancolique les progrès du feu sur sa calotte.

—Ma tête à la bonne heure, dit-il piteusement, mais vous pouviez bien me laisser ma calotte.

Pour le récompenser de cette saillie, Pluviôse ordonna aux gendarmes de l'enfermer avec mademoiselle de la Chesnaye.

Le rustre fit encore pirouetter sa victime pour l'ébattement des buveurs. Après deux ou trois pirouettes, le pauvre curé disparut dans la chambre servant de prison.

—Hélas! pensa Blanche, seule, j'étais avec lui.

Lui, qui était-ce? Raoul ou Mi-ré-fa-sol?

II

Mais qu'est devenu le musicien? Déjà vous savez que Raoul mourant avait été rendu à sa mère. Mi-ré-fa-sol, jeté tout sanglant dans un cellier, y fut oublié le matin par tous ces ivrognes, qui pourtant avaient passé près de lui pour aller à la cave, une dernière fois, au petit jour, chercher du *réveille-matin*.

Dieu veillait sur le pauvre musicien.

Jeanne-aux-Bluets avait appris en se levant, par les patriotes éparpillés dans la campagne, que son ami Mi-ré-fa-sol était revenu au milieu de la nuit, qu'il avait vu le pillage du château et qu'il s'était fait tuer ou à peu près pour défendre une fois encore mademoiselle de la Chesnaye.

La pauvre Jeanne se mit à pleurer. Elle aimait son voisin, même depuis qu'il l'avait quittée sans lui dire adieu.

Elle courut au château à moitié folle, criant, pleurant, parlant toute seule.

Elle allait s'en retourner, croyant que son cher joueur de violon n'était plus là. Enfin en descendant l'escalier de la cuisine, elle entendit une plainte.

—C'est toi !

—C'est Jeanne-aux-Bluets !

Et ils étaient dans les bras l'un de l'autre.

—Mais tu vas mourir !

—Oui, je vais mourir ! mais qu'est-ce que cela fait ? C'est mademoiselle de la Chesnaye qu'il faut sauver !

—Qu'est-ce que cela fait ? cela fait que je mourrai aussi, moi, et ma vache, et mes poules, et mon chien, qui savent si bien ton nom. Je veux que tu vives !

Et regardant son ami :

—Comme ils t'ont labouré ta chère figure ! Les monstres !

Et elle embrassait doucement les plaies toutes vives.

—Tu vas t'en revenir chez toi ou chez moi. Mon chien te lèchera tes plaies ; je déchirerai mes chemises pour te panser ; je te donnerai ce bon lait que tu aimais tant, et je tuerai mon plus beau coq pour te faire de la soupe.

—Laisse-moi mourir ici.

—C'est cela, je comprends. Tu t'imagines que mademoiselle Blanche te soignera pour tes beaux yeux ; mais la pauvre fille est loin d'ici.

—Elle est partie !

—Il n'y a plus âme qui vive au château.

Le musicien eut une crise. Jeanne, devenue forte comme par miracle, le miracle de l'amour, le prit dans ses bras et l'emporta dans la cour du château.

Là elle comprit qu'elle ne pourrait pas aller plus loin, mais elle vit venir deux paysans qui voulaient sans doute glaner après le pillage.

—Ma croix d'or, si vous voulez m'aider à porter ce pauvre Mi-ré-fa-sol.

Devant une bonne œuvre, les hommes qui vont à une mauvaise action s'arrêtent toujours.

Ceux-là firent un brancard, y mirent un matelas et emportèrent le musicien qu'ils connaissaient de vieille date.

En moins d'un quart d'heure, ils arrivèrent dans la petite maison de la paysanne.

—Vous ne voulez pas de ma croix d'or ? leur dit Jeanne-aux-Bluets.

—Non, non, le citoyen Mi-ré-fa-sol nous payera cela avec son crin-crin.

—Oh! mon Dieu! dit Jeanne en se retrouvant seule avec le musicien, s'il allait mourir dans mes mains!

III

Je ne te raconterai pas, citoyen lecteur, tous les mémorables événements qui se passèrent ce jour-là dans la petite ville du Vermandois : l'église fut profanée et dévastée; on renversa l'autel, on jeta les bannières au vent; la chaire fut transformée en tribunal; quelques enthousiastes y prêchèrent la liberté; le septembriseur y lut le journal de Marat et le catéchisme des sans-culottes.

Maillefer, qui voulait désormais demeurer étranger au gouvernement du pays, fut porté malgré lui en triomphe jusque devant l'autel ; pour son apothéose un des clubistes lui mit sur le front une couronne de raisins entremêlés d'épis.

Pluviôse avait ordonné que tous les saints fussent dénichés. Maillefer eut beau les défendre au nom de l'art, avant le soir, vingt sculptures brisées gisaient éparses. Dans leur aveugle fureur, les paysans brisèrent, à la porte d'une ancienne maladrerie, deux blocs énormes en pierre de Presles, représentant deux divinités druidiques que les archéologues et les archéographes regretteront toujours.

Dans les rues, on promenait des haillons rouges, on chantait des chansons patriotiques, et on jurait de mourir pour la nation en se donnant l'accolade fraternelle.

Dans le cabaret de Maillefer, c'était toujours le même tableau à la Brauwer : les gendarmes buvaient et la servante riait avec eux; mais çà et là, dans ce gai tableau, on voyait passer la figure désolée de Marguerite.

Quand vint le soir, les rumeurs s'apaisèrent ; les moins acharnés d'entre les révoltés succombèrent au sommeil; les plus craintifs verrouillèrent leurs portes, les étrangers et les vagabonds se dispersèrent dans la campagne.

—Il faut partir avec vos prisonniers, dit aux gendarmes Pluviôse reparaissant au seuil du cabaret.

Marguerite devint pâle comme la mort.

Elle se leva, pencha le front dans sa main, et demeura pensive un instant.

Et tout à coup elle sortit à la hâte par la porte du verger.

Mademoiselle de la Chesnaye se désolait dans sa prison en face du pauvre curé, qui avait l'air réjoui, même en pleurant. Il égrenait son rosaire en songeant au lendemain.

La nuit avait encore rembruni l'imagination de Blanche ; plus elle allait, plus elle descendait dans sa peine.

Le petit curé rabelaisien avait essayé de la distraire ; mais bientôt, ému de vénération devant cette majesté de la douleur, il était redevenu silencieux.

Il se fit du bruit à la fenêtre ; les vitres furent cassées, la croisée s'ouvrit à deux battants, et Marguerite pénétra dans la chambre.

—Madame, dit-elle en cherchant dans l'ombre mademoiselle de la Chesnaye, madame sauvez-vous par cette fenêtre !

Et comme Blanche ne répondait pas :

—Je vous en supplie, madame, ne perdez pas de temps, on vient pour vous saisir.

Blanche tendit sa main à Marguerite.

—Je vous remercie, lui dit-elle ; vous êtes une noble fille, toute de dévouement ; je vous remercie à genoux, mais souffrez que je ne vous écoute pas. —Me sauver, Marguerite ? Où donc voulez-vous que j'aille ? Il n'y a plus qu'un refuge pour moi, c'est la mort ! Je suis seule, toute seule au monde ; je ne veux plus y demeurer.—Adieu, Marguerite.

A ce simple adieu, Marguerite eut le cœur brisé.

—Non, vous n'êtes pas seule, dit-elle d'une voix plus émue.

—Je ne suis pas seule ! reprit mademoiselle de la Chesnaye avec amertume.

Et se souvenant des absents, elle murmura :

—Il est mort, peut-être.

Elle croyait n'être point entendue de Marguerite; mais Marguerite dit aussitôt :

—Si vous vivez, il vivra; si vous mourez, il mourra; et s'il meurt...

—Et si Raoul meurt vous mourrez, n'est-ce pas? Rassurez-vous, Marguerite, il vivra pour vous aimer.

On entendit un bruit de pas dans le corridor.

—Ils viennent, je les entends; de grâce, passez par cette fenêtre !

—Non; mon père est mort, je veux mourir !

—Ayez pitié de moi, madame ! vous ne savez donc pas que j'ai promis à Raoul de vous sauver? Si je vous sauve, il sera reconnaissant; si je ne vous sauve pas il me méprisera.—Ayez pitié de moi, madame ! En vous sauvant, je me sauve moi-même : le dévouement sera de votre côté.

Un rire bruyant éclata à la porte.

—Oh! oh! dit un gendarme, ils s'entendent ensemble, ils forment des complots pour le renversement de la république !

La porte s'ouvrit.

Marguerite se jeta devant Blanche, et éteignit de sa main la chandelle qui dépassait la porte.

Le gendarme prit la parole :

—Déclarons le diseur de messes coupable d'avoir éteint notre lumière en soupirant pour une aristocrate.

—Oh! madame, dit Marguerite en se penchant

vers Blanche, laissez-vous donc toucher à ma prière.

—Ça, mes amours, reprit le gendarme, nous ne sommes pas ici pour grivoiser; nous allons déguerpir. Valet de Dieu et du diable, dépêche-toi d'arriver; et toi, demoiselle de la Chesnaye, ne te fais point attendre. Voyez cette coquette-là !

—Silence ! dit Marguerite à Blanche.

Elle la repoussa dans le fond de la chambre; elle lui prit de force sa mantille et son chapeau; elle lui donna sa coiffe, puis elle courut au curé, l'entraîna violemment vers la porte, et dit au gendarme :
—Nous voilà !

A peine eut-elle dit ces mots que mademoiselle de la Chesnaye, toute haletante, arriva contre elle et voulut la dépasser. La jeune fille, au désespoir, ferma la porte, en priant le gendarme d'attendre encore; puis elle saisit Blanche, l'emporta à la fenêtre et la descendit par violence dans le verger. Et revenant d'un bond à la porte, elle dit au gendarme en la rouvrant :

—Maintenant je suis prête; partons.

—Tu marmottais une oraison par là ? lui dit le gendarme. Nous verrons bien si la Vierge et les saints te tireront de nos griffes.

— Qu'on se dépêche un peu, dit Pluviôse en se versant à boire.

—Oui, hâtons-nous de sortir de ce cabaret ! reprit Marguerite en cachant sa figure.

Maillefer venait de sortir pour apaiser le reste des révoltés ; le septembriseur salua Marguerite avec dérision et lui jeta les dernières gouttes de son verre.

—La berline vous attend à la porte, dit aux gendarmes la servante, qui descendait à la cave avec la seule lumière de la première salle.

—Dieu soit loué ! pensa Marguerite.

Elle courut à la berline, l'ouvrit et s'y jeta avec avidité ; le petit abbé la suivit et se mit à côté d'elle ; deux des gendarmes vinrent s'asseoir en face ; un paysan prit le rôle de cocher, et bientôt la berline roula à travers la petite ville.

Devant l'église, les chevaux furent arrêtés par quelques vagabonds.

—Voilà la fille de la Chesnaye qui porte sa tête sur ses épaules jusqu'à la guillotine.

—Voilà la dernière des aristocrates qui part pour un long voyage.

—Si Dieu lui prête vie, elle finira ses jours sur l'échafaud.

C'était par ces belles plaisanteries que ces vagabonds saluaient le passage de Marguerite. Les uns lui jetaient de la boue ; les autres, et c'étaient les plus infâmes, lui jetaient leurs outrages. Marguerite était fière de souffrir pour Blanche. Et qu'importent les outrages et la boue, quand on s'appelle Marguerite Maillefer et qu'on porte avec soi une grande action !

Cependant son père, qui arrivait parmi les furieux, parvint à les réprimer et à les détacher de la berline. Lui aussi voulait sauver Blanche.

—Laissez en paix cette pauvre fille, leur dit-il d'une voix émue. Si vous aviez du cœur, vous n'insulteriez pas ainsi une orpheline, dont le seul crime fut de pleurer son père. Serez-vous assez lâches pour ne pas la délivrer ?

Marguerite fondit en larmes.

—O mon père je vous remercie, murmura-t-elle en sanglotant.

Une rumeur sourde se répandit dans la foule. Les plus mutins, las d'obéir à Jacques Maillefer, le menacèrent du regard. Il se jeta vers la berline, mais les autres se jetèrent sur lui. Il eut beau faire, la berline s'éloigna.

—Si tu veux la sauver, nous la tuerons sous tes yeux pour t'apprendre à vivre.

Maillefer bénit de la main Marguerite.

—Fille des la Chesnaye, que Dieu vous conduise !

La berline repartit au bruit des huées. Dans la nuit profonde, le ciel, couvert d'épais nuages, éclairait à peine le sommet des montagnes ; cependant au couchant, les derniers feux du jour sillonnaient encore la trame brune. Le silence de la nuit n'était troublé que par les cris féroces des révoltés. Marguerite écoutait ces cris et croyait voir dans l'ombre les pâles images de Raoul et de Blanche. Les chevaux allaient lentement et à son gré ; il lui semblait qu'en dépassant la belle vallée de son pays, son cœur serait plus triste encore. Enfin il fallait sortir de cette vallée tant aimée. La noble fille se tourna vers Armagny, et laissant tomber ses bras et son front :

—Adieu, Raoul, adieu, mon père. dit-elle.

IV

Une heure avant le jour, un fougueux alezan emportait Raoul à travers les plaines du Vermandois. Raoul avait la pâleur de la mort; ses cheveux bruns flottaient au vent, ses yeux éteints jetaient encore des éclairs; de temps en temps, il appuyait une main sur sa plaie pour apaiser ses douleurs. Alors plus que jamais ses regards dévoraient l'espace ; son cœur battait avec violence; ses éperons déchiraient les flancs du cheval.

Il était près de midi, deux fois il s'était trompé de route, quand il s'arrêta devant un groupe de vendangeurs et leur demanda s'ils n'avaient pas vu une berline traînée par deux chevaux gris. Une petite femme s'empressa de répondre, en branlant sa serpette, que la berline venait de passer devant sa porte.

Raoul reprit sa course, et en moins d'une demi-heure il rejoignit la voiture.

—Vive le roi ! s'écria-t-il en levant un front superbe.

Marguerite tressaillit.

—C'est un songe, dit-elle.

—Vive le roi! Vive Louis XVI! reprit Raoul en faisant caracoler l'alezan autour de la berline.

Le paysan qui avait l'office de cocher arrêta soudainement les chevaux et dit à Raoul en se tournant vers lui :

—Mon mignon, les Français qui chantent à cette heure cette chanson-là chantent leur mort. Si j'étais armé, tu ne chanterais plus.

Raoul, qui s'imaginait déjà voir mademoiselle de la Chesnaye se mit à crier de plus belle :

—Vive le roi !

Un des gendarmes ouvrit la portière et fit résonner son sabre.

—Gibier de lanterne ! passe ton chemin en silence ou je t'arrache la langue !

—Vous êtes tous des lâches !

L'autre gendarme, plein de fureur, descendit de la berline, et s'avançant vers Raoul :

—Je te jette dans cette prison si tu t'avises de dire un mot !

—Eh bien, donc, vive le roi ! s'écria encore Raoul.

Le gendarme lui saisit la main, le renversa violemment sur l'herbe et le traîna devant la portière.

—Il nous servira de marchepied, dit-il en le soulevant et en le poussant dans la berline.

Raoul croyait si bien avoir retrouvé Blanche, qu'au premier coup d'œil il ne reconnut pas Marguerite. La pauvre fille, qui épiait tous ses mouvements avec angoisse, tremblait de voir s'envoler cette illusion.

En effet, tout à coup le désenchantement passa sur sa figure : en levant son regard, il avait vu le corsage robuste de Marguerite ; il était tombé du ciel sur la terre.

—Marguerite, dit-il involontairement.

—Oui, dit-elle d'une voix étouffée en se penchant vers lui, c'est moi. Ne m'en veuillez pas ; j'espérais la sauver, et vous voilà perdu !

—Marguerite, dit Raoul, vous êtes la meilleure des femmes ! car je devine que vous avez pris la place de Blanche.

—Et vous, murmura Marguerite, vous avez voulu suivre partout Blanche ; vous avez voulu vivre ou mourir avec elle !

Les chevaux reprirent leur course ; l'un des gendarmes suivit la berline sur le cheval de Raoul.

—Il en est temps encore, poursuivit Marguerite ; vous n'avez insulté ces gens-là que pour être enchaîné avec mademoiselle de la Chesnaye.

—Silence ! dit Raoul d'un ton impérieux.

—Monsieur, dit Marguerite en se tournant vers le

gendarme de la berline, cet homme est mon amant ; il n'a crié : Vive le roi ! que pour être emprisonné avec moi. Ayez pitié de sa démence ; il a une vieille mère et une jeune sœur, rendez-lui la liberté !

Raoul ne put cacher son émotion.

—Vous ne voyez donc pas qu'elle vous trompe ? dit-il avec feu ; vous croyez emmener mademoiselle de la Chesnaye, et vous emmenez Marguerite Maillefer.

—Nous n'y regardons pas de si près, dit froidement le gendarme. Ne crois-tu pas que nous allons retourner ? Nenni, nenni ; autant l'une que l'autre.

Et se reprenant :

—Mille tonnerres ! voilà que je reconnais la citoyenne du cabaret ! Ma foi ! tant pis pour elle. Vous entendez bien, mes jolis amoureux, que je ne m'aviserai pas d'aller à Armagny chercher une réprimande entrecoupée de coups de bâton ; car le citoyen Pluviôse ne me pardonnerait pas. D'ailleurs la demoiselle Marguerite m'a l'air de dédaigner les sans-culottes comme la demoiselle de la Chesnaye ; les deux font la paire, donc à la sainte guillotinette !

Le gendarme, qui était en verve, poursuivit ainsi pendant plus d'une heure.

A force de raisonnements, il finit par se prouver que la prisonnière était Blanche.

—Oui, disait-il en se frappant le front : ce ne peut être que la fille de la Chesnaye, puisque c'est elle que nous devions emmener.

Raoul, qui, dès le début, avait tourné le dos au raisonneur, suppliait alors Marguerite de lui dire comment elle était parvenue à tromper les gardes de Blanche. Marguerite finit par lui raconter tout ce qui s'était passé, sans omettre le moindre détail à propos de mademoiselle de la Chesnaye. A son tour, Raoul apprit à Marguerite qu'un pressentiment l'ayant averti de l'enlèvement de Blanche, il s'était traîné à sa fenêtre malgré les prières de sa mère ; que là, — des cris confus l'avaient affermi dans son pressentiment et avaient éveillé en lui le désir de suivre l'orpheline ; — qu'après bien des obstacles, oubliant sa blessure et sa famille, il s'était mis en route allant à l'aventure, sachant que la prisonnière était dans la berline du château, n'osant demander par quel chemin fuyait la voiture, mais se souvenant vaguement que la veille Pluviôse avait décidé que mademoiselle de la Chesnaye irait à Paris ;—qu'enfin, à la vue de la berline, se trouvant trop faible pour lutter contre les gardes de la prisonnière, il s'était décidé à se faire arrêter par eux comme rebelle à la république, afin de partager la captivité de Blanche.

Dans son récit, Marguerite fut simple et froide ; elle semblait ne point se douter de sa bonne œuvre. En écoutant les aveux de Raoul, elle s'attendrit jusqu'aux larmes.

Quand il cessa de parler, elle lui pressa doucement la main et murmura :

—C'est un mauvais ange qui vous a conduit ici.

—C'est la destinée, Marguerite. Dans notre enfance, nous nous chauffions au même rayon de soleil, nous nous reposions sous le même ombrage...

—Nous aimions du même amour, pensa-t-elle.

Marguerite soupira tristement.

—Et nous mourrons de la même mort, reprit Raoul.

LIVRE V

LE TIGRE AMOUREUX

I

Dans le verger de Maillefer, mademoiselle de la Chesnaye, toujours égarée par la douleur, demeura immobile pendant quelques minutes, l'œil hagard, les bras tendus vers la fenêtre d'où l'avait descendue Marguerite. Enfin, s'étant ressouvenue du château, où la dépouille de son père gisait sans sépulture, il lui vint tout à coup le désir d'y retourner.

—C'est mon berceau, dit-elle, je ne veux pas d'autre tombe.

Le verger de Maillefer était défendu par des haies gigantesques formées de sureaux, de framboisiers et d'épines blanches. Ce ne fut pas sans peine que mademoiselle de la Chesnaye franchit cette enceinte ; elle y déchira ses pieds et ses mains. Quand elle fut dehors, elle demeura encore immobile, cherchant dans sa mémoire, plutôt que par ses yeux, le chemin du château. Je l'ai dit, la nuit était profonde ; et d'ailleurs Blanche était éblouie par la lumière du cabaret. Après de vaines recherches, l'égarement la ressaisit, et elle se mit à suivre le premier chemin venu, oubliant qu'elle voulait aller au château. Dieu la conduisit par la main. Depuis les pluies de septembre, les chemins étaient mauvais, mais, grâce à Dieu, la route fut bonne pour l'orpheline. Après une demi-heure de marche, elle fut surprise de se trouver au bord du bois de la Chesnaye. A la vue des grands ormes, dont le feuillage noir murmurait lugubrement, elle eut peur, et s'imagina que l'âme de son père voltigeait autour d'elle. Ce fut avec cette idée qu'elle arriva au château, dont toutes les portes étaient ouvertes à deux battants.

—Il semble, dit-elle, que je suis attendue ici comme dans un cimetière.

Elle franchit d'un pied chancelant le seuil du portail ; elle traversa la cour ; elle pénétra dans le donjon, jusqu'à l'oratoire, et se laissa tomber dans un coin sur une tapisserie que les paysans avaient détachée du mur. Là, à demi-morte de douleur et d'effroi, le cœur las de souffrir, la tête lasse de rêver, elle demanda la mort à Dieu ; mais bientôt elle se ressouvint de *lui*, et elle eut peur de mourir.

Elle l'aimait ; c'était l'aurore de l'amour, non pas cette aurore aux doigts de rose, tant aimée du vieil Homère, mais l'aurore amoureuse du poëte allemand, cette aurore qui vient après l'enfance et qui déchire peu à peu le voile embrumé de la jeunesse, qui égaye le cœur, et qui répand de si douces lumières sur les ténèbres de l'âme.

Mademoiselle de la Chesnaye était une de ces blondes filles chantées par les poëtes du Nord. En Italie, on l'eût trouvée trop nuageuse et trop archangélique ; on l'eût désirée plus terrestre et plus vivante. Cependant, sa candeur d'enfant et sa blancheur de vierge ne l'empêchaient pas d'être la plus belle et la plus adorable des blondes. C'était un ravissant tableau que la vue de son corps svelte et fragile, se détachant sur la verdure du bois ou sur les sombres tapisseries des grandes salles ; le regard s'arrêtait religieusement sur sa chaste et douce figure. Elle eût ravi les vieux maîtres allemands ; Stéphane de Cologne l'eût reconnue pour sa madone ; sa bouche était faite pour Dieu plutôt que pour l'amour, et il semblait que ses yeux étaient devenus bleus en contemplant le ciel.

Durant près d'une heure, Blanche se reposa de la vie dans la pensée de celui qu'elle croyait vaguement retrouver au château. Elle finit par s'assoupir ;

elle pencha sa tête sur ses genoux, et le sommeil vint la prendre malgré elle.

Dans le sommeil, elle eut des songes étranges. L'horrible jour et l'horrible nuit du dimanche s'étaient effacés de sa vie. Tantôt elle se trouvait dans sa mélancolique solitude de la Chesnaye; elle s'accoudait encore à sa fenêtre, pour voir une image au travers des arbres; tantôt elle entrait dans l'église d'Armagny; elle passait devant lui; elle mouillait son doigt dans le bénitier, elle se signait, et, sur sa blanche robe, elle voyait avec horreur une croix de sang. Puis la scène changeait : elle se sentait entraînée au fond d'un cachot; elle marchait au supplice entre deux haies de gens armés; puis elle se croyait morte au monde, elle habitait le ciel et demandait à Dieu la grâce de revoir sa belle vallée d'Armagny.

II

Pluviôse, toujours ardent de carnage, fuyait Armagny, fier et glorieux d'avoir soumis tout le territoire aux lois sévères de la république. Vers cinq heures du matin, s'étant réveillé sur une table du cabaret, et augurant, d'après le silence qui régnait alors, que le jour du repos arrivait pour le peuple d'Armagny, il avait demandé son cheval et s'était mis en route, se promettant de nouvelles distractions dans le premier pays venu, car il allait à l'aventure.

Son cheval était celui du comte de la Chesnaye; aussi la noble bête, libre dans sa course, prit rapidement le chemin du château. Le jour s'allumait quand elle arriva dans l'avenue. En revoyant les tours gothiques, dont les clochetons se détachaient de l'ombre et du brouillard, elle hennit joyeusement, releva sa tête superbe et bondit comme une folle.

A la vue du château qu'il avait dépeuplé, Pluviôse eut un frémissement d'orgueil. Il repassa dans sa mémoire toutes les phases de son triomphe; il retomba dans sa sanglante démence, et fut assez sacrilége pour bénir le ciel de l'avoir protégé dans ses crimes.

Il eut la curiosité de descendre au château; il voulut profaner encore cette antique demeure des la Chesnaye, et voir au grand jour les ravages d'une peuplade en révoltée.

Le cheval, qui avançait d'un pas rapide, s'arrêta tout d'un coup au milieu de la cour, pencha tristement la tête, et regarda d'un œil abattu un chapeau gisant sur une tache de sang : c'était le feutre de son ancien maître. Pluviôse s'amusa de la sensibilité du cheval. Ce ne fut pas sans peine qu'il le détourna de l'endroit où était mort M. de la Chesnaye. La pauvre bête alla lentement jusqu'au perron, l'œil éteint, le pied chancelant. Après l'avoir attachée à un arbre, Pluviôse, encore tout réjoui de la vue du chapeau à cornes, monta l'escalier et entra dans le donjon. Comme il s'avançait vers l'oratoire, la première chose qui saisit son regard fut mademoiselle de la Chesnaye à demi couchée sur des lambeaux de tapisserie. Elle dormait d'un sommeil toujours agité par les songes. Il s'approcha d'elle avec une grande surprise, s'imaginant, sous la coiffe de Marguerite, trouver une des servantes du château ; mais à la vue de sa figure pâle et de ses mains blanches, il la reconnut et il s'alluma en lui une grande fureur.

—Ces brigands de gendarmes, murmura-t-il en grinçant des dents, voilà comme ils gardent mes prisonniers !—Les lâches ! ils ne garderont pas longtemps leurs têtes. J'étais en si beau chemin pour arriver à la puissance !—J'envoyais à Marat le fruit de ma victoire, la dernière fleur de la noblesse du pays. Pour cet hommage, une récompense nationale m'attendait, et voilà que tout est perdu !

Sa colère, ne pouvant atteindre les gendarmes, retomba sur Blanche.

—Race maudite ! reprit-il en agitant son épée ; il faut que j'en délivre le monde.

Sa fureur l'avait égaré, les mauvaises passions se déchaînaient en lui, ses grands yeux demandaient du sang.

Il allait, avec l'horrible volupté du crime, plonger son épée dans le sein de mademoiselle de la Chesnaye, quand le premier rayon de soleil éclaira la pauvre orpheline.

Pluviôse retrouva tout à coup l'émotion qui déjà l'avait saisi une fois devant Blanche évanouie; il laissa tomber son épée, recula avec respect, et dit d'une voix émue :

—O mon Dieu! qu'elle est belle!

III

Quand Blanche s'éveilla, Pluviôse était agenouillé devant elle.

Pleine d'épouvante, elle se cacha la tête dans ses mains.

—N'ayez pas peur de moi, dit le septembriseur, à qui son cœur donnait une soudaine inspiration, je n'ai plus d'arme, je n'ai plus de colère; pour vous, je n'ai plus que de l'amour.

—De l'amour! s'écria Blanche. Mon Dieu, n'ai-je point assez souffert sans l'amour de cet homme?

—Hélas! madame, j'étais un monstre au-dessous de votre mépris; mais je vous aime et je ne suis plus un monstre. L'amour est un feu qui purifie l'âme; déjà mon âme n'est plus si noire, et si j'osais, je prierais Dieu. Priez pour moi, madame, et je passerai le reste de ma vie dans le repentir et dans l'amour. Que ne puis-je effacer mes crimes avec mes larmes et avec mon sang !

Mademoiselle de la Chesnaye regarda Pluviôse à diverses reprises, pour s'assurer que ce n'était point un rêve.

—Des larmes ! du sang ! que j'en ai fait répandre ! reprit-il d'une voix brisée. Quand je ferme les yeux, je vois une mer rouge autour de moi. Avant mes crimes, je voyais les montagnes de mon pays, le théâtre de ma jeunesse. Plaignez-moi, madame, car je suis plus à plaindre que vous : vos malheurs s'effaceront avec le temps ; moi, j'ai des remords pour l'éternité. Mon Dieu ! je n'étais pas né pour le rôle hideux que j'ai rempli ; ma vie devait se passer là-bas, dans l'Auvergne, sous l'œil de ma mère et de mes enfants. Ah ! c'est un beau pays ! mais de fatals désirs m'en ont chassé. Une fois dehors, toutes les mauvaises passions m'ont assailli, j'ai perdu mon cœur ; ô madame, je le retrouve près de vous.

Blanche recula contre la boiserie ; elle avait le cœur oppressé, les yeux hagards, les mains tremblantes.

—Suis-je en enfer ? se demanda-t-elle.

—Il n'y a point d'enfer pour les anges, dit le septembriseur avec enthousiasme ; pour les anges, il n'y a que de l'amour !

—De l'amour ! dit Blanche tout égarée.

Et, saisissant dans ses doigts la croix de Raoul :

—Votre amour est pour moi l'enfer. Raoul ! Raoul !

délivrez-moi de ce monstre qui me jetait hier la tête de mon père ! délivrez-moi de ce démon qui me jette aujourd'hui son cœur !

—Tu appelles ton amant, dit Pluviôse en sortant de son humble attitude. Oh! garde-toi bien de réveiller ma fureur par la jalousie, car ma fureur ne s'apaise que dans le sang…—Pardonnez-moi, madame, je suis ivre, je suis fou. — Il y a toujours eu de la démence dans ma vie. Je me souviens qu'aux lamentables journées de septembre, le sang que je vis répandre me jeta dans une horrible ivresse. J'étais allé à la Force pour voir le théâtre rouge où se débattaient tant de belles victimes ; je fus saisi tout à la fois par la fièvre, par le délire; je pris une hache…

Le septembriseur leva ses mains tremblantes et recula avec angoisse, comme s'il revoyait le sanglant spectacle de la Force.

Il reprit d'une voix haletante :

—Celle-ci demandait ses enfants, mais j'avais oublié ma mère; celle-là, qui n'avait pas vingt ans, ne demandait que la vie, mais je ne donnais que la mort. Ce récit vous épouvante, c'est la page la plus odieuse de ma vie; cette page, écrite avec du sang, couvre mes autres souvenirs. Je me confesse devant vous; car, si vous voulez m'absoudre, je sens que j'aurai la force d'effacer le passé par l'avenir. Soyez compatissante, soyez charitable. Avant de vous voir, j'étais un tigre ; mes dents et mes griffes sont tombées à vos pieds; achevez l'œuvre, faites que je redevienne un homme.

Blanche tressaillit.

— Vous êtes émue, ma douleur vous touche, je suis sauvé !

Les yeux du septembriseur se noyèrent de larmes. Il voulut parler encore, mais sa voix se brisa en sanglots. Il se traîna aux pieds de Blanche, et pencha humblement son front sur la tapisserie.

Mademoiselle de la Chesnaye détourna ses cheveux qui l'aveuglaient et regarda, en frémissant d'horreur, le monstre prosterné devant elle.

— O mon Dieu ! murmura-t-elle, délivrez-le du crime, mais délivrez-moi de son amour !

IV

Pluviôse releva la tête et regarda mademoiselle de la Chesnaye.

— Oh ! que vous êtes belle ! dit-il en lui voulant saisir la main.

— Ne me touchez pas ! s'écria-t-elle avec dégoût.

L'irritable Pluviôse ne put cacher son dépit.

— Songe, dit-il d'une voix plus assurée, que je suis ton souverain maître. L'amour m'a courbé devant toi, mais ma puissance peut te jeter à mes pieds.

Le misérable se radoucit et redevint suppliant.

—De grâce, dit Blanche, ne vous contraignez pas; j'aime mieux vos fureurs que vos prières.

—Prends garde à ma fureur, je te le dis encore; prends garde que je n'aille chercher ton amant pour le déchirer sous tes yeux.

Il se leva et ramassa son épée.

—Vous frémissez, vous avez peur; eh bien, donc, un sacrifice pour votre amant. Tout à l'heure je me croyais une âme, je me trompais : je suis la proie d'une infernale passion.

Pluviôse se tut, rejeta son épée et dévora Blanche du regard.

Et, s'abandonnant à sa passion, il courut à elle les yeux errants, les bras tendus.

—Tuez-moi! dit l'orpheline.

A ces mots, le misérable s'arrêta comme devant un fleuve de sang; il pâlit et détourna avec effroi sa tête hérissée.

Le soleil, qui s'était caché, reparut à la fenêtre de la salle et rayonna doucement aux pieds de mademoiselle de la Chesnaye. Ce fut pour elle d'un bon augure; elle pensa que Dieu venait à son secours.

Le septembriseur, ébloui par le soleil, fit encore un pas vers elle. Alors l'infortunée entendit un plaintif hennissement; c'était le cheval de son père; dans son imagination romanesque, elle vit déjà un cavalier armé accourant pour la défendre. Elle écouta avec avidité; mais nul bruit nouveau ne troubla l'immense solitude ; c'était un silence de mort.

Pluviôse, qui s'était soudainement apaisé, sentit sa flamme se rallumer peu à peu à la vue de l'orpheline. Il suivait d'un œil ardent les secousses de sa gorge, les frémissements de ses épaules ; il admirait la blancheur rosée de son cou, la beauté adorable de ses yeux et de sa bouche, la délicatesse inouïe de ses pieds et de ses mains ; il songeait avec frénésie aux délices ineffables qu'il trouverait dans l'amour d'une pareille femme. Égaré par la violence de ses désirs, il voulait s'élancer pour saisir sa proie ; mais la divine candeur de la pauvre fille arrêtait son élan.

Blanche écoutait toujours ; le morne silence du château n'était coupé que par le vent, qui battait légèrement les vitres. Elle désespéra d'un secours étranger ; elle s'arma de sa vertu et jura de se défendre jusqu'à la mort.

—Je ne suis pas un écolier, je suis un septembriseur, dit tout à coup le misérable en repoussant la main invisible qui le retenait.

Et il se jeta avec rage sur mademoiselle de la Chesnaye.

Ce n'était plus qu'une ombre.

Saisie d'un spasme nerveux, Blanche se débattit d'abord ; mais bientôt elle fléchit et tomba inanimée.

Sa pâle figure se parsema de teintes bleuâtres ; sa bouche vermeille se décolora ; son cœur cessa de battre, sa bouche de respirer.

— Morte ! dit Pluviôse.

Il ne voulut pas profaner celle qui venait de se réfugier dans la mort.

Il prit avec respect une des mains de l'orpheline et la toucha du bout des lèvres.

Sa bouche s'était ouverte pour tous les calices de la volupté, sa bouche se referma sur une main refroidie. Ce baiser de mort fut la seule joie de son infernal amour.

Après avoir longtemps contemplé mademoiselle de la Chesnaye, après avoir vu avec douleur tous les signes de la mort sur sa pâle figure, il sortit lentement du donjon.

Il était plus morne et plus désolé que le cheval de M. de la Chesnaye.

En dépassant le portail, la pauvre bête s'arrêta, et sembla demander du regard à son nouveau maître quel chemin il fallait suivre.

—Hélas ! dit le tigre en pleurant, où vais-je ?

V

Tous les hommes sont nés bons, tous deviennent méchants; quelques-uns redeviennent bons.

Pluviôse était né sur le penchant d'une colline, en la plus humble et la plus tranquille métairie de l'Auvergne. Dans son enfance, ses regards ne reposaient que sur sa mère, sur sa sœur, sur le ciel, sur la nature. Comme Danton à ses derniers jours, Pluviôse, à ses premiers jours, s'était épris de l'amour des champs. Les villes d'Auvergne lui semblaient des cages de pierre ; il en franchissait le seuil avec d'horribles étouffements. Pareil à la bête fauve de la montagne, il aimait la liberté, la liberté aventureuse et sauvage qui ne s'arrête jamais. Aussi il devint braconnier dans les bois, et pêcheur dans les étangs du seigneur de son pays. Les gardes ne s'avisaient guère de l'arrêter ; car il était d'une stature herculéenne, d'un courage héroïque ; il se fût défendu jusqu'à la mort avant d'être enchaîné, la prison et la tombe étant pour lui pareille chose. Si les gardes lui demandaient de quel droit il chassait dans les bois de monseigneur, il répondait, en levant une tête superbe, toute hérissée par la colère : « Allez dire à votre seigneur que j'ai le droit de chasser partout, comme il a le droit de se chauffer au soleil. Dieu seul est le maître du monde, et je suis un de ses enfants, comme votre seigneur. » Les gardes, plus surpris que le braconnier, s'en allaient en silence et se résignaient à fermer les yeux sur les délits à venir. En ce temps-là, Pluviôse n'était pourtant pas un de ces vagabonds qui désolent les campagnes ; il aimait le travail, et, quand il n'avait plus faim du gibier de son seigneur, il labourait les terres de son père avec une ardeur sans pareille. Le soir, après une laborieuse journée, il s'en revenait à la métairie tout en flattant ses chevaux de la main et de la voix, et, à son retour, il se délassait en jouant avec sa sœur, ou son chien, ou son chat, à la clarté d'un feu de fagots, aux bruits alléchants d'une marmite et d'une cafetière, qui semblaient jaser ensemble des délices rustiques du souper.

Ce fut ainsi que se passa la jeunesse de celui qui devait être un des massacreurs de septembre. Mais cette vie, qui s'en allait doucement à la mort, se détourna tout à coup et à jamais de son cours.

Un jour, le seigneur le rencontra à la chasse, dans les bois avoisinant le parc. Et le seigneur lui dit, tout rouge de colère :

—Vilain, je te ferai pendre si je te retrouve ici. Va-t'en !

Pour toute réponse, le vilain lâcha un coup de fusil sur un lièvre, qui alla tomber aux pieds de monseigneur.

—C'est pour ma mère, monseigneur.

—C'est pour mes chiens, drôle ! Prépare ton âme, car demain tu seras pendu ; nous enverrons ce soir la maréchaussée à tes trousses. Chasser sur mes terres ! as-tu donc perdu la tête !

—J'ai toujours ma tête sur les épaules, monseigneur, et je pense qu'elle tient mieux que la vôtre.

Le seigneur leva son pied ; le vilain leva sa main,

après quoi il alla ramasser le lièvre à la face de monseigneur; puis il sortit du bois en chantant avec insouciance une chanson d'amour des montagnes.

Le soir la maréchaussée de la ville voisine survint, comme par miracle, à la métairie.

Le braconnier était alors à la chasse aux amours, au bas de la montagne. Sa pauvre mère, toute éplorée, courut l'avertir. Il tempêta contre les seigneurs, et, la tempête passée, il eut peur de la prison. Il dit à sa mère qu'il allait s'éloigner un peu du pays, et qu'il reviendrait aussitôt que la colère seigneuriale serait apaisée. Sa Jeanneton pleura, sa mère sanglota; ce furent des accolades à n'en plus finir.

—Adieu, ma mère; adieu, Jeanneton.

La mère resta, mais Jeanneton dit tant de fois adieu à son amant qu'elle le suivit dans sa fuite.

Et en attendant le retour du braconnier, la maréchaussée dévora le lièvre.

Les amoureux allèrent à Paris, où bientôt leur amour se changea en débauche. Jeanneton fut infidèle; le braconnier regretta son pays, mais il n'était plus temps. Il n'eut point la force de se détourner des mauvais chemins qu'il suivait avec égarement.

—Vous savez la suite de son histoire.

Quand vint le jour terrible où le peuple se vengea, il se souvint du lièvre qu'il n'avait pas mangé et du seigneur de son pays : il voulut se venger, la fièvre de la révolte le saisit; son âme se teignit de sang; il fut fanatique, terroriste, septembriseur !

A la porte du château de la Chesnaye, toute sa vie passa ainsi devant lui.

Cependant le cheval frappait du pied, et regardait tour à tour le portail et les deux chemins ouverts dans le bois.

—Où vais-je ? se dit encore Pluviôse.

Blanche revint à sa pensée ; une douleur infinie traversa son âme, il songea à mourir.

Mais il eut peur de la mort, il eut peur du jugement de Dieu; il étouffa ses remords et il éperonna son cheval.

LIVRE VI

LA BELLE AU BOIS DORMANT

I

Le château de la Chesnaye n'était pas encore une solitude déserte ; Pluviôse y avait laissé le curé d'Armagny en lui disant :

—Voilà ton ermitage.

Et le vieillard n'était pas le seul habitant du donjon.

Durant le carnage, une vieille servante s'était cachée dans un grenier, résolue à mourir si elle était découverte, plutôt que de se laisser emmener du château. La pauvre vieille avait quatre-vingts ans, et, depuis son enfance elle avait servi les seigneurs de la Chesnaye. Le château était sa patrie, elle l'aimait comme le prêtre aimait son église ; d'ailleurs, elle s'imaginait qu'elle mourrait le jour où elle en sortirait.

Depuis le départ des révoltés, le curé d'Armagny était la proie d'un demi-sommeil qui ne le reposait pas. La vieille servante, l'ayant reconnu, s'était mise à le veiller avec la plus tendre sollicitude, heureuse d'avoir encore un être à servir.

Le second jour, dans la matinée, elle s'endormit en veillant le vénérable prêtre, qui, las d'un sommeil tourmenté de songes affreux, se leva péniblement et promena sa douleur dans le donjon. Pluviôse venait de partir. Tout à coup, en s'agenouillant devant le prie-Dieu de l'oratoire, le vieillard entrevit Blanche. Il s'avança vers elle avec un saisissement de joie, mais sa joie s'évanouit bientôt devant la pâleur mortelle de mademoiselle de la Chesnaye. Il l'appela d'une voix émue, il la toucha d'une main tremblante : Blanche fut sourde à sa voix, insensible au toucher de sa main. Ses paupières livides semblaient abaissées pour l'éternité; on eût dit que ses lèvres blanches venaient d'être fermées par un baiser de la mort.

Le prêtre, au désespoir, courut éveiller la servante; il revint avec elle devant mademoiselle de la Chesnaye. Après de bruyantes lamentations, la pauvre vieille essaya de ranimer sa jeune maîtresse; elle lui jeta de l'eau à la face, elle lui arrosa le front de vinaigre, elle la prit dans ses bras, elle la berça comme son enfant, espérant la réchauffer sur son cœur éteint.—Enfin, après une heure d'angoisses, elle tomba dans une morne désolation; et, se tournant vers le prêtre qui priait, ou plutôt qui pleurait, elle murmura à diverses reprises :

—Morte, quand je suis vivante! elle si jeune, moi si vieille!

Elle avait déposé Blanche sur un lit où la lumière n'arrivait qu'à travers la blanche mousseline des rideaux. Le vieux curé contemplait la trépassée en sanglotant; il voyait avec d'amers regrets cette fille angélique enlevée au monde, qu'elle eût embelli de ses grâces et de ses vertus.

Blanche était belle dans la mort, comme dans la vie; elle semblait se reposer dans l'extase archangélique. On avait ouvert la fenêtre, et la brise automnale, si bonne à midi, agitait doucement les rideaux; jamais lit funéraire n'eût un aspect si doux, jamais trépassée ne fut plus belle à voir.

II

Le lendemain, la chapelle de la Chesnaye, profanée par mille sacriléges, s'ouvrit encore pour les chants sacrés et pour la prière. Dans un simple cercueil en chêne, recouverte d'un voile blanc, mademoiselle de la Chesnaye fut déposée dans le chœur. Quelques jours auparavant, toute la population d'Armagny eût assisté à l'enterrement de Blanche ; les jeunes filles eussent été fières de la porter en son dernier refuge ; mais aujourd'hui elles viennent en curieuses, à la porte de la chapelle, voir ce qu'elles appellent la *dernière cérémonie.*

Durant la messe, un homme triste et morne vint religieusement s'agenouiller dans la chapelle.

Il pria pour le repos de l'âme de Blanche, avec autant de ferveur que le vieux prêtre.

C'était Maillefer.

Il pria en même temps pour sa fille.

Tout le monde s'étonnait, dans le pays, de la mort de mademoiselle de la Chesnaye ; on se demandait comment la prisonnière avait échappé à ses gardes pour aller mourir au château. Nul ne se doutait du dévouement de Marguerite ; le sculpteur ne se figurait pas que sa fille eût pris courageusement les chaînes et le danger de la jeune châtelaine. Dans ses tourments sur le sort de Marguerite, il espérait qu'effrayée des sanglantes orgies des fanatiques, elle s'était enfuie à quelques lieues de là, dans le pays de sa mère, où elle avait encore un grand nombre de tantes et de cousines.

Quand la noble fille eut été déposée auprès de sa mère, sous la pâle lumière de deux lampes sépulcrales ; quand le prêtre, Maillefer et les fossoyeurs eurent arrosé le cercueil d'eau bénite ; le vieillard s'agenouilla, appuya sa bouche glacée sur le chêne bénit et dit d'une voix solennelle :

—Dernière fille des la Chesnaye, dormez en paix jusqu'au grand jour du jugement!

L'écho des voûtes sépulcrales répéta ces paroles :

—Dernière fille des la Chesnaye, dormez en paix jusqu'au grand jour du jugement !

Et l'on n'entendit plus que le bruit des pas dans le silence.

Le prêtre se leva, les assistants sortirent et on referma la porte de ce *campo santo* des la Chesnaye.

LIVRE VII

RAOUL ET MARGUERITE

I

Ne troublons pas le repos des morts ; retournons à nos jeunes prisonniers. Les chevaux de la berline depuis longtemps oisifs au château, fuyaient comme le vent vers Paris. Dès la première soirée, on s'arrêta à Compiègne pour s'y reposer la nuit. Dans cette ville toute royale, la révolution était mal venue et, au passage des prisonniers, un morne silence régna partout.

Pour charmer les ennuis de la route, les gendarmes avaient forcé leurs victimes à suivre la berline à pied, depuis la première maison de Compiègne. Ils espéraient recueillir, par cette belle œuvre, les applaudis-

ments du peuple ; mais, partout, le peuple s'intéressa
à la jeunesse et à la beauté de Raoul et de Marguerite : les femmes pleuraient, les enfants se cachaient
dans les bras de leurs mères ; c'était une désolation
sans pareille. Les deux amants qui, tant de fois en
un seul jour, avaient été poursuivis par les cris de la
populace, bénirent cet accueil silencieux et triste.
Le petit curé, s'imaginant que les larmes tombaient pour lui, disait ses patenôtres avec reconnaissance.

—O mon Dieu! s'écria-t-il en voyant une église,
étends la main sur ce pays qui nous reste fidèle.—
Et vous, poursuivit-il en voyant un gendarme qui
s'avançait vers lui, daignez nous conduire dans la
meilleure hôtellerie de cette ville.

Malgré ses prières, il fut jeté, avec ses deux compagnons, dans un cachot humide, où ils eurent, en
communauté, une cruche d'eau, un pain de soldat et
un lit de paille d'avoine. Le petit curé se coucha le
premier. Raoul et Marguerite se consolèrent ou se
désolèrent longtemps ensemble ; enfin Raoul, plus
faible à cause de sa blessure à peine cicatrisée, tomba
épuisé à côté du prêtre. Marguerite pria pour tous les
deux, s'enveloppa dans sa vertu et s'endormit paisiblement à côté de Raoul.

Le lendemain, avant de partir, les gendarmes
eurent l'infamie de vouloir ajouter des fers aux tortures des prisonniers. Ils les amenèrent à la porte de

la prison, afin que les passants et les voisins fussent spectateurs de leurs grimaces.

—Nous enchaîner! dit Marguerite en pensant à mademoiselle de la Chesnaye, nous enchaîner! Mais, si vous partiez sans nous, nous irions à Paris nous livrer aux bourreaux.

—C'est par charité qu'on vous enchaîne, dit un des gendarmes : est-il rien de plus charitable que d'enchaîner deux amants? Le petit curé joufflu, qui vous regarde en se lamentant, ne vous enchaînerait pas mieux avec le secours d'une oraison.

Raoul, indigné, ne put résister à sa colère. C'était au moment où l'autre gendarme lui saisissait les mains, pour les présenter aux fers : il se jeta violemment contre lui et le renversa sur la muraille, en dégageant ses mains.

Le premier gendarme voulut réprimer cette noble colère; mais Raoul, plus irrité, l'envoya mordre la poussière aux pieds de son camarade.

Les assistants applaudirent du fond de leur cœur. Le peuple applaudit toujours à la force et au courage. L'un des spectateurs de cette scène fut même assez téméraire pour aller au secours de Raoul.

—Gendarmes du diable! dit cet homme d'une voix tonnante, je ne vous conseille pas d'enchaîner vos prisonniers!

—Je veux bien qu'ils m'enchaînent, dit Raoul

d'un ton superbe ; mais je leur défends de toucher à cette jeune fille.

Les gendarmes, qui étaient à moitié ivres, craignirent l'issue de cette scène et firent avancer la berline, disant qu'ils dédaignaient de lutter avec des brigands destinés à la sainte guillotine.

Raoul tendit la main à celui qui était venu pour le défendre, et monta dans la berline où l'attendait déjà Marguerite.

—Pourquoi m'avez-vous préservée de leurs fers ? dit-elle avec un triste sourire ; j'eusse été si heureuse de les porter !

Au premier village, la pauvre fille demanda un verre d'eau ; les gendarmes firent semblant de ne pas entendre.

—Tant mieux ! pensa-t-elle, ils se vengent sur moi du courage de Raoul.

Ils se vengèrent durant toute la route. Je ne raconterai pas tous les petits supplices dont ils accablèrent les prisonniers. Plus ils approchaient de Paris et plus ils se croyaient patriotes en tyrannisant les *aristocrates.*

La berline entra dans Paris, vers onze heures du soir. Les gendarmes remirent au lendemain leur visite à Marat ; ils passèrent la nuit à s'enivrer dans une mauvaise auberge du faubourg Saint-Denis, avec quelques sans-culottes d'alentour, venus à leur aide pour veiller les trois prisonniers, destinés, suivant leur métaphore un peu hasardée, à la grande gueule altérée de sang.

II

En ce temps-là vivait à Paris un homme étrange, qui n'avait point de famille, mais qui avait une patrie;

Un médecin, ayant pour scalpel une guillotine qu'il promenait par toute la France, pour trancher les mauvaises herbes;

Un journaliste humanitaire qui demandait du sang humain pour écrire;

Un profond politique qui voulait élever le peuple en abattant toutes les têtes qui dépassaient la foule;

Un réformateur, ayant au cœur la haine du mal et non l'amour du bien.

Quand finit le règne de Louis XVI, cet homme devint roi à son tour, le roi des terroristes, ou plutôt il devint dieu, le dieu sanglant des démagogues.

Le malheureux n'avait pas eu de mère, car quelle mère a eu de pareils enfants? Ou plutôt sa mère était une marâtre.

Il s'appelait Marat.

Or donc ce fut devant Marat que comparurent Raoul et Marguerite.

C'était un matin; le ciel était sombre; les rumeurs, apaisées dans la nuit, se réveillaient de toutes parts devant la maison de Marat. A la porte du tribun, les vagabonds demandaient des distributions de pain, le supplice des aristocrates, le pillage des hôtels; les uns prêchaient la révolte, les autres lisaient aux passants *l'Ami du peuple;* ceux-ci racontaient les fabuleuses amours de la reine, ceux-là chantaient d'aimables chansons où *lanterne* rimait avec *guillotine.*

—Passons vite, dit Marguerite aux gendarmes.

Mais la hideuse populace, qui s'ébattait là, arrêta les gendarmes et leurs prisonniers.

Avant de passer, il fallut que les pauvres captifs subissent tous les outrages de cette foule violente.

Ils trouvèrent Marat dans une chambre sombre, tapissée de pamphlets et de gazettes.

Là étaient amassés *la Chronique scandaleuse, la France libre, la Madeleine convertie, la Démence et l'agonie de Mirabeau, le Christ dévoilé, les Métamorphoses, les Grandes colères du père Duchêne, les Fastes scandaleux, les Litanies des rois, les Crimes des reines de France,* et mille autres écrits pareillement marqués au bon coin.

Le tribun, qui ne dormait jamais, irritait alors ses fureurs contre les rois et les nobles, par la lecture d'un libelle anonyme, ayant pour titre *les Misères du peuple.* Il était assis devant un feu noir et morne;

les bûches pleuraient et semblaient ne s'allumer qu'à regret. Sur les bords d'une cheminée en pierre étaient éparpillés les derniers numéros de *l'Ami du peuple* et de *l'Ami du roi*. Outre ce libelle anonyme, Marat avait entre les mains *le Lever de l'aurore*, petite satire d'ancienne date, dont presque toute l'édition avait passé à un auto-da-fé de la cour, pendant que l'auteur passait à la Bastille. Cet écrit était devenu singulièrement rare, et Marat le pressait dans sa main comme une chose précieuse.

Le tribun représentait dignement la populace par le cynisme de son costume : il était à peine vêtu d'une houppelande en lambeaux, d'une vieille culotte de soie noire, à demi débraillée ; il avait, sur la tête, une guenille en turban où s'épanouissait une cocarde; aux pieds des souliers sans boucles, à demi perdus dans les cendres de l'âtre.

A la vue de cet homme si laid, Marguerite eut un mouvement d'horreur. Elle se souvint avec surprise de l'enthousiasme que son père montrait souvent pour Marat : suivant Maillefer, qui le voyait de loin, c'était un républicain plein d'extravagantes vertus, un fou sublime, capable de sauver comme de perdre la nation. Elle espérait trouver en Marat un autre Maillefer, c'est-à-dire un homme ayant plus de cœur que de tête ; mais, en voyant la face livide, la grande bouche convulsive, l'œil colère du tribun, elle devina Marat, le colosse de haine, le géant d'horreur autour de qui se groupaient toutes les mauvaises passions du temps.

Raoul ne s'étonna point de la laideur de Marat : dans son imagination, les grandes figures républicaines se dessinaient plus horribles encore. S'il avait vu Robespierre, le tribun coquet qui écrivait ses discours en manchettes, il lui eût dit à coup sûr : « Tu n'es pas Robespierre, ou tu es plus monstrueux que Marat, car la nature ne t'avait pas destiné au rôle que tu joues. »

Marat avait vivement tourné la tête vers les gendarmes et les prisonniers. Son regard, toujours courroucé, s'était arrêté sur Marguerite sans s'adoucir : il se souciait bien de la douleur et de la beauté de la jeune fille ! Un des gendarmes lui remit le procès-verbal de Pluviôse. Il le lut avec une curiosité fiévreuse, en traçant de petites croix à divers passages, avec un crayon rouge.

Tout à coup il bondit sur son fauteuil et s'élança vers Marguerite.

—Tu es la fille de la Chesnaye ? s'écria-t-il avec un éclat de voix.

—Oui, je suis la fille du comte de la Chesnaye, dit Marguerite avec dignité.

—J'en suis bien aise ! reprit le tribun, en la contemplant d'un œil curieux.

Et il se remit à lire le procès-verbal, tantôt souriant, tantôt grimaçant, l'œil plein d'éclairs, la narine mouvante. Quand il eut fini, il regarda Raoul et le petit curé.

—Malgré ses péchés, celui-ci aimerait mieux comparaître devant Dieu que devant Marat, dit un gendarme, en poussant le curé par l'épaule.

—D'où viennent ces faquins-là? demanda le tribun aux gendarmes; cette lettre ne me parle pas d'eux.

—Voilà l'histoire, citoyen, dit un des gendarmes. D'abord ce chérubin bouffi est un curé qui nous fut amené à Armagny par les patriotes d'Avilé, le pays des calotins; et ce grand muscadin, tout pâle d'une petite égratignure, qui semble porter le deuil de sa mort prochaine, est tout simplement l'amoureux de la fille du défunt la Chesnaye.

—Les belles mœurs de la noblesse! murmura Marat.

En ce moment sa gouvernante, c'est-à-dire sa maîtresse, c'est-à-dire sa femme, puisqu'il l'avait épousée un beau jour de printemps, à la face du soleil, survint dans la chambre et déposa, sur la cheminée, un numéro de *la Feuille villageoise*, et une satire toute fraîche contre *M. Marat, le grand médecin de la vie*.

—Donc, poursuivit le gendarme, l'amoureux, voyant partir sa belle, imagina de partir avec elle pour partager ses malheurs. Nous cheminions en paix, quand il vint caracoler autour de nous en criant *vive le roi!* C'était une malice. Nous avons réuni au plus tôt ces deux modèles d'amour.

Marguerite rougit et regarda Raoul avec amertume.

—Vous êtes de braves citoyens, dit Marat; la nation n'oubliera point vos services; j'écrirai à la commune de Saint-Quentin de vous délivrer à chacun vingt-quatre livres pour première récompense. Vous allez, avant de retourner, conduire ces aristocrates à l'Abbaye.

Marguerite fit un pas vers Marat.

—J'espérais, dit-elle, d'une voix étouffée, j'espérais...

—Les aristocrates n'espèrent point devant moi, dit Marat brusquement.

—Je n'espérais pas pour moi, mais pour lui, reprit Marguerite en regardant Raoul : son seul crime est de m'avoir suivie...

La pauvre fille rougit encore et dévora ses larmes :

—Son seul crime est de m'aimer.

En disant ces derniers mots, elle était toute défaillante.

—Et tu crois, dit Marat, qu'on n'est pas coupable en aimant une aristorate ?

Marguerite baissa la tête avec résignation.

Raoul, à son tour, s'avança vers Marat.

—Il n'y a ici qu'un seul aristocrate : c'est moi ! dit-il à haute voix. Je me nomme Raoul de Marcilly;

mon père était marquis, et je suis marquis en dépit de la bande rouge. Je dois dire toute la vérité à M. Marat. Cette noble fille, qui allait s'abaisser en vaines prières, n'est point Blanche de la Chesnaye, c'est Marguerite Maillefer; ce procès-verbal doit parler de son père. Marguerite a eu pitié de Blanche, elle a voulu mourir pour elle.

—Ne l'écoutez pas, dit Marguerite avec un triste sourire ; il s'égare, il devient fou, il veut me sauver, ne l'écoutez pas! Je suis Blanche de la Chesnaye ; il se nomme Raoul de Marcilly ; sa famille est noble, mais sa famille a toujours été la providence des pauvres. N'allez pas l'arracher à sa mère, qui en mourrait ! Vous avez une mère, monsieur : eh bien, donc, pensez à votre mère !

—Ma mère ! dit Marat en passant sa main sur son front ; je n'ai pas de mère.

Tout le monde pâlit.

—Ma mère, reprit-il, c'est la nation. Les nobles l'ont déchirée, il faut que je la venge par le sacrifice des nobles !

—N'est-ce point assez d'un sacrifice ? murmura Marguerite. Je vous demande en grâce cette mort glorieuse, qui expiera les fautes des nobles. Je suis la dernière de ma famille, je ne regretterai rien en ce monde. Faites-moi mourir, mais laissez vivre Raoul!

—Raoul, Raoul, dit Marat, avec distraction. Il me

semble avoir vu ce nom-là dans le procès-verbal du délégué Pluviôse.

Il relut la lettre d'un regard rapide :

« A Armagny, j'ai trouvé un digne clubiste...
« Maillefer... Un vieux tilleul... Un saint Jacques...
« Le château armé jusqu'aux dents...Quel beau jour
« que cette nuit-là!... Je t'envoie la fille du défunt...
« Raoul de Marcilly... »

—Ah! ah! voilà ce que je cherchais! Voyons donc tout le paragraphe :

« Dans la grande salle, j'ai trouvé le plus auda-
« cieux de nos ennemis, atteint d'un coup mortel.
« Il s'appelle Raoul de Marcilly. Je t'écris son nom
« afin que si, par miracle, il ne meurt pas de ses
« blessures, il te soit loisible de l'appeler à ton tri-
« bunal. »

S'adressant à Raoul :

—Ah! tu n'es pas mort !

—Et, si je n'avais les mains liées, dit Raoul, je prouverais bien à M. Marat que je suis très-vivant.

Marat trépigna de rage; il saisit son crayon rouge et fit une petite croix sur le nom de Raoul.

—Voilà ton épitaphe, marquis.

—C'est une glorieuse épitaphe! on n'en verra point de pareille sur la tombe de M. Marat.

—Sur ma fosse on verra un glorieux monument! On verra la nation en deuil! dit le tribun avec orgueil.

Marguerite, jusque-là retenue par Raoul, se jeta aux pieds de Marat. Sa douleur, sa beauté, ses larmes, il vit tout cela sans s'émouvoir, il détourna la tête avec impatience.

—Les républicains sont généreux, dit Marguerite : soyez donc généreux, vous qui êtes le plus puissant des républicains! Je ne veux pas mourir; il est encore si matin pour moi! je ne veux pas qu'il meure, car c'est mon amant. Ayez pitié de la jeunesse et de l'amour ! vous êtes aimé, monsieur; vous avez été jeune : souvenez-vous de ce temps-là !

—Je ne suis pas votre juge, dit Marat avec impatience; vous comparaîtrez devant le tribunal du peuple.

—Oui! dit Marguerite, cet odieux tribunal qui condamne toujours ? S'il nous faut y comparaître, nous sommes perdus! Vous pouvez nous sauver de cet abîme : déchirez ce procès-verbal, faites-nous grâce de la prison, oubliez-nous.—Oh! monsieur, la prison, c'est la mort dans la vie! Vous le savez : on m'a dit que vous aviez passé deux ans sans voir le soleil. Ne plus voir, ne plus respirer, ne plus entendre, voilà la prison ! — Le soleil est si doux! le ciel est si beau ! Oh ! monsieur, vous qui vous dévouez pour la liberté, laissez-nous la liberté !

Marat, qui demeurait insensible, répondit avec calme, après avoir cherché une métaphore, suivant la coutume des orateurs du peuple :

—Quand le chasseur surprend un loup qui a failli le dévorer, il ne s'avise pas de lâcher prise : ainsi font les républicains qui saisissent les nobles au péril de leur vie. Il fallait vous défendre jusqu'à la mort, comme le ci-devant comte de la Chesnaye.

—Qu'on m'emmène tout de suite ! s'écria Raoul. Le roi est en prison ; il est glorieux à ses fidèles sujets de partager sa captivité. Mais, avant de partir, je jure à la face de Dieu que cette jeune fille n'est pas Blanche de la Chesnaye. M. Marat, l'ogre affamé des aristocrates, devrait sentir que c'est une fille du peuple.

—Oh ! Raoul, dit Marguerite, vous êtes bien cruel !

Elle voulait saisir la main de Marat.

—Ne parlez donc pas à cette bête féroce, murmura Raoul. Les juges, fussent-ils des tigres, seront plus compatissants.

Marat, dont la bouche écumait, jeta sur Raoul un regard sanglant.

Marguerite sembla d'abord écouter la voix aimée de Raoul; mais la femme qui veut sauver son amant n'a jamais dit son dernier mot.

—Monsieur, dit-elle, en se traînant vers Marat, ayez quelque patience, c'est ma dernière prière. Songez que dans quelques minutes vous aurez perdu un beau moment d'accorder une grâce. — Soyez charitable, au nom de la France et de la liberté, ces grandes choses qui sont vos dieux ; laissez-nous la vie ! Quel mal ferons-nous à la république ? Nous irons nous ensevelir au fond de la province, et ne sera-t-il pas doux à votre cœur de penser que deux enfants ont été sauvés par vous de l'échafaud ?...

Marat, devenu rêveur, semblait s'attendrir. Tout à coup il interrompit la suppliante.

—Je suis ennuyé de toutes ces lamentations.—Emmenez-les à l'Abbaye, dit-il aux gendarmes.

—Mais moi ? dit le petit curé en s'inclinant devant Marat.

—Comment t'appelles-tu ? lui demanda le démagogue.

—L'abbé Leroy, reprit-il doucereusement.

—Ton nom est un outrage au peuple, ton nom conspire contre la république.—A l'Abbaye !

Puis s'adressant à sa gouvernante :

—Tu as oublié de donner du millet aux oiseaux. Les vois-tu qui aiguisent leur bec ? Vas-tu les laisser mourir de faim, ces oiseaux du bon Dieu !

Marat retourna au coin du feu et se mit à feuilleter le *Lever de l'aurore*. Raoul et Marguerite sortaient de sa chambre. Sur le seuil, la jeune fille regarda Marat pour la dernière fois : il y avait, dans ce regard, tant de tristesse et d'amertume que le tribun en fut ému et regretta d'avoir été si ferme.

—Il est encore temps de les sauver ! lui cria une voix du fond de ses entrailles.

—Nous verrons demain, murmura-t-il.

Le lendemain, Marat se souvenait de ceux qu'il fallait, suivant lui, sacrifier au peuple, mais jamais de ceux qui attendaient sa miséricorde.

—Et pourtant, se disait Marguerite, il aime les oiseaux !

III

Quand Raoul arriva devant l'abbaye, il pria un des gendarmes de dire que Marguerite était sa sœur, afin que le geôlier ne songeât point à les séparer. Marguerite qui entendait Raoul, essuya une larme de joie. Cette horrible prison, toute émue encore des massacres de septembre, devenait pour elle un palais; enchaînée dans les mêmes fers avec son amant, n'est-ce pas un des plus beaux rêves d'une captive qui n'ose plus rêver à la liberté?

Les gendarmes, peu enthousiastes du dieu Marat, qui ne leur promettait que vingt-quatre livres à chacun, accomplirent le vœu de Raoul; ils dirent au geôlier que c'était le frère et la sœur, et que les gardiens ne seraient pas coupables envers la nation en les laissant ensemble.

—Nous n'y regardons pas tant, dit le geôlier en essayant de sourire ; nous laisserions ensemble Dieu et le diable. La sainte liberté règne jusqu'au fond des cachots ; les prisonniers sont égaux devant la mort.

Il y avait dans toutes les prisons, grâce aux changements des guichetiers, un désordre étrange qui permettait à tous les prisonniers de se voir, sinon de se consoler.

A l'Abbaye s'agitaient alors un grand nombre de malheureux, plus ou moins malades d'aristocratie. Les révolutionnaires ne trouvaient qu'un remède à cette maladie, la guillotine.

Durant deux heures de la journée, Raoul et Marguerite demeuraient ensemble. Les guichetiers, plus humains depuis la septembrisation, permettaient aux prisonniers, moyennant une redevance inouïe, de lire les gazettes, du moins les gazettes républicaines : les deux amants lisaient l'histoire journalière des événements, même quand cette histoire était écrite par Marat.

IV

Un matin, Raoul s'éveilla moins désolé que les autres matins ; le ciel de son âme s'animait d'une douce lumière. Ses songes avaient été charmants, et, durant plus d'une heure, le front penché au bord de son grabat, le regard perdu dans le grillage de sa fenêtre, il poursuivait les fugitives images de la nuit.

Dans le roman de la vie, il est un chapitre que l'on relit tous les jours avec délices, le chapitre des souvenirs. Les prisonniers surtout s'arrêtent à tous les mots magiques de ce chapitre, avec une joie infinie ; ils oublient qu'ils sont enchaînés en se réfugiant dans ce beau temps de jeunesse et de liberté qu'ils ont perdu. Depuis plus d'une semaine, Raoul, distrait par les événements de la république, ne songeait plus au passé, ce grand consolateur du présent ; il avait à peine, le matin et le soir, une prière pour sa mère, pour ses sœurs, pour Blanche.—Dans ce temps-là, on priait encore Dieu à l'Abbaye.—Durant la nuit, des rêves charmants avaient réveillé ses jeunes années ; tous ses souvenirs s'étaient déroulé devant lui comme une guirlande de chastes élégies. A son réveil, il vit sa prison avec horreur, et son âme retourna à Armagny. Ce matin-là, le temps était morne, le ciel pâle, l'air glacial ; il se souvint avec délices de la voûte azurée, du soleil en feu, des beaux paysages de son pays. La hideuse fenêtre de sa prison lui rappela celle de sa chambre, où il s'appuyait, tout tremblant d'amour, pour entrevoir Marguerite à travers le feuillage du tilleul. Dès qu'il eut touché ce premier souvenir, tous les autres s'égrenèrent comme un chapelet dans les mains d'une dévote ; il revit Marguerite s'ébattant avec les chiens et les chats devant la porte du cabaret, gambadant avec les buveurs, jetant des pierres dans le bouquet de gui servait d'enseigne, — puis Marguerite s'appuyant languissamment sur la fenêtre ombragée par le tilleul, arrosant ses jacinthes et ses roses de mai, écoutant les battements de son cœur, — puis enfin Marguerite dans les champs de sainfoin, la chevelure éparse, le corsage en désordre.—Et, tout en revoyant ces scènes charmantes, Raoul croyait respirer encore le parfum des seigles en fleur, des roses et du sainfoin.

Ses yeux s'étaient détachés du grillage de fer. Tout à coup, à la vue d'une cruche ébréchée qui meublait son gîte, il se souvint qu'il était en prison.

—Le soleil luit pour tout le monde, dit-il avec colère. O mon Dieu! que ne puis-je abîmer tous ceux qui ont pris ma place au soleil!

Deux tableaux à la fois s'éclairaient sous ses yeux : le passé, gracieux et souriant comme une image de Corrége ; le présent, plus noir et plus lugubre que l'enfer de Dante. Involontairement il se détacha du premier tableau ; il pensa encore à Marguerite, son cœur se ranima à ses premiers feux, et, pour un instant, mademoiselle de la Chesnaye fut renversée de l'autel. Les attraits de Marguerite lui revenaient en la mémoire; il revoyait sa chevelure d'ébène, ses joues pleines de roses, ses yeux ardents que l'amour voilait avec tant de langueur, sa gorge émue, sa jambe arrondie et, par-dessus tout, sa mine enjouée qui charmait tout le monde.

C'est ainsi que Marguerite était dessinée dans l'esprit de Raoul, mais elle ne ressemblait plus guère à ce portrait; le deuil était tombé sur sa jeunesse comme un linceul glacé; ses yeux ardents s'étaient voilés par la douleur, et les roses des joues, effeuillées par le chagrin, ne devaient plus refleurir.

Pourtant Marguerite était toujours belle; la pâleur et le chagrin avaient répandu plus d'expression sur sa figure, moins fraîche aux yeux, mais plus douce à l'âme.

Raoul repoussa l'image de Blanche, qui se glissait toujours devant lui quand il voulait regarder une autre femme, et, s'étant levé, il s'en fut attendre Marguerite dans une salle commune à tous les prisonniers.

Elle vint bientôt, ayant en ses mains un petit chat qu'elle avait pris au guichetier. Raoul était tremblant comme dans le champ de sainfoin. Il voulait lui confier qu'elle redevenait sa Marguerite, mais cette confidence s'arrêtait à ses lèvres: il craignait qu'elle n'en fût alarmée, ou qu'elle n'y eût point foi. Enfin, saisissant le petit chat qu'elle tourmentait par ses caresses, il lui parla de ce beau temps où elle jouait ainsi à la porte du cabaret, à l'ombre du vieux tilleul.

A ce souvenir, qui lui venait de Raoul, elle se mit à pleurer.

La salle était presque déserte; Raoul essuya rapidement les larmes de Marguerite par deux baisers.

—Les larmes étaient douces, murmura-t-elle, mais les baisers sont amers.

—Vous pleurez, Marguerite !

—Je pleure ce temps-là.

—N'êtes-vous pas belle comme alors?

—Ah! si je n'avais perdu que ma beauté !

—Je vous aime, Marguerite.

—Vous m'aimez, Raoul ! Si ce n'est pas un mensonge, c'est une ironie.

—Je vous aime ! reprit Raoul avec tout l'accent de la vérité.

Marguerite sourit avec amertume.

—Vous m'aimez ! Eh bien, je ne vous aime plus, moi, car je méprise votre cœur. Jusqu'ici j'admirais votre loyal caractère, votre fidélité au roi et à Blanche...

—Mais je vous aimais avant d'aimer mademoiselle de la Chesnaye.

—Non, Raoul, vous ne m'aimiez pas : l'amour est plus fidèle, mon pauvre cœur me le dit sans cesse, et, si je pleurais un beau temps tout à l'heure, je ne pleurais pas le temps où je croyais être aimée. Ne vous abusez pas, Raoul : tout l'encens que l'amour a brûlé dans votre âme a été pour Blanche. Nous allons mourir bientôt : gardez-vous de changer d'amour, ce serait changer de religion ; restez fidèle à mademoiselle de la Chesnaye comme à votre roi ; point d'apostasie à l'heure de la mort.

—Marguerite, je vous ai aimée, je vous aime encore. J'avoue que Blanche est venue dans mon cœur lutter contre vous, mais je jure devant Dieu...

—Raoul, ne jurez pas ! il n'y a plus de prêtre ici, et si nous mourons demain, vous mourrez sans confession. Songez plutôt à Blanche, qui vous appelle en pleurant du fond du bois de la Chesnaye.

Raoul pencha tristement la tête.

—Ce serait une barbarie de l'oublier, quand elle n'a plus que vous en ce monde. Aimez-la toujours, son âme en sera consolée ; aimez-la toujours, et laissez-moi dans mon désespoir.

Marguerite sourit avec mélancolie.

—Je souffre, reprit-elle, mais ne me plaignez pas, la douleur est devenue mon plus cher refuge ; je ne suis bien que dans ma douleur, et tous les jours je m'y enfonce plus avant. J'éprouve souvent la sombre volupté de ces religieux qui creusent leur fosse ; je m'imagine follement que je souffre pour Blanche et pour vous, je suis martyre de l'amour, comme tant d'autres furent martyrs de la religion ; ma douleur me grandit à mes yeux et j'en suis toute glorieuse. Aimez Blanche, Raoul ; j'aime mieux ma douleur que votre amour.

V

En vain Raoul essaya de changer les sentiments de Marguerite. Aussitôt qu'il lui parlait d'amour, elle lui parlait de Blanche.

Quand il regrettait le beau paysage d'Armagny, elle l'écoutait avec d'ineffables délices.

—Je crois entendre de la musique, lui disait-elle.

Leurs journées se passaient dans une morne lenteur; ils demeuraient isolés des autres prisonniers, hormis seulement à l'heure de l'arrivée des journaux. Alors toutes les victimes, animées par le même sentiment, semblaient de la même famille; on tremblait, on se désolait, on espérait ensemble; une amitié passagère régnait dans la salle, tous les regards étaient compatissants; mais, après ce fugitif élan de sympathie, le premier groupe se dispersait en vingt autres qui débordaient dans les corridors. C'était en ce moment que Marguerite venait à la rencontre de Raoul. Il la baisait fraternellement au front et l'emmenait dans le coin le plus obscur et le plus désert, souvent dans la cour, malgré la mauvaise saison, sur un banc de pierre où étaient tombées des pluies de sang et de larmes. Il lui racontait les rêves et les événements de la veille; quelquefois il lui donnait l'espoir d'une prochaine délivrance ; mais Marguerite n'y croyait pas et lui disait que la mort seule les délivrerait.

—La mort n'a pas voulu de moi, pensait Raoul en appuyant la main sur sa poitrine.

Il souffrait toujours de sa blessure, mais il cachait si bien son mal que, malgré son amour, Marguerite ne s'en doutait pas.

Le temps où ils pouvaient se voir fuyait si vite : ce n'était que le matin et le soir ; le reste du temps était un supplice infini. Raoul le passait en rêveries oisives, Marguerite à prier et à pleurer.

Souvent Raoul se sentait saisi d'une belliqueuse ardeur ; il tempêtait contre sa destinée, qui l'avait conduit dans une prison, quand il pouvait se couvrir de gloire en défendant son roi.

Marguerite parvenait à grand'peine à l'apaiser dans ces moments de fièvre et d'exaltation.

—Ah ! disait-elle avec regret, si cette ardeur qui vous emporte était dépensée pour le peuple !—Je vous plains, Raoul, je vous plains d'être venu au monde trop tard ; vous étiez né pour illustrer la chevalerie.—Ce fut un beau temps ; mais il n'y a plus de tournois, et aujourd'hui il n'y a plus de gloire pour les nobles, soit qu'ils combattent contre le roi ou contre le peuple. Du reste, les nobles ne se soucient guère de batailles : au lieu de veiller leur roi à l'heure du danger, les uns vont se pavaner à Coblentz, les autres se barricadent dans leurs greniers. On juge en ce moment Louis XVI : s'il est condamné, ils le laisseront mourir sans s'émouvoir ; et pourtant le roi est leur dernière espérance.

—Oui, disait Raoul en soupirant, la noblesse tombera avec le roi aux pieds du peuple. Adieu à toutes mes glorieuses espérances ! Adieu, mon titre de marquis, mon chapeau à plumes, mon manteau de drap d'or ! adieu, épée de mon père ! adieu, vénérable épée de mon aïeul !—O Marguerite, les nobles n'ont plus qu'à mourir !

Le lendemain Raoul se ranimait à l'espérance.

—Nous sortirons victorieux de la lutte ! disait-il avec feu. Ouvrez-moi ces portes de fer, et j'irai délivrer la France de Marat et de Robespierre, les rois de la canaille ! Des armes ! et j'irai combattre jusqu'à la mort tous ces montagnards, qui n'ont jamais assez de notre sang pour teindre leurs bonnets et leurs drapeaux.

Mais les portes de fer ne s'ouvraient que pour saisir d'autres proies; il fallait demeurer enfermé jusqu'au jour de la mort.

J'oubliais : les portes s'ouvraient devant des prisonniers, mais pour les livrer à la guillotine.

Raoul et Marguerite s'étonnaient de rester si longtemps à l'Abbaye. Tous les jours, le sanglant tribunal appelait des victimes autour d'eux; il semblait qu'ils fussent oubliés. Cependant Marat s'était empressé de remettre à ses jugeurs le procès-verbal de son frère d'armes de septembre, et, afin de hâter le jugement, il avait parlé des deux amants à une séance des Jacobins ; il avait fait un cynique roman de leurs amours. Durant presque une heure, la curiosité parisienne s'était tournée vers eux ; mais ils s'étaient évanouis dans les mille événements de la journée. Il y avait alors tant de distractions pour les esprits oisifs !

Le temps se passait cependant. Louis XVI était jugé ; après la mort de la royauté, la mort du roi.

L'hiver allait finir, le printemps arrivait avec son soleil et ses fleurs ; le soleil se levait après une nuit sanglante pour éclairer le triomphe de Marat ; les fleurs brillaient sur la fosse des morts, car la France n'était plus qu'un cimetière. Avant le règne de la liberté, il fallait subir le règne de la mort.

Un jour, au-dessus du lit de Marguerite, dans une niche masquée par une image de la Liberté, le hasard fit découvrir à la pauvre fille un petit flacon d'opium, destiné sans doute à préserver une prisonnière de l'échafaud.

—Hélas ! dit Marguerite, celle-là a été malheureuse jusqu'à la mort ; elle n'a pas pu accomplir son dernier rêve, les bourreaux ne lui en ont pas laissé le temps.

Elle porta le flacon à Raoul.

—Si vous voulez, lui dit-elle, nous n'irons pas jusqu'à la guillotine.

Et comme Raoul semblait réfléchir :

—Ce serait une faiblesse, fit-elle, il nous faut noblement mourir.

Elle voulut jeter le flacon.

—Pourtant, je le garde, reprit-elle avec un triste sourire. Qui sait si je n'en aurai pas besoin?... C'est Dieu qui me l'a donné...

VI

Le printemps passa. Juillet vint avec tout son éclat resplendir autour de Charlotte Corday, qui continua l'œuvre tragique du grand Corneille, son aïeul.

Marguerite tomba agenouillée devant le nom de cette noble fille.

—O mon Dieu! que n'a-t-elle une sœur pour délivrer la France de Robespierre, dit-elle en apprenant le dévouement de Charlotte, la république serait sauvée!

Raoul et Marguerite, las d'attendre leur jugement, finissaient par se croire oubliés du tribunal révolutionnaire.

Un soir enfin, suivi de deux gendarmes, le guichetier vint les demander.

—Bon voyage, leur dit-il en leur liant les mains ;

vous allez de ce pas à la Conciergerie, et de là, Dieu sait où !

—Voilà donc l'heure de notre délivrance, dit en chemin Raoul, qui n'avait plus d'espoir que dans la mort. Marguerite! Marguerite! prions Dieu, car les barbares ne nous laisseront pas un quart d'heure de grâce pour nous préparer à la mort.

Le lendemain, Raoul et Marguerite comparurent devant le sanglant tribunal.

Raoul était jeune, Marguerite était belle, la salle débordait de curieux.

Midi venait de sonner, et le soleil rayonnait ardemment; le jury fit ouvrir les fenêtres, les juges demandèrent à boire. Quand le président se fut rafraîchi, il agita sa sonnette, et l'accusateur prit la parole aux applaudissements de l'assemblée :

« Sont coupables d'aristocratie, Charles-Raoul de
« Marcilly et Marie-Blanche de la Chesnaye, ainsi
« qu'il appert d'un procès-verbal déposé ès-mains
« de la justice par Marat. »

A ce beau nom, le président se découvrit.

« Sont en outre coupables, les susdits, d'insurrec-
« tion contre le peuple allant à la conquête de ses
« droits, en novembre dernier. Voulons et ordon-
« nons qu'ils soient sans délai jugés par le tribunal
« extraordinaire. »

— Ainsi soit-il, dit le président.

Il agita sa sonnette pour imposer silence aux rumeurs des curieux, et appela à la barre les deux coupables.

— De grâce, dit Marguerite à Raoul, laissez-moi mourir avec vous.

Raoul s'avança le premier avec calme.

— Ton nom? demanda le président.

— Charles-Raoul, marquis de Marcilly, répondit Raoul avec insouciance.

— Ton nom? demanda le président à Marguerite.

— Marie-Blanche de la Chesnaye.

— Un noble dévouement l'entraîne! s'écria Raoul, qui semblait sortir d'un songe, cette jeune fille n'est point Blanche de la Chesnaye...

Raoul pâlit : il se souvint tout à coup qu'il allait perdre l'orpheline; il hésita, il lutta de toutes ses forces; enfin, la vérité l'emporta.

— Non, reprit-il; cette noble fille n'est point mademoiselle de la Chesnaye, c'est Marguerite Maillefer.

A ce nom de Maillefer, célèbre parmi les républicains, les juges et les jurés se regardèrent avec défiance.

— Je suis Blanche de la Chesnaye, dit d'une voix sonore Marguerite; il veut me sauver par un mensonge, il veut me sauver parce qu'il m'aime.

En disant ces mots, elle regardait Raoul avec orgueil.

Les curieux, tout à l'heure si bruyants, demeuraient silencieux et suivaient les amants avec compassion.

— Je suis Blanche de la Chesnaye, reprit Marguerite, et je suis plus coupable que ne le dit l'acte d'accusation, car, si j'étais libre, j'irais tout de suite poignarder Robespierre. Vous voyez bien que je suis une aristocrate.

Raoul voulut en vain reprendre la parole, le tribunal s'était pris d'une belle colère :

— Assassiner Robespierre! le poignard sacrilége d'une aristocrate dans le cœur de ce grand plébéien! Renverser ainsi le plus hardi et le plus sage pilote du vaisseau de l'État! Récompenser lâchement le docte tribun qui a abattu l'arbre du despotisme et qui a planté celui de la liberté !

Tout le monde fut révolté.

— Les accusés ont-ils des défenseurs? demanda le président au milieu des cris.

— Nous ne voulons pas être défendus, dit Raoul.

Cependant on nomma un avocat d'office, qui voulut bien dépenser son éloquence à prouver qu'il fallait peut-être leur faire grâce.

Sans désemparer, le jury, après quelques minutes de délibération, condamna Raoul et Marguerite à la peine de mort.

Ce fut d'une voix unanime.

A leur sortie dans le corridor sombre du tribunal,

Marguerite se jeta dans les bras de son ami, qui l'embrassa avec effusion.

— Le plus beau jour de ma vie sera le jour de ma mort, dit-elle avec enthousiasme. Adieu, Raoul, nous nous reverrons au pied de l'échafaud.

On les sépara. Raoul demanda un prêtre. Marguerite passa la nuit à écrire à son père.

LIVRE VIII

LA PROMESSE DE MARIAGE

I

Maillefer, demeuré le premier magistrat d'Armagny, en dépit de quelques esprits ardents qui le trouvaient trop sage, avait fini par apaiser les ressentiments des fanatiques contre les nobles du pays.

Il était toujours la providence des pauvres, la consolation des malheureux, l'appui de tous. Infatigable dans son dévouement à la liberté, il voyageait dans le district d'Armagny, accueillant les plaintes, fermant souvent les yeux, encourageant le travail, calmant les haines, séchant les larmes. Deux fois par semaine, il assemblait son conseil, dont il était presque toujours le guide, malgré les jalousies de quelques notables, qui riaient de son éloquence un peu trop biblique. Le dimanche, à l'issue de la messe, dite par un prêtre assermenté, il montait en chaire, et l'Evangile d'une main, un journal de l'autre, il glorifiait le peuple et déifiait la liberté. L'église, souvent déserte durant la messe constitutionnelle, se remplissait quand il allait prêcher; de frénétiques applaudissements accueillaient toujours ses paroles; et quand il descendait de la sainte tribune, les enthousiastes se pressaient au bas de l'escalier pour lui donner cette fraternel' accolade qui rapprochait tous les cœurs.

Mais, au milieu de ces joies républicaines; Maillefer était déchiré par une douleur de plus en plus aiguë : il n'avait plus d'enfant. Qu'était devenue Marguerite? Il avait écrit au pays de sa femme, il s'était épuisé en vaines recherches. Ses amis lui disaient tout bas que sa fille avait pris la fuite avec Raoul; ses ennemis disaient partout que sa fille n'était pas si loin, qu'elle veillait dans une cave ou dans un grenier le jeune Raoul de Marcilly, son amant, que Maillefer voulait soustraire à la vengeance, à la justice du peuple.

Le malheureux père, qui était en correspondance avec les jacobins, les pria un jour de lui dire s'ils savaient le sort d'un Raoul de Marcilly, disparu d'Armagny le lendemain de la prise du château de la Chesnaye. Il espérait apprendre où était sa fille, en apprenant où était son amant; mais les jacobins ne répondirent pas à cette lettre, et Maillefer ne songea plus qu'à se résigner. Il ne se résignait pas. Ce fut vers ce temps-là que lui vint de Saint-Quentin l'ordre de vendre le domaine de la Chesnaye. On voulait ainsi venger la nation française de la rébellion du comte. Après les rapides formalités du temps, la vente se fit un dimanche, en l'ancienne salle de justice d'Armagny, en présence de Maillefer, de son conseil et de deux juges du district. La mise à prix était de vingt mille livres. Quelques nobles soumis à la république s'agitaient dans la salle : Maillefer, qui connaissait toutes les fortunes d'alentour, prévit que l'antique donjon retournerait à la noblesse, s'il ne s'y opposait. Un élan d'orgueil le saisit, lui qui était à la fois si humble et si fier; il résolut d'avoir le domaine, excusant son élan d'orgueil par l'idée qu'il ferait du donjon un hospice pour les vieillards, et des dépendances un champ pour les pauvres. Il avait trois milliers d'écus venant d'un héritage de sa femme, déposés chez un notaire d'Armagny, en attendant le mariage de Marguerite ; il avait, en outre, grâce à ses économies, cinq mille livres au fond de son armoire : il confia son dessein à son notaire, qui assistait à la vente, et qui, n'osant contrarier un homme aussi puissant, s'empressa de l'encourager. Le notaire alla plus loin; il déclara à l'assemblée que Jacques Maillefer voulait acheter le domaine de la Chesnaye, pour en abandonner les revenus aux habitants d'Armagny.

— Et nous verrons s'il se trouve ici un aristocrate pour empêcher cette bonne œuvre, dit, d'un air menaçant, un des enthousiastes de Maillefer.

La noblesse qui était là n'osa se plaindre de cet abus ; elle demeura silencieuse, et vit, avec un profond dépit, l'héritage de la Chesnaye passer à un républicain moyennant vingt mille cinq cents livres. La noblesse s'imaginait déjà voir Maillefer régner au château ; mais le lendemain, elle fut encore forcée d'admirer le tribun, qui avait abandonné toutes les terres labourables aux habitants d'Armagny.

Cependant son autorité n'était pas aussi bien établie qu'elle aurait dû l'être. Les nobles, qu'il avait menacés, ne le craignaient plus et étaient tout près de le braver. D'un autre côté, la pitié dont il avait usé envers eux avait irrité le peuple.

Quelques mutins fondèrent une jacobinière où on étudiait l'éloquence du journal *le Père Duchêne*. Ces forcenés, sourdement encouragés par quelques nobles imprudents, qui voyaient avec joie les dissensions infinies des républicains, ramenèrent bientôt à Armagny d'épouvantables désordres.

Pendant la nuit, les jacobins se promenaient dans la ville en chantant, ou plutôt en beuglant des sansculottides ; ils dessinaient des gibets sur les maisons de tous les suspects, jetaient des pierres dans les vitres, et menaçaient de la lanterne tous ceux qui ne se rangeaient pas sous leur bannière. Ils avaient commencé par sortir sans armes ; peu à peu ils s'étaient armés de piques hérissées d'épines de fer et ornées de banderoles rouges ayant cette devise : *La liberté ou la mort.*

Maillefer ressaisit toute son énergie et s'élança seul un soir au-devant des furieux.

— Vos armes ! dit-il d'un ton impérieux ; donnez-moi vos armes, ou je vous traîne tous en prison !

— A bas l'aristocrate !

Et au même instant, une couronne de piques ceignit la tête de Maillefer.

— Frappez, mes amis ! dit-il avec calme.

Cette fois les révoltés se sentirent vaincus ; ils jetèrent au loin leurs piques au cri de : *vive Maillefer !*

Maillefer, qui connaissait le peuple, avait tout d'un coup désarmé les séditieux, non-seulement de leurs piques, mais aussi de leurs fureurs ; un seul mot venait de changer tous ces forcenés, car ce mot les touchait au cœur.

— Oui, tes amis, disaient-ils avec enthousiasme, tes amis pour toujours !

Quand le peuple dit *toujours*, il veut dire *jusqu'à demain.*

Le cabaretier, plus ému par ce débordement d'amitié que par les clameurs des furibonds, dit qu'il allait réunir son conseil pour entendre les griefs du peuple.

— Nous n'avons plus rien à dire. On nous avait égarés et nous voulions te renverser ; à cette heure, nous ne voulons plus que t'embrasser.

Ainsi finit cette émeute si menaçante, qui effrayait déjà toute la ville. Elle avertit Maillefer que sa générosité, qu'il puisait dans sa force, était prise pour de la faiblesse : il se mit en garde contre son cœur.

II

Vers les derniers jours de juillet, Jacques Maillefer fut envoyé à Paris, par l'assemblée primaire du district d'Armagny, pour célébrer l'anniversaire du 10 août.

Je ne raconterai pas sa mission politique ; il en avait une autre, celle de sauver sa fille. La première lui venait des hommes, la seconde lui était confiée par Dieu.

A Paris, le sculpteur d'Armagny fut reçu à bras ouverts par Jean de Bry et surtout par Camille Desmoulins : c'étaient tous les jours de nouvelles fêtes pour le tribun. Mais, au milieu de ces joies patriotiques, le père était la proie d'une douleur infinie. Le matin il appelait Marguerite, et le soir il s'endormait en songeant qu'il ne reverrait plus sa fille. En vain il avait demandé Raoul de Marcilly aux cordeliers, aux jacobins, au tribunal révolutionnaire : partout on lui répondait que les prisons étaient pleines d'aristocrates, mais qu'à peine on savait leurs noms le jour du jugement. Cependant un juge lui dit qu'il croyait vaguement se souvenir que, vers la fin de la semaine précédente, un ci-devant marquis se nommant Raoul, avait comparu devant le saint tribunal du peuple.

— Mais, reprit le juge avec insouciance, il y a au bois tant de feuilles pareilles! il y a tant d'aristocrates du même nom!

Maillefer voulut voir les registres du greffe. On les lui refusa d'abord, mais heureusement Camille Desmoulins, son étoile dans la nuit de Paris, survint en ce moment pour assister au procès d'un personnage célèbre, qu'il avait étourdiment attaqué dans son journal et qu'il voulait défendre devant les juges. Il tendit la main à Maillefer. Le malheureux père le pria, d'une voix étouffée, de lui ouvrir les sanglantes annales du greffe.

— J'ai perdu ma fille, je te l'ai dit. L'amoureux de ma fille était noble, c'est le jeune Raoul de Marcilly, et je viens d'apprendre par un juge qu'un pareil nom...

Camille pencha tristement la tête, et la relevant aussitôt :

— O mon Dieu ! s'écria-t-il, quelle horrible lumière ! on m'a raconté une touchante scène de dévouement, qui s'est passée l'autre semaine au tribunal extraordinaire : c'étaient deux jeunes amants, un marquis, une marquise ; le marquis voulait que sa jeune compagne fût une fille du peuple et non de la noblesse. Je me souviens... c'était un marquis de Marcilly...

Maillefer pâlit et chancela.

— Le nom de la jeune fille? demanda-t-il avec angoisse.

— Un beau nom : mademoiselle Blanche de la Chesnaye.

— C'est ma fille, c'est Marguerite ! Elle aura voulu mourir avec Raoul, elle aura voulu sauver mademoiselle de la Chesnaye, qui est morte en son château. — Où est ma fille ? Marguerite, où es-tu ? — De grâce, ne me dis pas qu'elle est morte !

— Rassure-toi, je crois que l'exécution du jugement a été suspendue jusqu'à l'heure où il paraîtra un témoin qui constate l'identité. Les deux amants doivent être à la Conciergerie. Courons-y, voyons-les ! Si tu reconnais ta fille dans la prisonnière, nous sauverons ta fille !

A la porte de la Conciergerie, une de ces hideuses charrettes qui allaient, sans halte, de cette prison à la guillotine, les arrêta tout d'un coup. Camille Desmoulins détourna la tête en pâlissant ; Maillefer, qui ne voyait pas bien le triste spectacle, ouvrait des yeux avides sur les gendarmes, sur la foule, et surtout sur les infortunés qui s'en allaient si tristement à la mort.

Des cris affreux l'avertirent que les prisonniers ne sortaient de la Conciergerie que pour l'échafaud :

— A bas la tête ! criait la populace, chaque fois qu'un condamné était jeté sur la charrette.

— Quoi ! s'écria Maillefer, des vieillards et des enfants de vingt ans !

— Le torrent nous emporte, dit Camille avec désespoir. Les girondins ont voulu l'arrêter, ils se sont perdus ; Danton, qui a fait éclater l'orage, essaye aujourd'hui de l'apaiser ; malgré sa force, Danton sera renversé par l'orage.

Maillefer regardait toujours d'un œil avide la fatale charrette. Sur le devant, une jeune femme, chastement vêtue de bleu pour les épousailles de la mort, penchait avec abattement la tête sur son épaule...

Le cabaretier tressaillit tout à coup et s'écria :

— Ma fille ! ma fille !

A cette voix qui dominait les clameurs de la foule, la condamnée tourna la tête avec une étrange émotion. Ce n'était point Marguerite ; c'était une pauvre femme, belle et jeune comme elle, une dame d'honneur de la reine, pensant à son vieux père à l'heure de la mort, et croyant que le cri de Maillefer était pour elle.

La charrette partit avec la populace, son cortége ordinaire. Les deux amis, émus jusqu'aux larmes, entrèrent dans la plus affreuse des prisons : une fois à la Conciergerie, les prisonniers n'avaient plus qu'un jour à vivre. Dans une petite chambre humide et noire comme une cave, les deux amis trouvèrent Marguerite mourante. Elle était à demi vêtue d'un corsage blanc et d'une jupe de laine noire.

Agenouillée sur les dalles, les regards perdus dans un coin du ciel, qu'elle entrevoyait à travers une fenêtre grillée, elle priait; mais, en priant Dieu pour son père elle était distraite par la pensée de Raoul. A l'Abbaye, Marguerite se trouvait seule auprès de Raoul; mais, à la Conciergerie, Marguerite était seule loin de Raoul. Elle attendait ardemment le jour de la mort, espérant que, du moins ce jour-là, ils seraient réunis.

A la vue de sa fille, Jacques Maillefer, tout éperdu, ouvrit ses bras ; Marguerite vint tomber évanouie à ses pieds. Il la releva, la regarda et dit encore, en la serrant sur son cœur :

— Ma fille ! ma fille !

Marguerite revint à elle.

— O mon père ! pardonnez-moi ! dit-elle d'une voix éteinte.

La figure de Maillefer s'attrista soudainement; il pensa que sa fille s'était enfuie avec Raoul.

— Vous pouvez m'embrasser, mon père, reprit Marguerite avec dignité.

A ces dernières paroles, Maillefer remercia le ciel avec joie.

— Hélas! c'est ma mort qu'il faut me pardonner, car je vais mourir, reprit Marguerite.

— Mourir! s'écria Maillefer, mourir!

— Oui, mon père, j'en ai fait le serment.

— Un serment!... Mais quelle est donc cette triste histoire? Dis-moi ce qui s'est passé depuis ce jour de malheur où tu m'as laissé tout seul.

Marguerite pencha la tête, et d'une voix plus faible :

— Appelez Raoul, mon père; Raoul vous dira pourquoi nous sommes si près de la mort. Mais, avant qu'il vienne, de grâce, apprenez-moi où est mademoiselle de la Chesnaye.

— Dans la chapelle du château, dit tristement Maillefer.

— Blanche est morte! s'écria Marguerite. Hélas! pourquoi me l'apprendre à l'heure où je croyais mourir pour la sauver! — Blanche est morte! O mon père! ne le dites pas à Raoul.

Camille Desmoulins, qui s'était silencieusement avancé jusqu'auprès de Marguerite, sortit avec le guichetier. Il reparut bientôt, ayant Raoul à sa suite. Les joues de Marguerite se ranimèrent au regard du prisonnier, comme des fleurs aux rayons du soleil.

Comme Maillefer lui demandait encore pourquoi elle était en prison, Raoul s'empressa de répondre pour elle.

Au récit de Raoul, Camille Desmoulins ne put contenir ses larmes. Il tendit les bras à Marguerite, et s'écria avec admiration.

— Je suis fier de vous sauver, vous ne mourrez pas !

— Je suis condamnée, dit Marguerite, en regardant Raoul.

— Vous êtes condamnée, mais le jugement est nul, puisque vous n'êtes point mademoiselle de la Chesnaye.

— J'ai bravé Fouquier-Tinville au tribunal, j'ai dit que je regrettais de ne pas mourir pour avoir poignardé Robespierre.

Camille Desmoulins demeura pensif.

— On ne brave pas deux fois celui-là, dit-il avec amertume ; Robespierre a de longues mains qui s'étendent par toute la France pour saisir ses ennemis.

Camille releva la tête, comme un homme qui se rappelle sa force.

— En dépit de Robespierre, reprit-il en saisissant la main de Marguerite, je veux vous sauver ! C'est un sacrilége national de tuer des enfants ! — Mourir dans la jeunesse, dans la beauté, dans l'amour ! — Vous ne mourrez pas ! Et, d'ailleurs, la vengeance de Robespierre oserait-elle vous saisir, ma jeune et belle fille ?

Camille Desmoulins se tourna vers Raoul.

— Vous ne mourrez pas non plus, monsieur de Marcilly. Si vous n'aimez pas le peuple, la gloire du peuple sera votre châtiment.

— Je veux mourir, dit Raoul avec calme.

— Vous voulez mourir, enfant que vous êtes ! mourir ! Le ciel sera donc bien noir pour vous quand vous courrez les champs avec cette jeune fille ? Songez que la mort ferme à jamais nos yeux. Cette prison est sombre comme la nuit, la mort est plus sombre encore. Mourir ! Vous avez donc oublié votre pays, vos montagnes, vos vallées ? — Encore si c'était pour le peuple et pour la liberté ; mais mourir pour la noblesse et pour l'esclavage !

— Je veux mourir, reprit Raoul avec insouciance ; aujourd'hui la mort est le seul exil digne de la noblesse.

Camille tendit la main à Raoul.

— Vous avez un grand cœur, lui dit-il, et je croirais encore à la noblesse si tant de hauts et puissants seigneurs ne s'étaient exilés chez nos ennemis. Puisque vous défendez votre mort comme d'autres défendent leur vie, mourez donc.

— S'il meurt, dit Maillefer, Marguerite mourra.

Un éclair de joie brilla dans les yeux de la jeune fille. Elle regarda Raoul comme pour lui donner du courage.

— Ils sont partis ensemble d'Armagny, reprit Maillefer ; ils n'y retourneront pas ou ils y retourneront ensemble. Sans plus tarder il faut choisir : il faut se marier ou mourir.

Raoul pencha tristement la tête. D'un regard avide Marguerite essayait de lire sa pensée.

— Ce sera un glorieux mariage, dit Camille Desmoulins, la fille de Maillefer !

— Que mon cabaret n'offusque pas ses yeux de grand seigneur, dit le tribun d'Armagny, car je donne en dot à ma fille le château de la Chesnaye.

— Le château de la Chesnaye ! s'écria Raoul en pâlissant.

Et d'une voix émue :

— Et Blanche ? reprit-il.

— Elle est morte, répondit Camille Desmoulins.

Raoul fut abattu.

— Ses os reposent en paix au château, et Dieu a recueilli son âme, dit Maillefer.

— Pauvre Blanche ! pensa Marguerite, elle est morte seule.

Raoul était abîmé sous la douleur.

Après un silence :

— Est-ce l'autel ou l'échafaud ? demanda Camille Desmoulins.

Marguerite s'élança auprès de Raoul.

— De grâce, n'ayons point d'autre autel que l'échafaud !

— J'épouserai Marguerite, dit Raoul à Maillefer.

Puis en se détournant, il murmura :

— Il faut sauver sa vie et sa vertu ; mais, après Marguerite, j'épouserai la mort.

Camille Desmoulins, qui entendit seul ces dernières paroles, pressa silencieusement la main de Raoul.

III

Un matin que la grande ville se reposait de ses orgies, Camille Desmoulins retourna à la Conciergerie, avec un laisser-passer pour Raoul et Marguerite. Il les conduisit dans un vieil hôtel de la rue du Chantre, où était descendu Maillefer.

— Vous allez partir tout de suite, dit-il au cabaretier d'Armagny. Le temps n'est guère favorable aux ennemis de la république ; les fouristes lèvent partout la tête, et je crois qu'il serait imprudent à cette heure de se soumettre à un autre jugement

Dites là-bas que ces enfants ont été emprisonnés par mégarde, pendant une émeute; j'espère qu'ici ils seront oubliés; la guillotine n'a pas le temps de se ressouvenir.

Camille pâlit et soupira.

— Si les juges ont de la mémoire, je leur raconterai l'histoire de ces nobles cœurs, et, à moins que les juges ne soient de ces nouveaux cordeliers, de ces autres docteurs Sangrado du peuple français, dont *le Père Duchêne* prêche les grandes vertus avec tant d'esprit et d'élégance, ils ne parleront plus des prisonniers pour les condamner, mais pour les plaindre.—Adieu, Maillefer. Si nous allons à l'échafaud, que ce soit pour la liberté ; et si la mort vient nous prendre, crions en la voyant : *Vive la liberté!*

— Adieu, mes jeunes amis. Ne vous avisez plus de vivre dans le noir; la jeunesse est de la couleur de l'aurore. Soyez jeunes et songez longtemps encore que l'amour vaut mieux que la liberté.— Chut ! reprit Camille en regardant avec un demi-sourire autour de lui. On dirait que je suis un ci-devant.

Jacques Maillefer embrassa son célèbre ami en pleurant. De grandes idées tourmentaient sa tête, mais il avait le cœur trop oppressé pour parler.

Le jour, même il se mit en route pour Armagny avec Raoul et Marguerite. Le voyage fut silencieux. Raoul pensait à Blanche : emportée par l'amour, son âme allait profaner le mystère du tombeau de son amante; il éprouvait un triste plaisir à soulever les lambeaux du linceul, à entrevoir les restes de ce beau corps qu'il avait idolâtré. Il ne pouvait s'imaginer que mademoiselle de la Chesnaye eût subi les ravages de la mort; il la voyait couchée dans le cercueil, les paupières closes, les bras en croix, comme les vierges antiques; il lui semblait impossible qu'une telle beauté ne fût plus qu'un hideux squelette. De temps en temps, il pensait à sa mère, à ses sœurs, à l'humble maison où il avait grandi; de temps en temps ses regards se reposaient sur la douce figure de Marguerite. Alors il devenait plus sombre que jamais, il craignait que le mariage ne fût pour lui une prison plus triste que l'Abbaye.

Marguerite pensait sans cesse à Raoul. Elle se promettait de trouver d'éternels obstacles à ce triste mariage que voulait son père. Parfois un riant paysage s'ouvrait dans son âme; çà et là dans le champ de l'avenir se ranimaient de vertes espérances; au ciel les nuages se dissipaient, et déjà l'azur reparaissait à l'horizon; elle croyait encore à ses innocentes séductions: Blanche était morte, le cœur de Raoul devait lui revenir; mais bientôt s'effaçaient toutes ses chimères, l'avenir n'était plus qu'un désert infini où ne verdoyait nul oasis. Elle pressait d'une main convulsive le petit flacon d'opium, et elle murmurait :

— Le jour du mariage, quand je descendrai de l'autel, ce sera pour aller dans le cimetière.

Jacques Maillefer, qui avait dans la mémoire une vaste galerie d'images républicaines, songeait à tous ces fiers tribuns qui parlaient avec tant d'audace la langue nouvelle ; il songeait à ce Paris volcanique, jetant au loin, en province, à l'étranger, des échafauds et des armées, à cette ville impie où il n'y avait plus ni Dieu ni diable, à cette terre féconde où Voltaire, Rousseau, Mirabeau, Camille Desmoulins avaient semé la liberté, et qui avait inventé l'échafaud pour arroser les semailles.

LIVRE IX

LES VISIONS

I

Les deux prisonniers furent mal accueillis dans leur petite ville ; les meilleurs amis de Maillefer et de madame de Marcilly osaient à peine élever la voix en leur faveur. Raoul, qui avait déployé tant de courage, était le but de toutes les bravades ; Marguerite, la chaste et généreuse fille, était outragée, du moins poursuivie par les sourires moqueurs, les regards méprisants, les satires amères de ses compagnes ; mais Raoul dédaignait les bravades, et Marguerite s'élevait orgueilleusement au-dessus du mépris sur sa croix de douleur.

Quelques jours après son retour, au coucher du

soleil, Raoul, douloureusement ému par le souvenir de Blanche, descendit de la montagne d'Armagny par un chemin couvert de givre, et suivit un sentier perdu du bois de la Chesnaye, sans savoir où il allait.

L'hiver éclatait en fureurs depuis quelques jours sur la nature à l'agonie; le soleil se cachait, les champs étaient nus et déserts, le givre garnissait les branches dépouillées d'un nuage d'argent qui donnait un singulier éclat au paysage. C'était un temps triste et désolant; partout le silence, partout la mort; des volées de corbeaux planaient en jetant leurs croassements lugubres; les oiseaux s'assemblaient par familles et s'en allaient en campagne, pleurant sur la disette; de toutes parts c'était un horizon embrumé, sans verdure, sans joie, sans espérance; le vent s'arrêtait comme si la nature eût perdu le souffle.

Raoul marchait lentement en homme qui ne songe qu'à se promener. C'était une étrange promenade que ce bois muet dont les arbres avaient l'air de grands fantômes tendant les bras.

Il s'égarait dans les ténèbres d'un triste souvenir d'amour; le passé lui cachait le présent : il ne voyait ni le sentier blanchi, dont l'herbe murmurait sous les pieds, ni le ciel encadré par les beaux arbres, ni l'approche de la nuit, qui brunissait déjà les lointaines échappées du bois.

Au cri d'un oiseau de proie niché dans un tronc de saule, il sembla sortir de sa rêverie ; il s'arrêta et, levant la tête, il vit, du premier regard, un hibou qui venait de s'éveiller, et qui aiguisait son bec à l'écorce du saule. Cette lugubre apparition le fit sourire, mais d'assez mauvaise grâce, car en même temps il ne put réprimer un léger sentiment de frayeur ; le jour venait de s'éteindre, et tout d'un coup il avait senti le froid de la nuit, de la solitude et du silence, comme le froid de l'hiver. Raoul était d'ailleurs de ces natures faibles et timides que le danger seul aguerrit ; les contes de revenants avaient traversé toutes les idées de son enfance, et en dépit de son dédain pour les rêveries des aïeules, il ne pouvait repousser certaines bouffées qui lui venaient de ce temps-là. Ainsi, quand il se vit seul, la nuit, dans le sentier désert d'un bois, il devint pâle, et n'eut point la force de résister au courant fantastique qui le saisit. Toute l'aurore de sa jeunesse repassa sous ses yeux ; il revit ses amoureuses années entrelacées comme des guirlandes de roses flétries. A ces charmantes visions, il s'en mêla d'autres ; et peu à peu les riantes couleurs s'effacèrent, les formes perdirent leurs grâces, et de funèbres images s'agitèrent sur le fantastique tableau.

Plus pâle et plus ému, Raoul se remit en marche d'un pas rapide, comme pour échapper à ces douloureux échos d'un passé tout palpitant. La nuit était venue, la brume des marais enveloppait le ciel et la terre. Dans son empressement à sortir du bois, il s'égara et, durant plus d'une heure, il essaya vainement de retrouver son chemin. Il allait comme un fou, se déchirant aux églantiers, s'enchaînant dans les ronces, se perdant et se reperdant. Las de lutter en vain, il s'arrêta avec un sentiment de résignation digne d'un anachorète; mais ce sentiment s'effaça bientôt. Les pénitents du mont Carmel ne se fussent point résignés à passer la nuit en pareil temps et en pareil lieu.

Il s'était arrêté sur le penchant d'une petite butte semée de rochers, qu'il n'avait jamais rencontrée en traversant le bois. Il regarda de tous côtés, espérant encore découvrir quelque phare salutaire. Longtemps ses regards se perdirent dans la nuit;—enfin, une lumière passa comme un feu follet. Il en ressentit tout à la fois de la joie et de la frayeur, car cette lumière lui donnait l'espoir de sortir du bois, en même temps qu'elle réveillait toutes ses fantastiques idées.

La lumière reparut, s'effaça, reparut encore ; on eût dit qu'elle s'élevait au ciel. Raoul la prit pour guide, comme dans les contes de fées; et il se remit à lutter contre les branches. En quelques minutes il arriva, tout palpitant d'effroi, devant le portail du château de la Chesnaye, où tant de fois il était arrivé tout palpitant d'amour.

—Blanche! Blanche! murmura-t-il, en s'appuyant contre les débris de la porte.

Ce nom, parti du fond du cœur, interrompit le silence; un chat-huant, perché dans l'une des tours, répondit par ses cris funèbres.

II

Raoul était tombé dans une douleur infinie; l'horrible nuit du combat se retraçait en sa mémoire sous les plus sanglantes couleurs : il voyait M. de la Chesnaye luttant jusqu'à la mort avec ses ennemis, Pluviôse, avide de carnage, cherchant des victimes d'un regard sanglant, la courageuse Marguerite secourant tout le monde, puis Blanche, accablée sous la douleur et l'effroi, immobile et pâle comme une morte.

Tout à coup il agita les bras avec colère :

— Hélas! s'écria-t-il, que ne puis-je venger Blanche!

Et, levant son regard sur le squelette du donjon, il reprit :

— Que ne puis-je te venger aussi, géant désarmé!

Il passa sous la voûte du portail et s'avança rapidement sur le perron. Tout à coup, il s'arrêta au seuil du donjon et regarda la porte délabrée.

Le vent qui passait par les vitres brisées, les aboiements plaintifs du chien d'une ferme voisine, les battements d'ailes des chouettes coupaient le silence par intervalles.

Il demeura quelque temps à la porte; il se sentait défaillir, il n'osait aller plus loin; sa pensée s'égarait dans un douloureux abîme où lui apparaissaient de lugubres images. Enfin, riant de ses frayeurs d'enfant, il franchit le seuil d'un pied alerte, et s'avança à l'aventure, résolu de réveiller la vieille gouvernante pour lui demander l'hospitalité, ou de passer la nuit sur le premier fauteuil venu, à l'abri du froid sous un lambeau de tapisserie. Bientôt il ne flotta plus, il fut séduit par la sombre idée de passer solitairement la nuit dans cette grande sépulture où reposait son amante.

En arrivant dans la seconde salle, il fut étrangement surpris à la vue d'un rayon de lumière tremblant sur les dalles. Ce rayon venait de la cheminée, où se consumait lentement une bûche de chêne. Raoul s'en approcha avec un sentiment de joie : depuis plus de deux heures, l'hiver s'appuyait sur ses épaules comme un manteau de marbre.

Quand il eut vingt fois passé ses pieds et ses mains sur le brasier, il ranima la bûche à son souffle, et regarda, à cette pâle clarté, la salle où il se trouvait.

C'était un vaste salon d'un aspect froid et sévère ; les murailles étaient simplement revêtues de boiseries de chêne, dont les grossières sculptures offraient encore à l'œil les mutilations des révoltés. Quatre colonnettes de marbre blanc soutenaient de colossales solives brunies par le temps et par la fumée ; un cadre immense, où restaient encore divers fragments de glace, s'abaissait sur la cheminée ; aux quatre fenêtres, de vieux rideaux de lampas semblaient lutter contre la bise ; à chaque instant les anneaux criaient sur les flèches, et le lampas balayait les dalles ; il restait à peine quelques vitres aux croisées, et la salle n'était défendue de la bise que par les rideaux.

Au fond de la salle, deux vieux portraits de famille, encadrés d'ébène, semblaient veiller à la garde du château ; ils avaient été transpercés le jour du pillage, mais leur attitude guerrière était encore digne des héros anciens : ils levaient superbement la tête et, la main sur leur épée, ils défiaient tous les chevaliers du monde. En face de la cheminée, entre ces deux portraits, une niche déserte attirait encore le regard par ses ornements : un feuillage de pierre s'enroulait à l'entour ; à travers ce feuillage on voyait la tête et les cornes d'un cerf fuyant une meute affamée. Cette niche avait abrité durant un siècle une statue en marbre de Diane chasseresse, taillée par Coysevox. Pluviôse, qui n'aimait ni les saints ni les saintes, avait brisé dans sa colère la statue païenne, se réjouissant d'avoir délivré la terre d'une sainte Cécile ou d'une sainte Élisabeth.

Sous la niche déserte, un pastel renversé arrêta longtemps le regard de Raoul : c'était la pâle et triste image de la mère de Blanche à son lit de mort. Elle était négligemment vêtue d'une robe blanche qui ressemblait à un ample linceul ; sa longue chevelure s'éparpillait sur ses épaules ; comme en presque tous les portraits du temps, elle respirait un bouquet de roses.

Raoul était violemment ému ; les traits de la mère lui rappelaient ceux de la fille : il revoyait Blanche dans madame de la Chesnaye. Durant plus d'une heure il demeura en contemplation devant le pastel, abandonnant son âme aux secousses les plus douloureuses, parfois retrouvant encore des illusions, mais souvent enseveli dans ses regrets.

Ce portrait était la seule chose que Pluviôse eût respectée dans la salle : en voyant madame de la Chesnaye, le septembriseur s'était souvenu de sa mère.

III

En se relevant, Raoul ramassa par mégarde quelques lambeaux de parchemins épars sur les dalles Comme le feu s'éteignait et que la nuit revenait dans la salle, il retourna devant l'âtre, agita la bûche d'un pied tremblant et vit, avec douleur, qu'elle serait bientôt consumée. Il lui vint la curiosité de lire la vieille écriture des parchemins. Le premier était un acte du xvie siècle, renfermant une sentence des sires de la Chesnaye. Dans cette sentence, où se révélaient l'orgueil nobiliaire et le despotisme féodal, Raoul parvint, non sans peine, à lire ces lignes superbes :

« Audit seigneur, à cause de sa seigneurie souve-
« raine de la Chesnaye, appartient les dignitez, pré-
« éminences, autoritez et puissances, droits et do-
« maines, à sçavoir de se pouvoir dire et nommer
« sire ou roi desdictes terres, y pouvant porter cou-
« ronne d'or ou d'acier, reconnoissant icelle tenir
« de Dieu et non d'hommes.

« Ledit seigneur ayant droit de nommer en ses-
« dites terres gouverneur, chancelier, baillif, juge,
« sergent, notaire, grand-maître des eaux et fo-
« rêts.

« Ayant droit en sesdits païs de faire bastir vil-
« lages, châteaux, forteresses; de forger monnoye
« au coin de ses armes, lever gens de guerre, décer-
« ner priviléges, lettres-patentes... »

Raoul en était là de celte sentence pompeuse,
quand il crut entendre un léger bruit de pas.

Il tourna la tête en retenant son souffle : il ne vit
rien que les rideaux toujours agités par la bise. Il
pensa que le bruit venait des fenêtres et se remit à
la lecture des parchemins.

Le second n'offrait plus à l'œil qu'une griffe royale
et un sceau rouge à demi effacé; les autres étaient
des chartes des xiie et xiiie siècles. Raoul savait trop
mal le latin pour s'amuser à les lire à la fantasque
et mourante clarté du feu; il aima mieux réfléchir
au glorieux passé de la seigneurie des la Chesnaye.
Il vit apparaître les braves chevaliers qui ne devaient
leur souveraineté qu'à Dieu, ou plutôt à leur courage; le château en ruine redevint, pour un instant,
l'antique et superbe manoir des sires de la Chesnaye; sous les yeux de Raoul, la salle prit des formes
gigantesques, les colonnades grandirent, les solives
s'élevèrent, les boiseries se couvrirent d'armes de
tous les temps; il vit passer la noble famille tout
empanachée dans sa gloire, les uns ayant sur le front
une couronne d'or et présidant une cour de justice,
les autres s'armant pour aller combattre leurs voisins. Peu à peu, ces têtes fièrement levées s'inclinaient

devant Dieu, puis devant les rois de France, puis devant la robe rouge de Richelieu ; peu à peu le château prenait des airs plus humains ; et enfin cette puissante famille de la Chesnaye, comme toutes les familles des grands seigneurs, après avoir bravé le ciel et la terre, finissait par s'évanouir devant le peuple.

Raoul suivait les seigneurs de la Chesnaye dans leur grandeur et dans leur chute ; il évoquait tous les souvenirs de cette race illustre qui venait de tomber sous la faux du peuple ; il enviait ses superbes cavaliers armés de pied en cap, s'en allant combattre pour Dieu ou pour l'amour ; il plaignait ces gentilshommes déchus perdant chaque jour un peu de cette puissance qu'ils croyaient devoir à Dieu seul, jusqu'au jour des représailles où le peuple levait la tête au-dessus d'eux.

— Hélas ! dit Raoul en regardant tour à tour la ruine du château et les parchemins, de tant de grandeurs, voilà donc tout ce qui reste !

IV

Raoul s'était assis dans un vieux fauteuil doré, et la tête penchée sur le marbre de la cheminée, il écoutait les battements des rideaux en songeant à la grande comédie humaine qui s'était passée au château et qui s'était dénouée par la mort de Blanche ; il voyait se dérouler toutes les étranges scènes de cette comédie au jour fantasque du demi-sommeil. Il espérait s'endormir et ne se réveiller que le matin. Il s'était traîné jusqu'aux cendres de l'âtre, et l'hiver n'atteignait que ses épaules. De temps en temps, il pensait bien à détacher un rideau pour s'en couvrir, mais la paresse du coin de feu l'enchaînait dans son fauteuil.

Il regardait les débris de la bûche d'un œil à demi clos, quand un gémissement traversa la salle et ne s'arrêta qu'au fond de son cœur.

Il se réveilla tout d'un coup, ému comme une feuille, au premier souffle du vent.

Il tourna la tête avec un sentiment indéfinissable de surprise et d'effroi.

Il entrevit d'abord les blanches colonnades se dessinant dans l'ombre, et peu à peu, quand se fut dissipé son éblouissement, il distingua, au bout de la salle, les cadres dorés des portraits. Il pensa qu'au milieu de cette nuit d'hiver il fallait être insensé comme lui pour venir au donjon. Il savait que l'ancien curé d'Armagny habitait le château, avec la gouvernante de M. de la Chesnaye ; mais ces deux vieillards, presque centenaires, dormaient sans doute à cette heure. Il finit par croire que la bise seule avait gémi dans la salle et, dans cette croyance, il essaya de se rendormir; mais tourmenté par sa frayeur, il appela vainement le sommeil; et, las de trembler comme un enfant, il se leva et fit le tour des colonnades pour s'assurer que nul n'était dans la salle.

Il arrivait devant la niche de la chasseresse, quand il vit, se retournant, glisser une ombre devant la cheminée. La frayeur le ressaisit avec violence; son souffle s'arrêta sur ses lèvres, ses yeux se couvrirent d'un voile, ses bras tombèrent lourdement.

Il retourna sur ses pas avec des défaillances sans nombre. Mais en vain il chercha la vision d'un œil égaré : il ne vit plus que les colonnades, les rideaux, les boiseries ; il ne vit plus devant la cheminée que le fauteuil délabré où il s'était mis à l'abri du froid.

Il crut que la vision n'était qu'un jeu de ses rêveries, et il se remit à marcher dans la chambre, agitant ses bras pour repousser l'humidité glaciale qui l'entourait.

Involontairement, il s'arrêta encore devant la niche déserte, pour revoir le pastel où la mère de Blanche souriait avec tant de mélancolie. Ne le trouvant pas d'abord, quoique le feu jetât, sous la niche, son plus clair reflet, il traîna ses mains sur les dalles et contre la boiserie.

Ce ne fut pas sans une grande surprise qu'il vit le portrait dérangé.

Cette fois, il ne douta plus de la vision ; il sortit en

toute hâte du château et s'enfuit lâchement au travers du bois, poursuivi par ses frayeurs.

La bise avait peu à peu balayé les nuages ; la lune et les étoiles regardaient les arbres tout panachés de givre ; les hiboux, nichés dans les tours solitaires du donjon, jetaient dans les airs leurs cris désolants.

V

Raoul finit par trouver le chemin d'Armagny; vers deux heures du matin, il arriva devant la maison de sa mère, pâle et haletant encore. Il sonna d'une main tremblante. La servante, qui l'attendait, vint lui ouvrir la porte et lui demanda quelle étrange aventure l'avait tant attardé. Il ne répondit pas ; il saisit la lampe dont elle s'éclairait et gravit l'escalier de sa chambre avec la vitesse d'un chat. En face de son lit, il respira enfin, et rit de sa terreur. Cependant son rire avait toute la mine d'une grimace.

Il se promena durant quelques minutes, obsédé par mille visions. Pour les chasser, il prit, dans sa bibliothèque, le premier livre venu, se coucha et se mit à lire, en attendant le sommeil.

Le livre était un *Traité de l'immortalité de l'âme*,

du R. P. Le Duc, docteur en théologie, à la date de 1606, imprimé à Troyes, en caractères italiques, et couvert d'un parchemin déchiqueté par les vers. Durant quelques minutes, il le feuilleta sans pouvoir y mordre : les nuageuses pensées de ce livre ne se voyaient guère au travers du style le plus obscur du monde. Il finit pourtant par s'attacher à quelques passages en harmonie avec son imagination. Au second chapitre, le R. P. Le Duc raconte comment les âmes des défunts que nous aimons viennent voltiger autour de nous, la nuit, quand nous sommes dans le recueillement et la solitude ; et, à l'appui de cette idée, il cite une foule d'histoires profanes et sacrées.

Raoul se laissa indolemment convaincre ; plein de foi dans la parole du théologien, il lut toutes les histoires d'âmes errantes sur la terre. Élevé dans les austérités de la religion catholique, il était loin de croire qu'un révérend père osât écrire un mensonge dans un livre fait pour la gloire de Dieu.

Las de lire, il pencha la tête sur l'oreiller, éteignit la lampe et s'endormit, en proie à l'idée que les âmes des morts reviennent en ce monde.

La matinée s'avançait quand il s'éveilla ; son corps était apaisé, son âme rafraîchie. Il alla s'appuyer à sa fenêtre. Le ciel éclairci demeurait morne ; vêtue d'un manteau de givre, la terre était éclatante ; les pauvres maisons d'Armagny semblaient couvertes de toits d'argent; le vieux tilleul balançait légèrement sa tête blanchie.

Raoul, en regardant les grappes brillantes suspendues aux branches, vit Marguerite sur le seuil du cabaret, triste comme d'habitude, suivant des yeux, à ses pieds, quelques moineaux en disette. Elle disparut, revint au même instant et sema des miettes de pain devant la porte. Les oiseaux, apprivoisés par la faim, becquetèrent de plus belle. La pauvre fille prenait un doux plaisir à les voir si gourmands; sa figure s'anima d'un sourire rêveur qui enchanta Raoul et qui dissipa tous les fantômes de la nuit.

Il oublia sa vision, et ses lectures, et ses songes; il déjeuna le mieux du monde et alla voir Marguerite. Il la trouva attrayante, et crut renaître à ses fraîches amours. Mais, vers le soir, son âme s'attrista; le fantôme de Blanche repassa sous ses yeux, un douloureux écho traversa son cœur. Il retourna voir Marguerite pour se distraire. Marguerite, un peu malade, le laissa avec son père, qui déplorait, en ce moment, la mort de la reine et des Girondins.

— O Camille! Camille! disait Maillefer avec désespoir, tu les as perdus, ces martyrs illustres! tu les as perdus, toi qui devais les sauver! O Camille! c'est une mauvaise œuvre; cela te portera malheur!

La soirée se passa lentement pour Raoul; il était morne et silencieux, écoutant à peine les brûlantes divagations de Maillefer. Le pauvre homme souffrait, ce soir-là, de tous les maux de la France.

Il dit à Raoul que les représentants du peuple perdraient le peuple par leurs violences, qu'il voulait s'en laver les mains, qu'il enverrait sa démission pour donner un désaveu à toutes les tyrannies du moment, et qu'il irait chercher un refuge au fond du bois de la Chesnaye, dans quelque trou du donjon. Ce n'était pas la première fois que Maillefer parlait d'habiter le vieux château ; il était las d'entendre à tout instant des prières et des menaces ; là-bas, dans la solitude, loin des clameurs, il espérait se reposer enfin de ces rudes années où il avait tant lutté pour des frères ingrats.

Raoul sortit en l'encourageant dans ce dessein.

Le ciel étincelait d'étoiles ; au lieu d'aller se coucher, le visionnaire se promena et poursuivit les spectres de la veille. Involontairement il descendit la montagne du côté du château. En voyant la lisière du bois, il pensa à revenir sur ses pas, il s'arrêta, il fut indécis ; enfin il franchit la lisière, entraîné par un sentiment indéfinissable où s'agitaient tout à la fois l'amour, la curiosité, l'espérance, l'attrait du mystère.

VI

Le ciel était moins noir que la veille ; la lune levait au sud sa corne d'argent ; les frileuses étoiles tremblaient dans leurs lits de nuages ; le silence du bois était coupé par le sifflement de la bise, qui arrachait des grappes de givre aux grands chênes ; par intervalles, le cri d'un oiseau de proie traversait les airs en éveillant les échos de la vallée.

Raoul avançait toujours dans ce monde lugubre de spectres. Cette fois, il suivait sans détour le chemin du château, où il arriva bientôt. En passant sous le portail il vit de la lumière dans une salle du donjon ; espérant trouver le curé ou la servante, il s'en fut à cette salle. Un grand fauteuil servait d'appui au deux battants délabrés de la porte ; il dérangea le fauteuil et passa sans obstacle.

Un petit luminaire brûlait sur la cheminée ; dans l'âtre, un menu fagot, couvert par deux grandes bûches, n'attendait qu'une étincelle pour s'enflammer. Devant la cheminée, sur une table en chêne à pieds recourbés, un grand plat d'étain, à demi caché sous une nappe, attira les yeux de Raoul. En découvrant la table, il aperçut un reste de volaille et une fourchette de fer. Il pensa que c'était le souper du prêtre, et il attendit en paix son arrivée. Mais bientôt, las d'attendre, il prit la lumière et monta à la chambre où était le lit du curé. Il trouva le vieillard dormant d'un sommeil si calme qu'il sortit sans songer à l'éveiller. En revenant dans la salle, il voulut allumer le fagot; la bise était glaciale, on l'entendait gémir dans les corridors, et rien ne semblait plus doux que le feu.

Les souvenirs de la dernière nuit s'emparèrent de Raoul; son caractère déjà flottant, s'affaiblissait dans cette solitude, qui n'était plus pour lui que le tombeau de Blanche. Toutes les histoires d'âmes revenant du R. P. Le Duc repassèrent en son esprit; il s'imagina sans peine qu'en demeurant toute une nuit au château, l'âme de mademoiselle de la Chesnaye descendrait pour le réconforter, selon l'expression du saint homme; il résolut, malgré l'effroi dont il se défendait vainement, d'attendre le jour au donjon, devant l'éclat et les distractions endormantes d'un grand feu.

Mais la salle où il se trouvait lui déplut; elle était plus nue et plus froide encore que celle où la veille il avait eu des visions. Il prit la lumière d'une main, les bûches et le fagot de l'autre, et s'en alla vers la première salle. Il y trouva le vieux fauteuil doré, les rideaux de damas, les lambeaux de tapisserie, les portraits de famille, les débris de la glace; c'était aussi le même bruit confus d'anneaux glissant sur les flèches, de sifflement de bise, d'appels sinistres d'oiseaux de proie.

Raoul était accoutumé à cette salle, comme s'il l'eût habitée toute sa vie ; il fut heureux d'avoir pensé à y revenir. En moins d'une minute le fagot flamba et les bûches petillèrent. Il fit le tour des piliers en s'éclairant du luminaire ; il s'arrêta encore pour admirer le portrait au pastel de madame de la Chesnaye ; il s'arrêta aussi devant une tapisserie où gambadaient des faunes et des satyres ; il s'amusa des figures épanouies des danseurs. Il revint tout égayé au foyer, où il espérait braver le sommeil et le froid.

En déposant son flambeau, il trouva, sur le bord de la cheminée, un livre fermé par deux agrafes d'argent ; c'était les *Heures de la reine Blanche*. Ce titre rebuta Raoul, qui aima mieux rêver que de lire des oraisons. Il se renversa dans son fauteuil, appuya ses pieds sur les chenets, et, les regards perdus dans la flamme, il s'abandonna nonchalamment au cours de ses flottantes rêveries. Ses yeux, fatigués de l'éclat du feu, se fermèrent peu à peu, et il devint la proie des mille visions du demi-sommeil ; il voyait passer confusément, sur un fond obscur, Blanche et Marguerite. De temps en temps, il rouvrait les yeux en tressaillant, pour s'assurer que c'étaient là des songes ; il regardait dans la salle, et, ne voyant rien, il retombait bientôt dans des vapeurs somnolentes. Enfin, il s'endormit.

Il se réveilla tout égaré par ses rêves. Le feu était tombé, la lumière allait s'éteindre. Il frissonna, et son premier soin fut de se rapprocher de l'âtre.

La flamme vacillante faisait trembler son ombre par toute la salle; en la voyant, il ne put réprimer un mouvement de frayeur.

— Je suis comme Robespierre, dit-il, en essayant de sourire, j'ai peur de mon ombre.

Tout à coup, il entendit battre une porte. Il se leva vivement et marcha vers un des piliers.

Il distingua, dans le fond de la salle, une forme blanche qui venait de son côté; il se détourna involontairement. Alors comme par miracle, la lumière s'éteignit.

Et Raoul entendit les pas étouffés de la forme blanche, qui s'avançait lentement vers l'âtre, dont la flamme s'évanouissait.

Bientôt il entrevit la figure du fantôme; c'était la figure de Blanche.

Plus pâle, plus ému, plus chancelant, il s'appuya contre le pilier.

Le fantôme s'arrêta devant la cheminée, se pencha sur le feu, et murmura d'une voix plaintive :

— J'ai froid.

VII

A cette voix adorée, Raoul, éperdu, voulut s'élancer vers Blanche ; mais ses pieds, glacés sur la dalle, ne purent s'en détacher. Il voulut tendre ses bras ; mais ses bras, à peine levés, retombèrent lourdement ; il voulut parler, mais sa bouche était muette.

Blanche demeurait devant le feu ; il la contemplait d'un regard avide. Il crut la voir enveloppée d'une vague draperie bleue, n'ayant d'autre coiffure que ses blonds cheveux, qui s'éparpillaient négligemment sur ses épaules.

Il était tourmenté des rêves les plus étranges : il oubliait la mort de Blanche, il croyait la revoir, il voulait se jeter à ses pieds ; mais une autre idée l'arrêtait : il avait peur de tomber devant un fantôme qui le regarderait sans yeux et qui lui sourirait sans lèvres.

Enfin, il ressaisit tout son courage et parvint à se traîner auprès de Blanche.

En ce moment la flamme mourante de l'âtre s'éteignait comme la lumière ; les derniers tisons répandaient à peine devant la cheminée la pâle clarté de la lune.

— Blanche ! dit Raoul d'une voix étouffée.

La vision se releva soudain.

— Raoul ! murmura le fantôme, vous voilà venu ! il y a si longtemps que j'attendais quelqu'un !

Raoul, égaré, voulut saisir l'ombre de Blanche.

— Je suis morte, Raoul, ne me touchez pas !

Raoul recula avec un sentiment de terreur.

— Blanche ! les morts ne reviennent pas, vous n'êtes pas morte.

Il s'avança encore vers la vision ; il l'appela, il la poursuivit ; mais la vision s'évanouit dans l'ombre. Et, le cœur palpitant, la tête perdue, il revint au coin du feu et se laissa tomber dans le fauteuil.

— Est-ce un rêve? dit-il en passant sa main dans ses cheveux. — Est-ce un rêve? se demanda-t-il à diverses reprises.

Ses yeux errants voyaient toujours l'ombre de Blanche penchée sur le feu, ses oreilles entendaient toujours ces étranges paroles du fantôme :

— Je suis morte !

Ne voulant pas demeurer sans feu, il ramassa sous ses pieds un éclat de chêne, le fit flamber sur le brasier, ralluma sa lumière et s'en fut à la recherche de quelque fagot.

A peine à la porte, une autre idée lui vint. La lumière avait un peu dissipé ses frayeurs : il doutait déjà de l'apparition de Blanche, il finissait par se croire le jouet d'un songe.

Pour éclaircir ses doutes, pour s'affermir dans sa croyance, il pensa donc à suivre les traces de la vision. Au fond de la salle, la porte dont il avait entendu le battement était ouverte : il en dépassa le seuil avec émotion et se trouva dans l'oratoire du château.

VIII

Raoul vit d'abord un prie-Dieu d'une sculpture ravissante, entre deux saints nichés dans la muraille; sur le prie-Dieu était ouvert un missel gothique, entre un grand chandelier de bois noir et une pyramide de vieux livres de dévotion.

Au-dessus, près d'un christ d'ébène, la vieille servante avait suspendu l'épée brisée de M. de la Chesnaye, afin, disait-elle, qu'en priant Dieu on se souvînt de son maître.

Cette épée cachait à demi cette inscription, que le septembriseur avait vainement essayé d'effacer : *Contre Dieu nul ne peut.*

L'oratoire avait, d'ailleurs, été préservé des ravages du peuple; les saintes images, les pieux ornements avaient désarmé les plus mauvais; le peuple, tout arrosé de sang humain, dans la démence du carnage, le peuple, qui venait de passer par le meurtre, s'était arrêté tout tremblant et tout frémissant à l'aspect d'un christ de bois.

Sur les boiseries, sculptées par un artiste plus catholique que gracieux, étaient encore appendus une armure du douzième siècle, une couronne de fer à fleurons, un gantelet, un écu, un casque, un cor, un capuchon d'acier et diverses armes anciennes.

Le prie-Dieu était en face d'une croisée gothique où s'entrelaçaient les mille bras du lierre; la brise passait par ces vitres naturelles, et Raoul, craignant pour sa lumière, voulut aller plus loin, mais il ne trouva point d'autre issue que la porte d'entrée; et il pensait déjà à retourner sur ses pas, quand il se souvint confusément que, derrière le prie-Dieu, la boiserie s'ouvrait sur un petit escalier en spirale descendant dans les caveaux où gisait toute la grande famille des la Chesnaye. Il lui vint un désir ardent de voir le tombeau de Blanche. Assailli de mille idées à la fois, il avait presque oublié la vision.

Il passa derrière le prie-Dieu, ouvrit sans peine la boiserie et descendit le petit escalier.

Au bas, il se trouva devant une grille à demi-brisée durant le pillage du château. Il poussa du pied le seul battant qui eût résisté aux violences du peuple; il descendit un grand escalier et pénétra dans la grande sépulture.

Les sombres échos répétaient alors le battement de la grille.

Dans le fond, il vit briller deux lampes d'argent dont la lumière était obscurcie par l'humidité du caveau. Les voûtes, qui étaient immenses, s'appuyaient sur des pilastres à chapiteaux gothiques où grimpaient des araignées et des escargots.

Raoul s'avança vers les deux lampes. Il marchait légèrement, comme s'il eût craint de fouler la cendre des la Chesnaye. Il respirait à peine, son front se couvrait de sueur, son cœur battait avec violence.

Ses yeux errant s'arrêtèrent bientôt sur un grand christ de pierre qui semblait veiller et défendre les morts. Arrivé au pied de la croix, il s'agenouilla et pria le Sauveur du monde pour le repos de l'âme de Blanche.

Calmé par la prière, il franchit l'enceinte des tombeaux, et se pencha pour voir les épitaphes : là c'était Jean de la Chesnaye, qui avait défendu deux fois son château contre les Normands ; ici, c'était un glorieux croisé qui n'était revenu de la Terre-Sainte qu'après la chute des infidèles ; plus loin, c'était un vaillant chevalier que Louis XI avait fait pendre pour rébellion ; à ses pieds était François de la Chesnaye, célèbre dans les guerres de religion. Les épitaphes étaient à demi cachées par des couronnes de laurier et d'immortelles. Au-dessus des tombeaux étaient suspendues d'anciennes bannières de la famille; la moins dévastée déployait encore son lambeau d'azur où se dessinait une croix d'argent, glorieuse et sainte bannière.

Parmi ces tombeaux, Raoul s'avançait lentement et d'un pas mal assuré, retenant son souffle dans la crainte d'éveiller les morts. Il n'osait s'approcher des deux lampes, pressentant qu'elles brûlaient sur la dépouille de Blanche; il les regardait souvent, mais ses yeux éblouis se détournaient bientôt, à l'aspect d'une grande draperie noire à larmes d'argent.

Son cœur battait avec violence. Ce n'était pas la peur, mais une crainte vague, mélancolique, mystérieuse; le voisinage de la mort, les souvenirs des sombres légendes, la profondeur des voûtes ténébreuses, le silence troublé par ces bruits souterrains que font le ver qui ronge, l'araignée qui file, l'escargot qui grimpe et qui tombe, enfin, ces apparitions étranges et inexplicables de la grande salle, tout cela imposait à sa vive imagination; et il voyait apparaître, dans le fond des voûtes, un fantôme éclatant, gigantesque, indéfini.

Durant quelques minutes il demeura immobile, sans courage, sans dessein, sans pensée. Enfin, rappelant ses forces, il s'avança vers le cercueil de Blanche.

Alors ses pieds devinrent lourds comme des pieds

de plomb ; il les traîna péniblement, en se demandant si la vie allait le laisser là.

Il arriva devant le cercueil la tête penchée, l'œil égaré, le cœur défaillant.

Tout à coup il recula avec terreur, et le flambeau lui échappa des mains.

Le cercueil de Blanche était ouvert, et Blanche n'y était pas.

IX

Raoul, un peu revenu de son étrange surprise, et n'osant rester plus longtemps devant un cercueil vide, pensa à sortir des caveaux.

Ne pouvant retrouver son flambeau, il prit une des petites lampes accrochées aux pilastres de chaque côté du cercueil de Blanche, et s'en alla, plus vite et plus égaré qu'il n'était venu, effrayé du tremblement de son ombre et du bruit étouffé de ses pas.

Il ne respira un peu qu'en rentrant dans l'oratoire. Il traversa rapidement la grande salle, sortit pour chercher du bois, et revint bientôt avec une énorme brassée de fagots qu'il jeta sur les charbons à demi éteints. Le feu se ranima comme par enchantement. La gaieté rayonnante des flammes chassa pour un instant ses lugubres idées ; la vie, qui l'avait presque abandonné, revint en lui peu à peu. Le petillement du bois lui rappela sa soirée passée avec Jacques Maillefer, devant l'humble foyer de l'ancien cabaret, et pour un instant il retrouva dans sa mémoire des tableaux moins fantastiques. Mais bientôt le souvenir de la vision et du cercueil vide effaça encore tous les autres souvenirs.

Longtemps il chercha à s'éclairer dans ce profond mystère ; il lui arriva d'appeler Blanche et de lui tendre les bras :

— Blanche ! Blanche ! où êtes-vous ? disait-il d'une voix étouffée.

Il écoutait, l'œil errant, la bouche ouverte. Les échos du donjon, les oiseaux de proie, la brise de décembre répondaient tristement en chœur par des sons lugubres comme un chant de mort.

Le sommeil revint à pas lents ; sa tête pencha sur le dossier du fauteuil, il s'endormit une seconde fois ; et durant son sommeil des songes lui vinrent, plus étranges que les étranges événements de la nuit.

Il s'éveilla au bruit du rouet de la vieille servante, qui filait à côté de lui devant un feu mourant ; il était glacé. Il se leva lentement et secoua ses épaules, comme s'il eût neigé sur lui.

Le jour était venu, un jour pâle et morne comme

la veille; quelques rayons de soleil arrivaient sur la façade du donjon, au travers des branches nues des plus grands arbres du bois.

Tout en s'agitant pour ranimer son âme et son corps, il regardait la vieille, qui disait ses patenôtres. Elle ressemblait singulièrement alors à une vieille sorcière. Aux approches de la mort jamais figure ne fut plus ridée, jamais yeux ne se refrognèrent à ce point, et, hormis son capuchon de taffetas jaune, tout son costume était noir. Une grande quenouille, fichée dans son sein, élevait à sa bouche une touffe de chanvre, gracieusement ceinte d'un ruban bleu. Un de ses pieds sautillait agréablement dans le rouet; l'autre se reposait sur un dévidoir; ses doigts secs préparaient le fil avec uns constance qui cachait ses proccupations.

— Eh bien ! mon jeune ami, dit-elle en levant la tête vers Raoul, vous avez passé là une mauvaise nuit?

En disant ces mots, elle regardait Raoul avec inquiétude.

— Oui, une mauvaise nuit, dit le dormeur en se dessillant les yeux.

— Vous avez pourtant dormi le mieux du monde.

Et, pour cacher sa curiosité, la vieille approcha du feu une petite cafetière de fer-blanc.

Puis, regardant Raoul de travers :

— Des rêves effrayants, n'est-ce pas? dit-elle d'un ton lamentable.

Il se revoyait, la nuit, dans la grande salle, aux pieds de Blanche, puis dans les caveaux funèbres devant un cercueil ouvert.

— Des rêves! reprit-il en s'agitant; ce ne sont point des rêves!

La vieille pâlit, son pied cessa de sautiller, sa main tomba sur son genou, sa bouche s'ouvrit pour mieux entendre.

Raoul demeurait silencieux.

— Sainte vierge Marie! dit-elle, comme vous êtes pâle et agité! Que vous est-il donc survenu?

— Mademoiselle de la Chesnaye n'est pas morte, dit Raoul à la vieille.

— Hélas! répondit-elle en sanglotant et en se cachant la tête dans un pan de son capuchon, hélas! monsieur Raoul, morte comme son père et sa mère!

— Morte! reprit Raoul; mais je l'ai vue cette nuit. Je l'ai vue dans cette salle, devant cette cheminée.

— Les morts reviennent donc! s'écria la vieille d'un air effaré.

— Oui, j'ai vu mademoiselle de la Chesnaye; elle m'a parlé; j'ai voulu la saisir dans mes bras, mais elle s'est évanouie comme une ombre.

— C'est un songe.

— Non, non, ce n'est point un songe. J'ai voulu poursuivre Blanche jusqu'à son cercueil : une draperie était jetée à l'entour, et dans le cercueil ouvert point de morte! point de morte!

La vieille était vivement émue et agitée.

— Non, non, ce n'est point un songe ! poursuivit Raoul tout palpitant. Je vois encore le grand christ de pierre veillant sur les tombes des la Chesnaye ; je vois encore les deux lampes...

Raoul regarda le cadre où il avait accroché la lampe d'argent.

Ne la trouvant point, et voyant tout à coup le flambeau qu'il avait laissé dans les caveaux, il tomba dans une surprise muette.

Il courut à l'oratoire : le prie-Dieu était contre la boiserie, le grand flambeau d'un côté, les livres de dévotion de l'autre. Il pensa d'abord que tout avait été dérangé ; mais, ne voyant nulle trace humaine sur la couche de poussière des livres et du prie-Dieu, il finit par croire que tout ce qu'il avait vu n'était qu'un rêve.

Il revint auprès de la vieille.

— D'où venez-vous donc ! lui demanda-t-elle avec un demi-sourire.

— J'ai perdu la tête, dit-il en se promenant à grands pas.

— Je m'en doutais, dit la servante d'un air victorieux. Une apparition dans votre sommeil, et voilà que vous battez la campagne ! Si c'était la nuit, je vous pardonnerais ; mais, Dieu merci ! le soleil luit depuis une heure. Notre vieux curé va venir : asseyez-vous en l'attendant, vous déjeunerez ensemble. Il n'y a pas grand'chose dans le buffet : un débris de volaille, des poires, un peu de raisin, voilà tout, et sans ce charitable Maillefer, nous n'en aurions pas autant, car il ne se passe pas de jour sans qu'il nous envoie quelque chose. Dieu veille sur lui ! On dit que vous allez épouser sa fille : j'en suis bien aise ; Marguerite a sauvé mademoiselle Blanche de l'échafaud. Épousez-la, épousez-la ; cela fera du bien à la mémoire de notre pauvre défunte.

La vieille soupira.

— On dit aussi que Maillefer donne le château à sa fille : c'est une belle dot, monsieur Raoul, le château de la Chesnaye ! — Vous ne m'en chasserez point ! poursuivit-elle d'un ton suppliant, l'assassin de mon maître a eu pitié de mes larmes. — Mais je bats la campagne comme vous.—A mon âge, la tête tourne si vite ! Quand j'étais jeune, ma tête tournait déjà ; mais pour les amoureux. Ah ! que je suis donc loin de ce temps-là !

Raoul demeurait abîmé dans ses sombres pensées.

Après un silence la vieille reprit :

— Avez-vous des nouvelles de Paris, monsieur Raoul ? — Notre pauvre reine...

— Elle sera assassinée, dit Raoul d'un air distrait. Comment peut-elle échapper à tous ces faucheurs de têtes !

— Où allons-nous ? grand Dieu !

— Hélas ! murmura Raoul, il n'y a plus qu'un chemin en France, le chemin de l'échafaud.

— Comme vous dites cela, grand Dieu ! Vous n'avez pas l'air d'y penser.

— En effet, je ne pense guère à toutes ces choses lamentables; en ce moment, je pense à mademoiselle de la Chesnaye, qui m'est apparue cette nuit. Quel songe !

— Vous battez toujours la campagne, monsieur Raoul. Ainsi donc, à Paris, le sang coule à flots? La guillotine...

— Il faut que j'aille dans les caveaux.

— Nenni, nenni, mon cher enfant ; c'est le gîte des défunts, les vivants n'y vont pas. Vous dites que la reine...

— Je dis que j'ai vu mademoiselle de la Chesnaye.

La vieille regarda fixement Raoul :

— Je désespère de vous, sur ma foi ! si vous n'êtes pas somnambule, vous êtes fou.

X

En ce moment, le prêtre parut au seuil de la salle.

Raoul alla à sa rencontre et le salua avec vénération. La vieille se leva en dérangeant son rouet et son dévidoir, s'inclina dévotement devant son vieil ami, et sortit pour préparer le déjeuner.

Le vieillard et Raoul devisèrent d'abord des événements qui épouvantaient la France. Peu à peu Raoul vint à parler de la solitude du château et de son effroi nocturne ; il demanda au prêtre s'il croyait aux revenants, s'il avait eu des visions, si jamais un mort regretté ne lui avait apparu. Le vieillard répondit vaguement : il avait des doutes, il n'osait rien affirmer ; dans sa jeunesse, cependant, il avait vu le fantôme de sa mère, à la veille d'un grand malheur.

— J'étais à la petite abbaye de Saint-Pierre, où m'avait recueilli le bon père Thibauld. Orphelin depuis l'adolescence, il ne me restait plus de ma famille qu'une jeune sœur, que j'aimais par-dessus toutes les choses de la terre. A la mort de ma mère, ma sœur s'était réfugiée dans la Thierrache, chez une vieille amie de la famille. Tous les jours, j'allais solitairement en la chapelle de l'abbaye, prier pour elle le Seigneur Dieu. Un soir, j'étais agenouillé devant l'autel de la sainte vierge Marie ; la nuit venait ; je priais avec plus de ferveur que jamais, sans savoir pourquoi. En me relevant, je vis tout à coup passer une ombre sous mes yeux : c'était ma mère ; je la reconnus à ses vêtements et à sa figure pâle et triste. Je lui tendis les bras en criant et en retombant agenouillé sur les dalles ; je ne sais si j'entendis l'écho de mes cris, mais je crus entendre la voix de ma mère. Le lendemain, ma sœur mourut ! Dieu lui fit la grâce de l'appeler en son sein, où déjà reposaient mon père et ma mère. — Mais, dit le prêtre en finissant, la jeunesse a tant de visions! la jeunesse est si ardente à toutes les croyances! Un souvenir passe, nos têtes s'égarent, nous croyons voir l'ombre d'une mère ou d'une amante : ce n'est qu'un souvenir. Et d'ailleurs, mon enfant, pourquoi les morts ne reviendraient-ils pas quelquefois parmi nous? Le ciel n'est point un exil, et Dieu permet sans doute à ses élus de descendre sur la terre.

Le déjeuner était servi. Raoul se mit à table en face du prêtre, qui se recueillit et fit une prière entre deux signes de croix. La vue d'une omelette bien dorée ramena Raoul à des idées moins funèbres ; il oublia ses visions et finit même par s'égayer un peu.

Comme Raoul desservait la table, une charrette traînée par deux chevaux de labour parut sous le portail, et au même instant Maillefer entra dans la salle.

— Monsieur le curé, dit-il en tendant la main à Raoul, on amène une tombe au château. Ne vous effrayez pas : c'est pour mademoiselle de la Chesnaye, dont la dépouille mortelle n'a qu'un cercueil. J'avais dans mon jardin quelques pierres d'une blancheur et d'une dureté de marbre devant me servir pour un escalier : on ne marchera pas sur ces pierres, car Etienne Durand en a fait une tombe, la tombe de mademoiselle de la Chesnaye. Vous y déposerez les restes de la malheureuse fille, et ces restes sacrés y demeureront en paix jusqu'à la fin des siècles. J'espère au moins que ni Dieu ni les hommes ne m'accuseront d'avoir poursuivi mes ennemis jusque dans la mort.

— Vos bonnes œuvres effaceront vos fautes, dit sentencieusement le prêtre. Les bonnes œuvres sont des fontaines qui coulent sur la conscience des pécheurs.

Raoul, tout agité, sortit sans se demander pourquoi.

A la vue du tombeau, à demi caché dans un lit de paille qui l'avait protégé contre les cahots de la charrette, il pensa encore aux apparitions de la nuit, mais il ne douta plus qu'il n'eût été le jouet d'un songe.

LIVRE X

LE SCAPULAIRE

I

Vous voulez savoir des nouvelles de Mi-ré-fa-sol?

Un vieux proverbe dit que l'amour est le médecin qui panse le mieux les plaies d'un blessé !

Ne voyez-vous pas d'ici avec quelle adresse Jeanne-aux-Bluets veille son ami. La mort, qui a déjà franchi le seuil de la chaumière, se laisse toucher, — la cruelle qu'elle est. — Le musicien vivra !

Mais vivra-t-il pour Jeanne-aux-Bluets?

Dès qu'il fut sur pied, il alla au château évoquer l'ombre de Blanche.

— Blanche! Blanche! où êtes-vous?

Et la mort ne répondit pas. Mi-ré-fa-sol, qui la croyait à Paris, dans quelque sombre prison, partit après avoir embrassé Jeanne-aux-Bluets, mais sans lui dire qu'il partait.

A Paris, il se rejeta dans les clubs avec plus d'ardeur que jamais, espérant qu'à force de patriotisme il pourrait sauver Blanche.

Mais il ne la retrouva pas.

Enfin, un jour, il apprit le sacrifice de Marguerite Maillefer. Il se rappela celui de Jeanne-aux-Bluets et il bénit du même coup dans son âme ces deux nobles filles, qui savaient à peine lire et qui savaient si bien se dévouer pour l'amour.

L'amour, c'est le vrai maître d'école des grands cœurs.

Le musicien revint à Armagny, où il apprit que Blanche n'avait pas survécu.

Il retourna au château comme s'il devait la retrouver encore. Il supplia la vieille Hélène de lui permettre d'aller prier au tombeau de Blanche, mais la gouvernante fut inflexible.

— Je ne me consolerai jamais, dit-il avec désespoir.

Et interrogeant ses chers souvenirs, il se demanda si Blanche l'avait aimé.

Il rentra enfin dans cette pauvre petite maison des champs qu'il avait abandonnée pour devenir un homme digne de mademoiselle de la Chesnaye.

— Mon cher violon, dit-il en embrassant son vieil ami, me consoleras-tu, toi ?

Et il se mit à jouer tous les airs de *Richard Cœur-de-Lion* qui faisaient battre le cœur de Blanche, quand il lui donnait des leçons de clavecin.

II

Le prochain mariage de Raoul et de Marguerite n'était point un mystère dans le pays; les amis et les ennemis de Maillefer et de madame de Marcilly en parlaient diversement : suivant les uns, c'était une alliance indigne de Raoul; suivant les autres, c'était une alliance indigne de Marguerite. Mais madame de Marcilly, qui voulait sauver son fils des colères du peuple, et Maillefer, qui voulait sauver sa fille de son chagrin, n'avaient nul souci de tous ces commérages. La veille du jour fixé pour le mariage, Maillefer, cédant aux instances des plus fanatiques jacobins d'Armagny, ordonna que le lendemain tout le pays célébrerait la fête de la Raison. Les femmes et les filles passèrent la nuit à tresser des couronnes de lierre et d'épis, des couronnes de pampres et de feuilles de chêne. Il n'y avait plus de fleurs ; mais durant la nuit le ciel, qui s'amusait de cette fête comme de toutes les fêtes du monde, fit refleurir les arbres et les chemins d'une neige éblouissante.

Dès le jour naissant, les cloches sonnèrent à grandes volées; ce fut leur dernier concert. Que ne se brisèrent-elles alors! Tous les jacobins s'assemblèrent dans l'église, se revêtirent d'aubes blanches, emblème de la pureté républicaine de leurs cœurs; les uns s'emparèrent des encensoirs, les autres des crucifix et des bannières; Maillefer s'affubla d'une chape à franges d'or, et, en dépit de toutes les résistances, il lui fallut marcher en tête de la procession, un drapeau tricolore à la main, sous le dais bleu qui tant de fois avait couvert le curé d'Armagny et les images de Dieu.

Maillefer souffrait du rôle insensé qu'il jouait alors, dans la grande mascarade républicaine qui égayait toute la France; mais, comme de coutume, c'était par dévouement: en refusant ce rôle il se perdait dans l'esprit des jacobins, le peuple d'Armagny s'en irriterait, et adieu la puissance qui protégeait tant de monde. Il pressentait tout cela, et il se résignait.

La procession sortit de l'église en chantant l'*Hymne à la raison*, la *Ronde des sans-culottes*, la *Montagnarde*, la *Carmagnole des moines*, l'*Hymne au genre humain*, et beaucoup d'autres cantiques spirituels. Maillefer agitait son drapeau, et, devant cette bannière de la nouvelle religion, tous les passants s'agenouillaient.

Sous l'arbre de la liberté, sous le tilleul centenaire de l'ancien cabaret de Maillefer, on avait élevé un autel à la Raison ; c'était vers cet autel que marchait la procession, sur un chemin semé de neige et de feuilles jaunes.

La déesse de la Raison devait être représentée par la fille de l'ancien maître d'école d'Armagny. On avait songé à Marguerite, mais Marguerite s'en était défendue par dignité. La fille du maître d'école eût admirablement parodié la déesse de la Raison : c'était une jeune fille souriant à tout propos et à tout venant, plus soucieuse de garder sa beauté que sa vertu ; mais en s'éveillant, le jour de la fête, comme sa mère lui criait de se lever et de repasser sa robe au plus vite, elle réfléchit, non pas en déesse, mais en fille de raison. Elle avait péché, et son corsage arrondi pouvait l'accuser pendant son ascension sur l'autel : elle imagina une maladie soudaine, et dit à sa mère qu'il fallait chercher une autre déesse.

La maîtresse d'école, au lieu d'avertir les jacobins de cette maladie imaginée, sermonna sa fille durant deux heures ; et, quand la procession arriva devant l'autel, les assistants furent indignés de ne point y voir la déesse.

Ce fut alors que, sur un cheval magnifiquement harnaché, reparut Pluviôse.

Marguerite, qui regardait la fête au travers des vitres obscurcies de la salle, fut saisie d'effroi en voyant le septembriseur. Maillefer pensa avec douleur que le retour de cet homme était d'un mauvais augure pour le mariage de sa fille; mais le peuple accueillit Pluviôse par mille cris de joie :

— Salut et fraternité! Vive l'ami de Marat! Vive le plus sans-culotte des sans-culottes! A bas les chenapans, les muscadins et les sardanapales! Voilà le bon temps revenu! Tout n'est point dit encore, nous ne sommes point au bout? *Liberté, égalité, ou la mort!*

Et chacun voulait voir et toucher Pluviôse, et chacun aspirait à la gloire de lui parler. Les plus violents l'enlevèrent de son cheval et l'emportèrent en triomphe jusque sur les marches de l autel, où Maillefer lui donna tristement l'accolade plébéienne.

Pluviôse n'était plus ce bandit couvert de guenilles rouges, armé de sanglantes colères et de rugissements ; il était devenu calme, il avait un costume plein de dignité ; l'amour et Saint-Just l'avaient métamorphosé. A la mort de Marat, Pluviôse, désespéré d'avoir perdu cette sanglante étoile, ne savait plus où aller, quand il rencontra Saint-Just, en mission à Cambrai. Saint-Just devint son dieu ; il imita cette attitude austère et calme, que l'échafaud même ne put altérer ; il revêtit ce sévère costume, qui encadrait si heureusement les grandes figures républicaines; et ainsi métamorphosé, il promena sa démence et son amour dans tous les districts du Nord. Enfin, las des révoltes, il s'en retournait à Paris, poursuivi par le souvenir de Blanche.

En repassant à quelques lieues d'Armagny, il avait pris un détour, il avait abandonné les guides à son cheval, — le cheval de M. de la Chesnaye, — et il arrivait dans ce pays si triste et si doux, où il avait donné la mort par sa colère et par son amour.

Ayant vu que le peuple attendait vainement la déesse de la Raison, c'est-à-dire la fille de l'ancien maître d'école, il demanda à Maillefer où était sa fille.

Maillefer leva les yeux vers la fenêtre de la salle.

— Pourquoi n'est-elle pas sur cet autel? C'est la plus digne de représenter l'auguste déesse; cette gloire lui revient comme à la fille du premier apôtre de la liberté en ce pays.

En disant ces mots, il franchit le seuil de l'ancien cabaret, à la tête de quelques fanatiques.

Bientôt on le vit reparaître avec Marguerite, qui, après, avoir vainement résisté à cette violence, fit tout ce que voulut le peuple. Elle était négligemment vêtue de mousseline blanche; on l'entoura d'une écharpe bleue, on lui mit une ceinture rouge, on la couronna de lierre et on l'éleva sur l'autel; de là il lui fallut semer des épis et des fruits parmi la foule, lire les maximes républicaines, agiter le drapeau de la liberté, et recevoir l'encens destiné à Dieu.

Après toutes ces choses, on fit devant l'autel un feu des surplis et des bannières; et, comme un écho du matin, les cloches sonnèrent un glas sur la défunte religion catholique, qui devait ressusciter trois jours après. Ce fut leur dernier soupir, à ces pauvres cloches; au même instant, les plus exaltés montèrent au clocher et les brisèrent.

— Les aveugles et les sourds! dit tristement Maillefer, ils n'avaient qu'une musique, et ils n'en veulent plus! S'ils le pouvaient, ils décrocheraient le soleil.

Quand les cloches furent brisées, les ravageurs descendirent dans l'église et mirent le feu au confessional, qui était au fond d'une chapelle nue et humide. Une épaisse fumée en sortit et se répandit par toute l'église, qui eut bientôt l'air d'une taverne allemande. Le prêtre national ne fut pas le dernier à encourager ces profanateurs; il apporta lui-même l'ancien missel, la table des commandements de Dieu, les livres du lutrin, et, jetant au feu toutes ces choses :

— Ainsi, dit-il sentencieusement, le feu nous délivrera des hochets de la superstition.

Marguerite, retournée dans sa chambre, était plus morne que triste. Elle avait rejeté avec dégoût la couronne, le voile et l'écharpe dont elle venait d'être affublée; elle pensait à Raoul, qui, suivant le conseil paternel de Maillefer, s'était éloigné d'Armagny pendant cette orageuse journée.

— S'il était courageux, dit-elle, il serait déjà revenu.

Et après un silence :

— Hélas! ce n'est pas le courage qui lui manque, c'est l'amour.

Une lourde tristesse tomba sur son cœur.

— Demain ! murmura-t-elle en versant d'abondantes larmes.

III

Maillefer, qui depuis longtemps hébergeait tout les missionnaires républicains passant à Armagny, avait prié Pluviôse de s'arrêter un peu en son logis; et tous deux, après avoir réprimé les désordres du peuple, s'étaient réunis dans une petite salle, en face d'une bouteille de vin de Champagne. La conversation languit d'abord. Pour se distraire, Pluviôse faisait rouler sur la table cette médaille décernée aux gardes-françaises, où était inscrit ce beau vers de Lucain :

Ignorantne datos, ne quisquam serviat, enses?

Cette médaille, que Maillefer avait vue maintes fois à Paris, le fit penser à son voyage, et il raconta comment il avait retrouvé sa fille, qui se sacrifiait pour mademoiselle de la Chesnaye ; enfin, ouvrant son cœur, qu'il tenait fermé à grand'peine, il apprit à Pluviôse le mariage de Raoul et de Marguerite. Pluviôse lui demanda avec émotion pourquoi mademoiselle de la Chesnaye était morte soudainement, et, après une réponse incertaine de Maillefer, à son tour il se mit à raconter ses aventures politiques pendant sa longue mission.

— En quittant Armagny, j'ai erré pendant quelque temps, tourmenté par un fatal amour qui amollissait mon cœur républicain ; enfin, j'ai pris le dessus, et j'ai poursuivi mon généreux pèlerinage dans les pays rebelles.

La nuit les surprit tous deux dans l'arrière-salle, en face d'une bouteille vide. Le septembriseur, qui avait au cœur une chose plus douce que la république, n'était plus à l'entretien. Il pensait à Blanche, il respirait le parfum amer de ce souvenir, qui refleurissait toujours en lui pour le consoler de ses crimes.

— Avant de partir, dit-il tout à coup en soupirant, il faut que j'aille au château de la Chesnaye.

IV

L'esprit de Raoul était malade. Il se demandait sans cesse s'il rêvait ou s'il devenait fou. Dès le matin, il était retourné au château, pensant qu'il ne lui restait que peu de jours à poursuivre, dans le silence de cette grande solitude, l'ombre adorée de Blanche.

En route, tout en songeant à ses visions, il se ressouvint de la scène d'amour passée à la fenêtre de la grande salle pendant l'horrible nuit du combat; il revit Blanche toute pâle et toute émue, penchant la tête sous son regard comme une fleur sous le soleil; il entendit encore au fond de son cœur ces solennelles paroles de mademoiselle de la Chesnaye, quand elle eut mis sur son sein la petite croix d'argent : *Je la garderai jusque dans le cercueil ; mais si Dieu me fait la grâce de mourir avant vous, et si vous m'oubliez quand je ne serai plus de ce monde, venez sans retard arracher ce scapulaire de mon cœur éteint, car il troublerait mes ossements dès les premiers jours de l'oubli, et ce serait un supplice pour l'éternité.*

Il descendait avec ardeur vers ce beau souvenir

que le malheur avait voilé, quand un éclair traversa son âme; il pensa au même instant au serment fait à Blanche et à son mariage avec Marguerite. Il avait lu des romans, il savait des légendes du pays et du château de la Chesnaye, où des amants délaissés reviennent après leur mort tourmenter les vivants infidèles, il ne douta plus que mademoiselle de la Chesnaye, se croyant oubliée, ne lui apparût pour se plaindre, soit en songe, soit pendant qu'il veillait, par une de ces lois du ciel qui seront toujours des mystères en ce monde.

— Aujourd'hui même, dit-il tout ému, j'irai devant son cercueil; j'irai prier Dieu, j'irai prier sa mère d'apaiser son âme.

Dans l'avenue du château, il rencontra la vieille gouvernante, à demi courbée sur le sol blanchi pour ramasser du menu bois. A son approche, elle leva ses yeux clignotants, et murmura que M. le curé serait charmé de revoir son jeune ami.

Raoul passa la matinée à deviser avec le vieux curé. Il parvint, non sans peine, à le ramener au chapitre des visions; et çà et là, il lui arracha quelques paroles singulières qui semblaient l'avertir qu'un mystère étrange était enseveli au château : tantôt le vieillard, affaibli par les années, perdait la tête et oubliait de s'arrêter à propos; tantôt il gardait le silence avec obstination, comme un homme qui craint d'en trop dire. Vers midi, à un moment où le soleil soulevait les voiles flottants du ciel, pour échapper à Raoul, qui l'obsédait sans relâche, il sortit tout à coup et s'en alla prier Dieu sous les arbres dépouillés du parc. Après avoir vainement attendu son retour, Raoul revint à son dessein de descendre aux voûtes sépulcrales, où il espérait éclaircir le mystère qui tourmentait sa tête et son cœur. Mais divers obstacles s'opposaient à son dessein : il n'avait point les clefs des caveaux ; et, d'ailleurs, avec les clefs il lui fallait de la lumière, et, par une fâcheuse mésaventure, il chercha vainement une lampe ou un chandelier.

La vieille survint durant ses recherches.

— La clef des caveaux et un flambeau ! lui demanda-t-il d'un ton impérieux.

La servante effarée recula de trois pas.

— Vous me cachez indignement ce qui se passe ici ! reprit-il en la dévisageant.

La vieille murmura :

— Sainte Vierge ! Qu'y a-t-il donc ?

— Il a y un mystère, un mystère que je veux découvrir sans plus attendre ! — Les clefs ! les clefs!

Raoul frappait du pied avec impatience.

La vieille jura sur sa part de paradis qu'elle n'avait jamais vu les clefs, et que depuis la mort de mademoiselle de la Chesnaye, nul n'avait ouvert les portes massives des caveaux.

Raoul lui tourna le dos, et, croyant alors se ressouvenir que dans l'oratoire il y avait une porte secrète donnant sur un escalier qui descendait aux tombeaux de la noble famille, il s'empressa d'aller de ce côté. Il renversa la pyramide de vieux livres, il détourna le prie-Dieu, et parvint à découvrir la porte cachée.

Avant de descendre, il ferma l'oratoire, afin de n'être pas suivi dans son pèlerinage. A peine au bas de l'escalier, son regard fut saisi par la morne lumière des deux lampes éclairant le sommeil des morts.

— Je n'en doute plus, dit-il en s'arrêtant avec une violente oppression, je suis venu dans cette sépulture : voilà bien les arceaux humides, les pilastres écaillés, les tombes superbes protégées par les bannières et défendues par les armures des illustres morts ! Voilà bien les deux lampes que j'ai vues briller au-dessus d'un cercueil vide ! — A moins pourtant, reprit-il, que, par la puissance des songes, mon esprit ne soit descendu durant mon sommeil sous ces voûtes funèbres.

En disant ces derniers mots, il franchit, d'un pied chancelant, l'enceinte des tombeaux et s'avança vers les deux lampes. Il écoutait les battements de son cœur et croyait entendre mille bruits lugubres.

L'humidité des voûtes voilait les deux lampes, dont les reflets ternes tremblaient sous les arceaux comme des ombres. En arrivant devant le cercueil de Blanche, où son cœur l'avait conduit, ses yeux égarés s'arrêtèrent dans les plis du grand linceul qu'il avait vu négligemment étendu, en cette nuit étrange où il était venu devant un cercueil vide.

Cette fois, le tombeau de Blanche n'est plus désert, et du premier regard il entrevoit la blonde chevelure de son amante s'échappant par touffes abondantes de la lugubre draperie.

Il tombe agenouillé, il penche la tête, il avance la main, il agite les lèvres; mais, glacé par le frisson, il demeure immobile et silencieux, comme ces statues de la douleur s'inclinant sur les tombeaux.

Il se ranime et n'ose encore toucher le linceul, comme s'il craignait de violer l'asile sacré d'un mort; il regarde autour de lui pour s'assurer qu'il est seul, et que nul ne verra sa profanation.

Par une hallucination soudaine, il lui semble que tous les morts sortent de leur tombe en murmurant ce vers de la ballade :

Vivants, ne troublez pas le silence des morts!

Il se retourne vers Blanche; son regard effaré se repose encore sur la forme humaine que dessine le linceul; enfin, par un mouvement saccadé, il saisit et détourne un pli de la draperie, et la figure de son amante lui apparaît dans la pâleur de la mort.

Tout égaré, il contemple cette figure, belle même

dans la pâleur funèbre ; il se demande si c'est la mort ou le sommeil ; il s'incline : est-ce pour l'embrasser, ou pour saisir son souffle ? Il est défaillant, son cœur cesse de battre, la vie l'abandonne, il va tomber inanimé auprès de Blanche.

Mais tout à coup Blanche s'agite mollement comme une femme qui s'éveille ; elle repousse le linceul qui la couvre, elle se soulève lentement, elle entrouvre les paupières, et, tendant les bras vers Raoul, elle s'écrie toute rayonnante :

— Je vous attendais.

Raoul ne vit plus alors ni le cercueil, ni la morte, il ne vit plus que Blanche, et, dans un baiser dont les ossements voisins tressaillirent, il oublia toutes ses douleurs.

V

— Blanche ! c'est bien vous que je vois ! c'est bien vous que je touche ! — Vous, vivante dans la tombe ! vous, si belle dans cette noire demeure ! — Oh ! parlez-moi ! Mais parlez-moi donc ! — Dites-moi que ce n'est point un songe. — Blanche ! Blanche ! répondez-moi, de grâce ! Que j'entende encore cette voix dorée qui m'eût réveillé du sommeil de la mort !

Blanche prit lentement dans ses doigts la petite croix d'argent qui demeurait toujours suspendue à son cou, et la porta à sa bouche en murmurant d'une voix faible :

— Je vous aime, Raoul, puisque c'est vous qui êtes venu.

— Mais qui donc devait venir, si ce n'était moi?

— Lui !

— Lui !

Et Raoul pensa au musicien.

Blanche était à demi sortie du linceul. Elle avait pour tout vêtement une robe de mousseline à peine agrafée à la ceinture; ses cheveux, s'échappant de leurs chaînes d'écaille, descendaient en longs flots sur ses épaules.

Raoul l'admirait avec un effroi à peine comprimé, suivant de l'œil ses plus légers mouvements, levant les bras, autant pour la protéger que pour remercier le ciel.

Et tout à coup, comme s'il eût craint que la mort ne vînt lui ravir son amante, il saisit Blanche avec ardeur, l'enlaça de ses bras tremblants et l'emporta dans l'oratoire.

— Ah! je vous revois au soleil! dit-il en la déposant sur un fauteuil.—Mais apprenez-moi donc quel sombre mystère s'est étendu sur vous.

— Raoul! Raoul! dit Blanche tout effarée, ne me quittez pas, j'ai peur!

— Blanche, répondez-moi : vous n'êtes pas morte et vous avez une tombe !

— Raoul, parlons d'amour, parlons de ce beau temps passé où je vous aimais sans le savoir ; parlons de ces soirs enchantés où je vous voyais errer dans l'avenue du château. Je me cachais dans les rideaux d'une fenêtre et je vous suivais longtemps du regard. Souvent, sans me voir, vous tendiez les bras avec ardeur. Oh ! si j'avais eu des ailes alors, comme j'aurais joyeusement franchi l'espace qui nous séparait ! Parlons de cette heure si vite écoulée, de cette heure d'extase passée en serments à la face du ciel. Te souviens-tu de la fenêtre et du rideau ?

— Oui, et nos lèvres se touchèrent comme par miracle, dit Raoul en baisant les cheveux de Blanche.

— Parlons de toutes ces choses, mais ne parlons pas de la mort, reprit Blanche. — Hélas ! l'heure suivante, on vous apporta tout sanglant sous mes yeux effrayés...

— Au milieu de mes souffrances, je ne sentais que la joie de vous voir.

— Pourquoi n'êtes-vous pas là avec Marguerite ? La pauvre fille a voulu me sauver... Me sauver ! quand l'odieux septembriseur m'environnait de sa colère et de son amour.

— Pluviôse ! vous l'avez revu !

— J'étais là, dans ce coin; je dormais en songeant à vous... Je me suis éveillée... Raoul, racontez-moi plutôt vos souffrances dans les prisons de Paris. A l'Abbaye je vous ai vu souvent dans la cour, sur un bloc de pierre ; mon âme allait autour de vous. Quelle pâleur ! quelle tristesse ! vous pleuriez quelquefois ; je recueillais vos larmes et je les emportais au ciel.

Puis après un silence, elle reprit :

— Raoul, ouvrez la fenêtre ; la lumière s'en va ; il me semble que la nuit vient : j'ai peur de la nuit.

— Rassurez-vous, la nuit est encore loin de nous; les grandes nues cachent le soleil.

— N'est-ce pas, Raoul, qu'il y a un bloc de pierre servant de banc aux prisonniers ?

— Oui, dit Raoul, plus étonné que jamais.

Blanche se leva du fauteuil et s'avança vers la fenêtre. Sa démarche était d'une lenteur solennelle ; pourtant elle avait tant de légèreté qu'à chaque pas elle semblait prendre son vol.

Raoul la suivit et, lui saisissant la main :

— Blanche, je vous en supplie, dévoilez-moi donc ce mystère de la mort.

— Vous êtes comme les enfants, dit-elle avec un doux sourire : vous voulez briser le miroir où vous me voyez. Prenez garde : le miroir brisé, vous ne me verrez plus.

Raoul frissonna.

— Ne soyez pas si fou, ne perdez pas en vaines curiosités un temps si précieux que Dieu m'accorde après tant de prières ; hâtons-nous de nous aimer. Le temps passe ; il passe, tout à l'heure il sera passé.

Blanche pencha mollement sa tête sur l'épaule de son amant.

Elle avait un charme funèbre et adorable avec ses yeux allanguis, son abandon, ses cheveux épars ; une de ses mains retombait négligemment, l'autre se perdait dans celle de Raoul.

— Ah ! dit-elle en soupirant, il y a bien longtemps que je n'ai si doucement reposé ma tête !

Elle tressaillit et ferma les yeux.

Raoul avait le délire : tantôt son cœur cessait de battre, tantôt son cœur battait avec violence. Il chassait de son souvenir la dernière année de sa vie, comme on chasse un rêve importun ; il effaçait du tableau de sa jeunesse la figure du septembriseur, les tristes scènes du château, l'odieux Marat, les murs sanglants de la prison ; il se croyait revenu à ces jours d'autrefois, où il aimait Blanche avec tant de joyeuses espérances ; il se revoyait errant aux abords du donjon, se cachant sous les haies pour voir passer Blanche ; mais bientôt ces images enchantées se couvraient d'un crêpe sanglant : il entendait encore les hurlements des ennemis du comte de la Chesnaye, il voyait le meurtre et l'incendie ; et tout d'un coup il se détachait de Blanche en murmurant: — *Elle est morte!* — Pourtant, en la voyant si belle, il la retrouvait dans ses bras, et, les yeux égarés, il semblait attendre avec anxiété le dénoûment du mystère.

Une vieille horloge du château sonna quatre heures : Blanche tressaillit, s'échappa des bras de Raoul, et se jeta devant le prie-Dieu.

Elle avait pâli, sa bouche était morne dans son sourire, ses yeux amoureux s'éteignaient.

Raoul voulut lui reprendre la main, il fut épouvanté de la sentir froide.

— Raoul, lui dit-elle d'une voix singulièrement sombre, Raoul, laissez en paix les morts.

Le soleil se couchait, et déjà les ombres tombaient dans la vallée avec de légers flocons de neige ; sur le ciel pâle, le vent chassait lentement les nuages vers le sud. Déjà le fond de l'oratoire se perdait dans la nuit, et Raoul ne voyait plus que la robe de la jeune fille dont l'éclatante blancheur se détachait des noires sculptures du prie-Dieu. Un morne silence régnait dans le château ; on entendait à peine les mugissements affaiblis de la bise.

Blanche détacha lentement de son cou la croix de Saint-Jacques de Compostelle.

— Raoul, dit-elle à son amant, reprenez ce gage d'amour qui glace mon cœur depuis que vous ne m'aimez plus.

Raoul tomba agenouillé devant Blanche.

— Je vous aime ! je vous aime ! je vous aime ! dit-il d'une voix brisée.

Mais Blanche poursuivit sans l'entendre :

— Dieu soit loué ! Fidèle à votre serment, vous êtes venu à mon cercueil pour reprendre cette croix qui troublait mon sommeil. Maintenant je vais dormir avec calme ; peut-être ne m'éveillerai-je plus.

— Blanche ! vous n'êtes pas morte, et je vous aime !

— Je suis morte ; mon âme est au ciel, mais Dieu lui permet quelquefois, à cette pauvre âme désolée, de redescendre en mon corps, c'est la joie mélancolique des voyageurs qui reviennent dans leur pays.
— Oui, je suis morte, et c'est du haut du ciel que je vous voyais dans votre prison, c'est du haut du ciel que je vois se préparer votre mariage avec Marguerite, la plus digne et la plus belle fille du monde. — Vous aurez un ange sur la terre. — Adieu, Raoul. Mon âme s'envole, mon cœur défaille ; j'ai à peine le temps d'aller me recoucher dans la tombe. Ce n'est plus là que je vous attends, c'est au ciel. Si je reviens encore, priez pour le repos de mon âme et de mon corps.

Raoul, à demi mort de surprise, de frayeur et d'amour, tendit des bras avides pour ressaisir Blanche.

Un bruit sec retentit dans l'oratoire; on eût dit un spectre qui s'enfuyait.

Raoul referma ses bras dans le vide.

— Blanche ! Blanche !

La morte s'était évanouie.

LIVRE XI

LES ÉPOUSAILLES

I

Marguerite passait la soirée chez madame de Marcilly. Les jeunes sœurs de Raoul l'aimaient et l'accueillaient toujours avec joie.

Ce soir-là, le salon était dans un charmant désordre : des parures étaient éparses sur tous les meubles ; à la lumière d'une lampe d'albâtre, la femme de chambre travaillait à la robe de la mariée.

— C'est donc bien vrai ! dit Marguerite comme en sortant d'un songe, je me marie !

Madame de Marcilly elle-même finissait de broder

le voile de la fiancée de son fils. Les sœurs de Raoul avaient bien assez des soins de leurs parures : l'une faisait un nœud de ruban, l'autre achevait un bouquet artificiel ; toutes deux étaient animées d'une folle gaieté ; elles ne pressentaient que le plaisir. C'était au plus beau temps du règne de la Terreur. Dans les prisons, en face de l'échafaud, des femmes rêvaient d'amour et de fêtes, et plus d'une tête adorable tombait toute parfumée et toute parée de roses : n'était-il pas bien naturel à ces deux jeunes filles, qui n'avaient vu qu'un éclair de révolution, d'être en proie à de joyeuses espérances à la veille des noces de leur frère ?

Je l'ai dit déjà, madame de Marcilly avait sacrifié les débris de son orgueil aristocratique à son cœur de mère. Elle voulait le salut de son fils ; elle connaissait, d'ailleurs, l'amour, la vertu, la générosité de Marguerite.

Pendant que ses deux folâtres filles arrangeaient leurs parures, elle attira Marguerite dans un coin du salon et lui parla beaucoup du jour néfaste qui allait venir.

— Vous serez heureuse avec Raoul, lui disait-elle en passant avec amour ses mains émues sur les beaux cheveux de la pauvre fille. Vous êtes triste, mon enfant ! D'où vient cela ? Avez-vous des regrets ? Avez-vous des craintes ? Vous êtes triste ; mais Raoul vous aime, et bientôt...

— Raoul m'aime ! dit Marguerite avec amertume.

— Ne croyez-vous pas qu'il aime encore mademoiselle de la Chesnaye ? Rassurez-vous, mon enfant, l'amour s'arrête devant un tombeau. — Ne vous chagrinez pas à la pensée qu'il va souvent se promener au château : ce n'est point par un ancien culte, ce n'est point par la dévotion des souvenirs, c'est tout simplement par distraction. — O ma fille ! tâche de le distraire dans ses noirs moments. — Il y a en lui une ardeur insensée de lutte et de gloire qui menace de le perdre ; mais cette ardeur s'éteindra dans ton amour.

Marguerite n'entendait point madame de Marcilly ; elle murmurait tout bas avec un sourire tristement ironique :

— Raoul m'aime !

Tout à coup la porte s'ouvrit bruyamment et, pâle comme la mort sous un grand chapeau de feutre, Raoul apparut dans le salon.

Sa plus jeune sœur, effrayée de le voir si sombre, jeta un cri aigu. Il s'avança vers elle et balaya d'une main convulsive tous les nœuds de rubans dispersés sur la table.

Puis se tournant vers la femme de chambre, il saisit la robe de sa fiancée et la déchira.

Madame de Marcilly était atterrée.

— Vous êtes fou ! cria-t-elle à son fils.

Raoul jeta la robe à ses pieds.

— Blanche n'est pas morte! dit-il en passant ses mains sur ses yeux.

Il se fit autour de lui un silence solennel ; tout le monde semblait l'écouter encore.

Le silence fut suivi d'une rumeur sourde. Et tout à coup Marguerite alla se jeter dans ses bras.

— Dieu soit loué! dit-elle avec un accent de cœur.

— Marguerite! s'écria Raoul, qui n'avait pas vu la pauvre fille.

Et, comme il la regardait avec une tendre pitié en maudissant son délire, Marguerite ramassa la robe de satin et voulut aussi la déchirer ; mais ses mains défaillantes retombèrent sans force.

— Oh! non! dit Raoul en la pressant dans ses bras. Pardonnez à mon égarement! Dieu m'est témoin que je ne voulais point vous offenser. Je n'ai pu voir sans m'irriter ces parures de fête quand Blanche est vivante au fond d'une tombe.

La mère et les deux sœurs de Raoul l'entouraient alors et se regardaient avec terreur.

Il raconta d'une voix haletante comment il avait vu Blanche au château.

Marguerite regarda encore une fois sa robe de mariée et sortit en silence.

II

Pâle et brisée, Marguerite alla se jeter aux pieds de son père, qui soupait avec Pluviôse.

— Mademoiselle de la Chesnaye n'est pas morte ! dit-elle en levant ses yeux hagards.

Le septembriseur s'anima soudain ; Maillefer s'imagina que sa fille était folle.

— Elle n'est pas morte ! s'écria Pluviôse tout éperdu.

— Raoul a vu Blanche, reprit-elle d'une voix étouffée, elle n'est pas morte !

— Blanche ! Je l'ai vue mourir, dit Pluviôse.

— J'ai prié Dieu sur son cercueil, dit Maillefer.

— Elle dormait ; elle est sortie du cercueil ; Raoul l'a vue et l'a touchée.

— Raoul ! Raoul ! murmura Pluviôse en agitant les mains comme pour le renverser à ses pieds.

— Pourquoi t'agenouilles-tu ainsi devant moi ? dit Maillefer à sa fille en voulant la relever.

— J'ai une grâce à vous demander, mon père : puisque mademoiselle de la Chesnaye n'est pas morte, dispensez Raoul de m'épouser.

Marguerite voulait dire : *Dispensez-moi d'épouser Raoul.*

La figure du cabaretier s'attrista. Marguerite regardait son père avec angoisse; sur les traits rembrunis de Maillefer, elle cherchait le mot qu'il allait répondre. Ce silence de quelques secondes fut un siècle pour sa pensée.

III

Quand Pluviôse arriva au château, la vieille gouvernante finissait de souper. La pauvre femme, voyant sa mine sauvage et son costume étrange, s'imagina les choses les plus lugubres. Malgré son épouvante, elle le pria de s'asseoir.

— Où est Blanche? demanda Pluviôse d'une voix sombre.

— Blanche! Hélas! mon cher monsieur, vous ne savez donc pas que nous avons eu le malheur de la perdre?

— Où est Blanche! reprit Pluviôse en frappant du pied et en jetant à la vieille un regard terrible.

— Dans la tombe.

— Où est-elle cette tombe?

La vieille voulut ne pas répondre, mais Pluviôse ayant saisi, sur la cheminée, un vieux chandelier de fer, comme pour le lui lancer à la face, elle murmura :

— Sous la chapelle... dans les caveaux...

— Prends cette lampe, vieille sorcière, et passe devant moi pour m'éclairer.

— Jamais je n'aurai la force. — D'ailleurs je n'ai pas les clefs.

Pluviôse, irrité, traîna loin du feu le fauteuil où était la vieille, revint à la cheminée, prit une grande bûche qui flambait bruyamment, et sortit du côté du parc en s'éclairant de cette torche redoutable.

Il rencontra la chapelle. Suivant l'ancienne coutume du château, la clef pendait au-dessus de la porte afin que tout le monde pût aller prier sans obstacle le jour et la nuit, la Notre-Dame de bon secours qui dominait l'autel.

Dans la chapelle, en cherchant la porte des caveaux, Pluviôse trébucha aux débris du confessionnal. Il fut pris d'une horrible colère, gravit les marches de l'autel, et d'une main irritée renversa tous les saints ornements.

Après avoir commis cette profanation, il tomba agenouillé sur le marbre et demanda pardon au ciel.

Et, comme il levait les yeux, il vit, aux lueurs changeantes de sa bûche de chêne, deux candélabres de chaque côté de l'autel. Il en alluma les cierges, et, s'avançant vers la porte des caveaux, il s'écria :

— Morte ou vivante, je vais l'apporter dans cette chapelle ; vivante, je l'épouse à la face de ces divines images ; morte, je m'attache à sa dépouille et je me laisse mourir sur ses ossements !

Ne pouvant ouvrir la porte des caveaux, il la brisa.

Pareillement il brisa la grille séparant les morts des vivants. D'abord il perdit la tête à la vue de tant de tombeaux, une soudaine terreur le saisit ; cet homme plein d'audace, qui se fût lancé sans crainte contre toute une armée, eut peur des morts.

Pour un instant, il lui sembla que tous les tombeaux rangés devant ses yeux renfermaient ses illustres victimes ; — il se détourna, puis se détourna encore. — Toujours des tombeaux.

Il lui semblait qu'un linceul de glace tombait et retombait sur lui ; il était défaillant, la lumière tremblait dans ses mains, une sombre pâleur altérait sa figure.

— Suis-je emprisonné parmi ces tombes ? se demanda-t-il en repoussant ses cheveux qui l'aveuglaient.

Son imagination égarée lui retraça les scènes sanglantes qui avaient souillé sa vie, et il s'agita comme un criminel qui lutte avec ses remords.

Tout à coup il recula de quelques pas.

— Non ! non ! s'écria-t-il, je ne veux pas mourir !

Il avait vu le cercueil vide de mademoiselle de la Chesnaye.

Et, la raison lui revenant :

— Elle n'est donc pas morte ! cria-t-il avec une joie sauvage.

Il détourna le linceul à diverses reprises, le pressa amoureusement de ses mains et de ses lèvres. Il sortit enfin de la chapelle pour aller à la recherche de Blanche. La petite chambre où avait soupé la vieille était déserte à son tour. Il s'arrêta indécis devant la fenêtre, et leva les yeux, comme pour demander au ciel où était mademoiselle de la Chesnaye. Il vit alors glisser une lumière dans une aile du château qui, depuis tantôt un siècle, n'avait pour habitants que les oiseaux de proie.

IV

Dans sa chambre, Marguerite versa d'abondantes larmes ; l'orage de la douleur éclatait en son âme ; elle était tombée agenouillée devant une grossière image coloriée représentant Jésus crucifié.

— O mon Dieu ! dit-elle en sanglotant, il faut donc que je meure aussi !

Et elle regardait d'un œil désolé l'armoire de chêne qui renfermait ses robes et ses parures, elle regardait le lit où tant de fois elle s'était endormie et réveillée toute palpitante d'amour, et la fenêtre où le matin elle s'appuyait en essayant de ressaisir ses songes envolés.

— Hélas ! reprit-elle dans un moment de désespoir, que ne suis-je morte avec Raoul !

Et elle maudit Camille Desmoulins d'avoir sauvé son amant. Mais bientôt elle eut un éclair de joie en pensant que sa mort serait une délivrance pour Raoul.

— Pauvre folle que j'étais ! comment ai-je pu me bercer un seul instant de l'espoir de devenir sa femme ? — Mais le jour du mariage je serais morte de joie ! — Non, il est écrit au ciel que ma vie se passera dans la douleur ; j'ai vingt ans, et déjà je suis lasse de souffrir ; je vais me reposer dans la mort.

Elle écrivit à Raoul ; en écrivant elle pleurait. Les lettres d'adieu sont des lettres semées de larmes, et je regrette de ne pouvoir dire : durant deux heures Marguerite pleura à Raoul.

« Raoul, quand vous lirez cette lettre, Marguerite
« sera morte ; ma destinée l'a voulu, on se débat vai-
« nement contre sa destinée. Accordez-moi une
« larme, mais ne me plaignez pas ; j'étais mal à
« l'aise dans ce monde, je pars sans regret. S'il y
« avait encore des couvents, j'irais m'enfermer dans
« quelque cellule bien sombre, et je passerais le

« reste de ma vie dans ma douleur, qui m'est
« douce, dans mes souvenirs et dans l'amour de
« Dieu. Depuis une heure je rêve cette volupté
« amère d'user mon pauvre corps dans la souf-
« france, d'apaiser mon cœur par le cilice, d'amor-
« tir mon front sur le marbre d'un autel solitaire.
« Mais il n'y a plus de couvents, et je n'ai de refuge
« que dans la mort ; ce sera plus tôt fini. Encore,
« si j'étais bien sûre que ma mort fût une déli-
« vrance pour vous, si j'étais bien sûre d'emporter
« dans mon triste voyage un regret, une larme !...
« Ma vie a été mauvaise : quand j'ai commencé à
« bégayer le nom de ma mère, ma mère est morte ;
« durant mes jeunes années, j'ai été toute seule,
« malgré l'amour de mon pauvre père ; j'étais gaie,
« vive, folâtre, je riais, je chantais, je dansais ;
« mais, au fond de moi-même, je ressentais déjà les
« premières atteintes du malheur ; c'était comme un
« pressentiment. Souvent, après un clair éclat de
« rire, je soupirais sans savoir pourquoi ; plus d'une
« fois je me suis enfuie dans un coin pour cacher
« mes larmes ; je trouvais déjà un charme étrange
« à pleurer. Mon pauvre père ne voyait pas que je
« souffrais au milieu de ce cabaret, tout retentis-
« sant de mauvaises paroles. D'abord j'écoutais avec
« une grande curiosité ; peu à peu mon cœur s'est
« révolté, et toutes les mauvaises paroles ont été
« pour moi autant de flèches empoisonnées. Je

« n'osais le dire à mon père, et je souffrais toute
« seule. Quand on souffre à deux, on ne souffre pas.
« Enfin, un dimanche, c'était un beau jour! votre
« amour est venu me consoler ; mais à peine étais-
« je à votre cœur, car j'ai été jusque-là, que made-
« moiselle de la Chesnaye vous est apparue pour
« m'en chasser. Elle a pris ma place ; je me suis
« vengée d'elle en prenant la sienne dans la prison
« et dans le tombeau. Pardonnez-moi cet orgueil,
« Raoul. »

Ces quatre dernières lignes étaient à demi effa-
cées par un trait de plume.

« Je vous dis que ma vie a été mauvaise, Raoul :
« quel mensonge ! — O mon Dieu, pardonnez-moi !
« N'ai-je pas eu sur la terre les joies du ciel ? Ne
« vous ai-je pas aimé, Raoul ?

« Je n'ai été vraiment malheureuse que depuis
« votre promesse de mariage. Je savais bien que
« cela était impossible, je pressentais que votre sa-
« crifice ne serait point consommé, et pourtant vo-
« tre sacrifice m'accablait.

« Je me suis préparée pour la mort comme pour
« un jour de fête. C'est, en effet, un jour de fête
« que j'attendais depuis longtemps. D'abord, c'était
« sur la guillotine que je voulais mourir ; ensuite,
c'était le jour du mariage, en descendant de l'au-
« tel ; enfin, je vais mourir dans un tombeau..

« Hélas! si vous n'aviez déchiré ma robe de ma-
« riée, je l'eusse mise pour la mort... De tristes
« épousailles!... Vous m'avez fait bien du mal,
« Raoul, en déchirant cette robe! Était-ce ma faute?
« Mon père voulait ce fatal mariage, il voulait que
« la réputation de notre famille fût préservée des
« mauvaises langues. Ce vœu n'a pu être accompli.
« Plaignez mon père et consolez-le jusqu'à sa der-
« nière heure.

« Je voulais ne vous écrire que deux lignes, et
« voilà que j'oublie de m'arrêter. Pardonnez-moi
« tout ce bavardage : je suis une femme ; et puis je
« vous parle pour la dernière fois. Peut-être nous
« verrons-nous au ciel.

« Vous vous souvenez de ce petit flacon d'opium
« que j'ai découvert à l'Abbaye ; j'ai bien fait de le
« garder. Au fond du cœur je pressentais que c'é-
« tait une bonne nouvelle ; c'était l'héritage d'une
« mourante, c'était un don de malheur : pour moi
« n'était-ce pas la meilleure chose du monde ?

« Adieu, Raoul, que ne puis-je dire : Au revoir!
« Blanche n'a que vous au monde, aimez-la tou-
« jours. Dans vos longues soirées d'hiver, parlez
« quelquefois ensemble de moi.

« Au printemps, quand refleuriront les mar-
« guerites, allez en cueillir dans le jardin de mon
« père.

« Adieu, adieu.   Marguerite Maillefer. »

Après avoir écrit ainsi, Marguerite pria Dieu et se coucha, elle dormit quelques heures.

— Je me croyais déjà morte, dit-elle en rouvrant ses beaux yeux ; pourquoi me réveiller encore ?

Elle mit une robe de mariée, elle emporta sa couronne, et se prit à tresser ses cheveux.

— Cette fois c'est pour la mort, dit-elle avec un triste sourire.

Elle cacha sa tête dans une cape de soie brune, elle couvrit ses frileuses épaules d'un manteau de drap, et s'avança vers la porte de sa chambre.

— Hélas ! dit-elle, si le Seigneur daignait me laisser revenir ici par quelque belle nuit d'été, quand le vent apporte par la fenêtre le doux parfum des roses !...

Comme elle descendait l'escalier, elle s'arrêta tout d'un coup et revint sur ses pas. Elle avait déposé dans une vieille chiffonnière son petit flacon d'opium :

— J'avais un pressentiment que cela me servirait.

En ouvrant la chiffonnière, une douce odeur de fleurs fanées la fit renaître à ses beaux jours.

— Ah ! dit-elle, avec un triste sourire ; et les bras lui tombèrent.

Elle retourna à la porte, jeta un dernier regard dans sa chambre, et redescendit l'escalier en soupirant. Jacques Maillefer dormait ; malgré sa crainte de l'éveiller, elle alla jusque devant son lit. D'abord la nuit l'empêcha de voir son père; peu à peu la première lueur du matin déchira l'ombre comme par une grâce de Dieu : elle entrevit la tête de Maillefer paisiblement renversée sur l'oreiller.

Elle eut un déchirement de cœur et chancela dans son triste dessein.

— Il va rester seul, pensa-t-elle; Dieu me punira de l'avoir abandonné.

Et en réfléchissant :

— Non, non ! il faut mourir ou épouser Raoul ; mon pauvre père l'a dit lui-même; il faut donc mourir.

Et elle embrassa doucement le front paternel.

— Vous ne serez pas seul, père; la vertu vous demeurera.

Maillefer s'agita : une larme brûlante venait de tomber sur son front.

Marguerite s'enfuit. En déverrouillant la porte de la maison, elle ne put arrêter un sanglot.

Elle s'enfuit au château de la Chesnaye. Le château fut la dernière chose qu'elle vit sur son chemin : durant toute sa course ses regards poursuivirent dans l'ombre les images confuses de Raoul et de Blanche ; elle se croyait déjà dans la nuit éternelle.

Elle arriva au château toute haletante et tout éperdue.

Comme elle allait vers le perron, elle vit par la fenêtre de l'oratoire, à la lumière pâlissante d'un candélabre, Blanche, et aux pieds de Blanche, à demi voilé par l'ombre du prie-Dieu, un homme agenouillé avec amour. C'était Pluviôse. Marguerite crut que c'était Raoul.

— Toujours Raoul et Blanche! dit-elle douloureusement.

Elle passa dans le parc.

— Elle n'est pas morte! C'est donc bien vrai! La voilà revenue pour me chasser!

La pauvre fille faillit maudire sa rivale.

— La maudire! où avais-je donc le cœur?

Elle arrivait devant la chapelle, dont la porte était ouverte à deux battants.

— Voyez, dit-elle, en souriant avec amertume, la mort m'attend, la porte de ma tombe est déjà ouverte.

Avant de franchir le seuil, elle regarda une dernière fois avec avidité le ciel et la nature.

Le ciel était clair, la nature était morne; le soleil allumait l'orient, la neige blanchissait la tête des montagnes.

Elle entra dans la chapelle. Tout y était en désordre, les ornements de l'autel gisaient éparpillés sur les dalles de marbre. Comme elle se demandait d'où venait cette nouvelle profanation, elle s'aperçut avec une triste joie que la porte de l'escalier des caveaux était renversée sur le seuil.

Elle rejeta sa cape et son manteau, et descendit avidement. L'humidité la saisit et la glaça ; l'obscurité des voûtes lui sembla un ample linceul.

— O mon Dieu ! dit-elle en frissonnant, descendre vivante dans le tombeau !

Elle eut peur et voulut remonter ; mais en cet instant elle vit, en dépassant une arcade, la lumière des deux lampes qui brûlaient éternellement dans cette grande sépulture : elle avança.

Comme la porte de la chapelle, la porte du mausolée était ouverte à deux battants.

— Oui, Dieu permet que je meure, puisque je ne rencontre aucun obstacle.

Elle s'avança vers les deux lampes. En approchant, elle découvrit le cercueil de mademoiselle de la Chesnaye à demi caché sous le linceul larmé d'argent.

— C'est là qu'elle dormait, et c'est là que je vais me coucher. O Seigneur ! faites que mon sommeil soit long ! — Une horrible sépulture ! reprit-elle en voyant des tombes de tous côtés. Que ne suis-je allée mourir dans le cimetière d'Armagny ! mes yeux se fussent fermés en voyant le ciel. Ici les morts sont emprisonnés ; là-bas ils sont libres, ils sont plus près des vivants, ils entendent le bruit des pas, des orages, du vent et de la pluie ; ils sentent l'hiver et l'été ; ils ont un jardin au-dessus d'eux ; ils se métamorphosent en herbes et en fleurs ; ici, au-dessus des morts, il y a des pierres. — J'étouffe ! Il faut que je revoie le soleil.

Marguerite prit une des lampes, d'une main émue, et retourna vers l'escalier. En marchant, son pied rencontra la tombe en pierre destinée par Jacques Maillefer à mademoiselle de la Chesnaye.

— O mon père ! dit-elle en passant la main sur l'épitaphe, c'est mon nom qu'il fallait inscrire là.

Elle tomba plus avant dans sa douleur, et, oubliant son désir de revoir le soleil, elle mit sa couronne de mariée sur son front, saisit son flacon, en arracha le couvercle d'une main convulsive, et but l'opium avec de la joie et de la frayeur.

— Tout est fini ! dit-elle en chancelant.

L'écho des voûtes, qui ne s'éveillait qu'à de longs intervalles, répéta tristement ces dernières paroles des moribonds : Tout est fini !

Elle retourna devant le cercueil. En la voyant si blanche dans cette sombre solitude, on eût dit le spectre d'une vierge.

Elle déposa la lampe sur le piédestal, et respira comme après une longue course !

Hélas ! une longue course !

S'étant agenouillée, elle pria. — Alors, l'écho redisant ses prières, elle s'imagina qu'elle assistait à son enterrement. Elle eut horreur de la mort et voulut s'enfuir, mais la mort ne lâche point sa proie, la mort était là devant elle, et déjà sur ses épaules elle sentait les mains glaciales qui ne se réchauffent jamais.

Elle eut à peine le temps de se coucher dans le cercueil.

En vain elle tendit la main pour attirer le linceul sur son corps tout frissonnant.

— Adieu! dit-elle d'une voix éteinte.

Une voix éteinte dit comme elle :

— Adieu!

V

Après avoir reperdu la trace de Blanche, Raoul avait vainement supplié le vieillard, à son arrivée dans l'oratoire, de lui dévoiler le mystère qu'il cherchait vainement à violer. Après les prières, il avait sans plus de succès essayé de la violence. Le vieillard s'était élevé au ciel, dans une pieuse extase, et rien ne pouvait alors le ramener sur la terre. La colère, l'effroi, la douleur avaient encore une fois égaré Raoul, et il s'était enfui vers Armagny, dans le vague dessein d'ouvrir son cœur à Maillefer, et de l'appeler au secours de Blanche, mais auparavant il voulut embrasser sa mère encore une fois.

Dans le salon de sa mère, aussitôt que Marguerite

fut sortie, il tomba dans un spasme des plus violents, il fallut le porter dans son lit. Madame de Marcilly passa la nuit à le veiller.

Il avait le délire jusque dans son sommeil ; il se débattait avec les plus mauvais songes : tantôt il poursuivait le fantôme de Blanche, tantôt il se croyait enfermé dans une tombe de pierre ; il voyait la mort dans toute sa hideur : les vers venaient le visiter en son dernier gîte ; il voulait les arracher de son cœur et de ses yeux : la mort enchaînait ses mains.

Durant toute la nuit, il fut en proie à ces terreurs.

Aux premières clartés du matin, il s'imagina d'abord qu'il sortait de la nuit du tombeau. Peu à peu, à la vue de sa mère, qui dormait depuis une demi-heure, il redevint presque raisonnable ; il pensa à ses songes, il pensa à Blanche ; et tout à coup se ressouvenant confusément des choses étranges de la veille, il se jeta hors de son lit, s'habilla en toute hâte et partit pour la Chesnaye.

En s'éveillant, la pauvre mère s'en alla, sur les indices d'une servante, prier Maillefer de courir au château.

Le cabaretier s'empressa de se lever. Il était désolé, soit qu'il eût un pressentiment des malheurs de ce mauvais jour, soit qu'il se souvînt des peines de Marguerite. Il suivait tristement le chemin du château, en homme compatissant qui va assister à une scène de deuil. Il marchait, sans le savoir, plus vite que de coutume ; il était entraîné par les fascinations du malheur, il était chassé par le mauvais souffle du destin.

En descendant la montagne d'Armagny, il regretta de ne point avoir embrassé sa fille avant de partir. En arrivant au bois de la Chesnaye, il lui vint la pensée que Marguerite était au château ; et quand il vit dans le brouillard les tours massives du portail, son cœur fut oppressé, de sinistres idées traversèrent son âme.

Quand Raoul arriva devant le donjon, son regard avide erra partout : d'abord il vit les arbres de la cour, les colonnades du perron, et, tout à coup, dans un coin désert, le cheval blanc de Pluviôse, ou plutôt le cheval de l'infortuné comte de la Chesnaye.

Le noble animal, encore tout harnaché, avait vainement henni et frappé du pied durant toute la nuit, pour demander son ancien gîte ; il arrachait, d'une dent distraite, l'herbe encadrant les pavés.

Comme Raoul le regardait avec compassion, il vint à sa rencontre, et le salua par un hennissement lugubre. Raoul, touché jusqu'aux larmes, le flatta de la main, et lui parla comme à un ami.

Mais, au même instant, il pensa à Pluviôse.

— Le septembriseur ! dit-il en grinçant des dents.

Il s'élança vers le perron ; dans sa course, ses yeux,

qui voyaient tout, s'arrêtèrent effarés sur la fenêtre de l'oratoire.

C'était une fenêtre ogivale, chargée d'ornements. Les vitraux représentaient une scène de la Passion. Dans le ravage du donjon, l'un des battants du vitrage avait été fort endommagé; ce fut par là que Raoul vit Pluviôse. Il courut sous la fenêtre et s'aperçut avec désespoir qu'elle était à douze pieds du sol. Il tendit les bras, comme pour s'envoler; il essaya de grimper à la muraille, il voulut jeter des pierres pour attirer le septembriseur; enfin il lui vint le dessein plus sage d'aller à l'oratoire par le véritable chemin. En trois bonds, il fut dans le vestibule, dans la grande salle des portraits, à la porte de l'oratoire. Cette porte était fermée à l'intérieur, et il s'épuisa en vaines secousses pour l'ouvrir; il eut beau frapper des pieds, s'arracher les mains, appeler le ciel à son secours, la porte resta close.

De guerre lasse, il se mit à écouter avec angoisse: il entendit le rire moqueur de Pluviôse, et, au travers des éclats de ce rire qui le jetait dans une démence furieuse, il crut entendre des gémissements étouffés.

Alors ne se possédant plus, il se remit à frapper.

— Qui est-ce qui s'amuse à faire tant de tapage? cria Pluviôse.

— Ce n'est point un lâche comme toi, cria Raoul d'une voix brisée; c'est un homme qui veut punir un monstre!

— Tout beau, mon mignon ! prends un peu de patience ; dans quelques heures, le monstre accueillera mieux tes fanfaronnades. Pour le moment, il est retenu dans la chambre du bon Dieu par un devoir suprême. Va te promener plus loin.

Raoul tâchait de saisir, parmi ces paroles, une plainte, un soupir, un souffle de Blanche; mais il n'entendait pas, soit que la voix sonore de Pluviôse couvrît tous les autres bruits, soit que mademoiselle de la Chesnaye fût évanouie.

— C'est qu'elle n'est pas là, dit Raoul.

Il s'éloigna comme un fou, de la porte fatale de l'oratoire. Il avait les yeux hagards, la figure violette, les cheveux hérissés, les mains sanglantes; la fièvre, la colère, la douleur et l'amour le dévoraient.

— O mon Dieu ! s'écria-t-il en se retournant vers l'oratoire, si Blanche est dans cet oratoire ouvrez-moi cette porte, ou abîmez-moi.

Il eut envie de se briser la tête sur une des colonnes de la grande salle; mais il lui vint l'idée d'arriver dans l'oratoire par la porte cachée qui s'ouvrait dans les caveaux. Et, sans songer au détour qu'il lui fallait prendre, aux obstacles qu'il devait rencontrer, il saisit ardemment cette idée, comme le naufragé sa dernière planche de salut.

Il s'élança avec une rapidité surhumaine, et ne s'arrêta qu'à la vue du cercueil de Blanche. Les lampes y jetaient leurs reflets mourants comme de tristes adieux.

Il voulut passer outre, mais il tomba involontairement agenouillé devant le cercueil.

Ayant vu la pâle figure de Marguerite, à demi voilée par ses cheveux noirs, il jeta un cri déchirant.

— Où suis-je? ô mon Dieu ! dit-il en se frappant le front.

Il écarta les cheveux d'une main convulsive, et sa tête égarée tomba sur le front de Marguerite.

— Blanche ! — Réveillez-vous, ma Blanche adorée ! réveillez-vous encore, et je ne vous laisserai plus dormir que sur mon cœur. — Blanche, réveillez-vous !

Raoul releva la tête et regarda la morte d'un œil hagard.

— Marguerite ! s'écria-t-il en éclatant de douleur.

Il souleva le linceul :

— Marguerite à la place de Blanche !

A peine eut-il dit ces mots, qu'il entrevit dans une des mains de Marguerite la lettre qu'elle lui avait écrite durant sa dernière nuit.

Raoul arracha cette lettre et la dévora du regard, à la morne clarté des lampes.

Puis, se penchant encore au-dessus de Marguerite :

— Hélas! elle a été l'ange gardien de Blanche; elle n'est venue en ce monde que pour la protéger; sa pauvre vie s'est usée en sacrifices pour l'orpheline. O Marguerite, vous êtes la plus généreuse et la plus noble des femmes! Vous vous êtes dévouée jusque dans la mort. Blanche avait pris votre place dans mon cœur, et pour vous venger vous avez pris en ce monde toutes les mauvaises places de Blanche; elle a pris votre vie et vous avez pris sa mort. Dieu vous bénisse et vous garde en son sein comme je garderai votre chère souvenance en mon cœur!

Toutes ces pensées s'agitaient confusément dans l'âme de Raoul pendant qu'il contemplait en silence la face blanche de la morte.

Malgré l'effet du poison, malgré les débats de la vie contre la mort, Marguerite s'était doucement endormie dans l'éternel sommeil. Sa bouche décolorée était souriante à demi; il semblait qu'elle vît le ciel à travers ses paupières closes.

Le dernier moment de la vie est doux aux pieux; ils se défont des chaînes terrestres, ils entrevoient déjà la terre promise, ils ont la joie de l'oiseau captif qui s'échappe de sa prison, la joie du naufragé qui touche au rivage. C'est un solennel moment; ils rayonnent de la lumière divine, ils s'élèvent de la forêt touffue des mauvaises passions, ils foulent du pied les misérables vanités de ce monde; ils ont enfin la science de la vie, car Dieu a déjà parlé à leurs âmes.

Marguerite était morte en songeant qu'elle ne serait point exilée de la terre promise : sa vie était sans taches, et elle n'avait qu'un pardon à demander à Dieu, le pardon de sa mort.

— La pauvre fille! dit Raoul en l'embrassant avec enthousiasme, comme sa route a été semée de larmes!

Un sourd gémissement s'éleva sous ces voûtes.

Raoul se retourna, et ses paroles retentirent dans son âme :

« Bienheureux ceux qui passent leur vie dans les larmes! »

Et, se ressouvenant tout à coup de Blanche, qui était peut-être la proie du septembriseur, il courut enfin à la porte de l'oratoire; mais, comme la bête affamée qui s'enferme avec sa victime, Pluviôse s'était enfermé avec mademoiselle de la Chesnaye.

VI

Raoul retourna sur ses pas, plus désolé et plus éperdu. En repassant devant le cercueil il se sentit mourir; sans une confuse espérance, il tombait à côté de Marguerite. Tout à coup il s'arrêta : son regard errant avait suivi le reflet lointain des lampes sépulcrales; il avait vu le vieux prêtre agenouillé dans un coin devant la tombe de mademoiselle de la Chesnaye.

Il alla vers lui.

— O mon Dieu! c'est vous! dit-il sans savoir ce qu'il disait.

— Oui, mon enfant, c'est votre vieux curé qui est à l'heure de sa mort; encore quelques instants de souffrances, et tout sera fini. Ce matin, j'ai pressenti ma fin, j'ai vu la mort à mon lit. J'ai voulu revoir Blanche, que je croyais ici, et je suis venu tomber dans ce lit mortuaire d'où je ne sortirai point.

Le vieillard reprit son souffle.

— Je n'ai pu revoir Blanche; j'ai vu Marguerite, qui s'est sacrifiée. En vain, j'ai voulu la secourir, j'ai voulu l'empêcher d'accomplir son mauvais dessein; l'heure était venue pour elle, car Dieu ne m'a rendu ni force ni parole pour lui commander de vivre.

Comme le vieillard essayait de relever la tête, Raoul lui tendait les mains.

Et, pensant toujours à délivrer mademoiselle de la Chesnaye, il voulut s'élancer hors des caveaux, mais le vieillard qui se ranimait :

— Écoute-moi, mon enfant ; il faut que tu m'écoutes ; dans quelques minutes, il serait trop tard : Blanche n'est point morte. Le lendemain de son enterrement, comme je priais ici pour le repos de son âme, j'ai entendu un gémissement ; tout à coup le cercueil s'est ému, les planches ont résonné, enfin le couvercle s'est levé, et la ressucitée, toute pleine d'épouvante, est sortie comme par un divin miracle.

Le vieillard laissa retomber sa tête.

— Mais elle avait perdu son âme, reprit-il d'une voix plus faible ; elle était tout à la fois morte et vivante ; pauvre folle, elle était transportée d'un esprit céleste. Elle gardait toujours ses vêtements funèbres, elle dormait souvent dans son cercueil. Mais si elle était folle, c'était une noble et sainte folie : la pauvre fille se croyait dans le ciel, elle racontait ses joies parmi les anges, elle s'imaginait qu'elle ne reparaissait sur la terre que comme les revenants... Pourquoi ne t'ai-je pas tout dit, à toi...

Le vieillard baissa son front sous le repentir.

— Pour la sauver des républicains, la pauvre fille noble, j'ai dit à tous qu'elle était morte. J'espère en l'inépuisable miséricorde de Dieu...

Le prêtre tendit les bras vers Raoul, qui déjà avait dépassé la porte massive des caveaux.

— Raoul, mon enfant, je n'ai point tout dit...

Raoul n'entendait plus.

Quand on descendit plus tard sous les voûtes sépulcrales le vieillard était mort.

Raoul arriva dans la cour, en traînant une échelle d'une main défaillante. Il vit un groupe agité sous la fenêtre de l'oratoire. C'était Maillefer, c'étaient quelques bûcherons attirés au château par la curiosité. Un grand nombre d'hommes et de femmes d'Armagny s'avançaient en désordre dans l'avenue. Le bruit s'était répandu que mademoiselle de la Chesnaye n'était point morte, et chacun voulait la voir, chacun voulait descendre en ce mystère ; d'ailleurs Pluviôse était là, et les fanatiques et les vagabonds espéraient encore une heure de pillage.

En entendant leurs sauvages clameurs, l'horrible amoureux de Blanche se mit à la fenêtre comme un homme qui vient d'entendre un éclat de tonnerre et qui pressent un orage.

VII

On se souvient peut-être que Pluviôse, allant à la recherche de Blanche, avait vu briller une lumière dans une aile délaissée du manoir. Il était minuit, le silence de la mort régnait en cette vaste solitude. Pluviôse traversa plusieurs salles désertes, monta un escalier en spirale, et surprit la vieille gouvernante au moment où elle fermait la porte d'une petite chambre. Il repoussa la pauvre vieille dans cette chambre, et à peine eut-il franchi le seuil qu'il vit un lit caduc encapuchonné dans des lambeaux de damas jaune. Il se jeta contre le lit, arracha violemment le rideau, et laissa tomber ses mains à la vue de Blanche qui sommeillait.

— La voilà, dit-il en soupirant.

Son regard de tigre s'adoucissait dans l'amour; sa figure brutale se voilait de tendresse; la vieille n'avait plus peur de lui.

— Tu vois qu'elle n'est pas morte, vieille harpie ! reprit-il en regardant la gouvernante. Tu la dérobais au monde : que l'enfer te possède !

— Oh ! non, ma bonne vieille ; soyez bénie du ciel ! vous avez préservé Blanche des brigands.

Il se pencha au-dessus de l'orpheline :

— Elle dort du sommeil des anges! Aurai-je la barbarie de l'éveiller, moi qui suis son épouvante ! Quelle est belle ainsi! O mon Dieu! apaisez mon cœur, et ma bouche, et mes mains !

Il y avait tant de candeur sur la figure endormie de Blanche que cet homme souillé de débauche fut saisi d'une radieuse extase en la contemplant ; dans son âme, ravagée par d'impures amours, il retrouva une verte savane où il se reposa de ses crimes avec l'image de Blanche ; il retrouva un lac paisible où il vit se réfléchir le beau ciel sans nuage de sa première jeunesse. Il ne ressentait aucune bouffée de volupté. En voyant mademoiselle de la Chesnaye il n'avait que le désir de la voir encore et de la voir toujours. Il passa à la contempler le reste de la nuit, debout et immobile, distrait par le jeu fantasque des rêveries, égaré dans les ténèbres infinies de son amour.

La vieille avait allumé du feu, et elle priait devant l'âtre. De temps en temps Pluviôse allait se chauffer les pieds et les mains ; puis il s'en revenait en silence devant le lit.

Blanche, ensevelie dans un sommeil profond, ne s'éveilla qu'aux premières clartés de l'aurore ; elle murmura deux fois le nom de Raoul, comme si Raoul s'envolait avec ses songes. Alors Pluviôse, ranimé à la colère par ses noires jalousies, ne fut plus maître de ses actions : il se jeta avidement sur Blanche, la saisit, l'enlaça, l'étreignit et s'enfuit avec elle tout éperdu.

Il courait comme un insensé par les salles désertes du château ; Blanche jetait un cri mourant et semblait ignorer qui l'emportait ainsi. Dans l'oratoire elle s'échappa des bras du septembriseur, s'élança sur le prie-Dieu, et s'attacha de toutes ses forces à un des anges sculptés.

Pluviôse, calmé par la vue du christ et des saintes

images, tomba agenouillé devant Blanche, et lui demanda grâce d'un regard suppliant.

Elle détourna sa blonde tête avec épouvante.

— N'ayez pas peur, Blanche, ne craignez ni mon amour ni ma colère.

Blanche était défaillante.

— Si vous saviez tout ce que j'ai souffrt depuis un an! J'ai traîné après moi toutes les misères de la vie. Je vous croyais morte, et mille fois j'ai voulu mourir; mais la mort m'effrayait! Pour vous la mort est le ciel, pour moi c'est un abîme plein de sang et de feu. Je suis déjà la proie des furies de l'enfer, j'entends leurs cris, je les vois qui m'environnent et qui me menacent; quand je sommeille la nuit, elles m'arrachent le cœur. Ma vie est un supplice infini, dont la mort ne me délivrera point. Souvent, pour échapper à cette noire ceinture des furies, je m'élance sur mon cheval, et je m'enfuis à travers champs; mais je ne vois ni les arbres ni les ruisseaux; je vois sans cesse sur mon chemin, se dresser la hideuse guillotine, qui me tend ses bras rouges; je vois mon sang qui coule, je vois ma tête et mon corps qui tombent dans un cercle de feu, et je ne puis détourner mes regards.— Blanche, Blanche, ayez pitié de moi! je suis bien misérable!

Blanche étreignait toujours l'ange sculpté du prie-Dieu; ses lèvres pâles s'agitaient pour prier, mais elle ne priait pas.

— Blanche! Blanche! reprit Pluviôse, de grâce, un peu de compassion! N'ayez pas peur devant moi : je vous aime; je vous aime! un de vos doux regards, un de vos chastes sourires, une seule plainte de votre bouche, et je m'enfuis la joie dans le cœur pour toute ma vie.

Blanche se retourna tout à coup et lui jeta un regard méprisant.

— Je ne vous crains pas, lui dit-elle, Dieu veille sur moi, Dieu me préservera de vous.

Pluviôse bondit furieux.

— Je t'ai dit tout ce qu'il y a d'amour en moi, mais tu ne sais pas tout ce qu'il y a de colère!

— C'est votre colère que je veux, dit Blanche; soyez un tigre pour moi, déchirez mon corps en lambeaux, qu'importe mon âme est au ciel!

Alors Raoul secouait de toutes ses forces la porte de l'oratoire. Blanche jeta un cri d'espérance; mais, voyant Pluviôse saisir le sabre appendu à sa ceinture, elle gémit douloureusement. Le cri d'espérance s'était perdu dans les retentissements de la porte, le gémissement se brisa au cœur de Raoul.

Un morne silence suivit sa fuite dans les caveaux.

— Nul ne vous préservera de mon amour ou de ma colère, dit Pluviôse en lâchant son sabre; votre amant vient de venir, il s'en est allé comme il était venu. Les portes sont bien verrouillées; la fenêtre seule est à claire-voie, mais je suis là.

Le brigand était irrité : la colère étouffait l'amour en lui ; mais, s'étant remis en contemplation devant Blanche, sa fureur se calma tout d'un coup dans l'extase de son cœur.

Et, durant quelques minutes, le front penché, les bras tombants, le regard adouci dans une larme, il demeura silencieux devant Blanche.

Blanche le regardait avec égarement.

— Qui êtes-vous donc ? lui demanda-t-elle en le voyant pleurer.

Et elle lui tendit la main en signe de compassion.

Il n'osait toucher cette blanche main.

— Vous pleurez, lui dit-elle d'une voix attristée, vous pleurez ! qu'avez-vous donc ?

Pluviôse tomba agenouillé :

— Je pleure parce que je vous aime.

VIII

Cependant les curieux se répandaient dans la cour et dans les salles du donjon ; le plus grand nombre s'attroupait sous la fenêtre de l'oratoire, autour de Raoul et de Maillefer.

En vain Raoul avait essayé de dresser l'échelle sur

la balustrade, Pluviôse était survenu à propos pour repousser l'échelle.

Raoul n'osait parler à Maillefer dans la crainte de lui révéler la mort de Marguerite, et d'ailleurs il était si égaré par sa colère et par sa douleur qu'il ne pouvait que gémir.

— Où est Blanche? dit un des arrivants en secouant sa houppelande neigeuse.

— Il faut la voir, dit un autre d'un air décidé.

— La sournoise qui s'est fait enterrer! murmura le jeune maître d'école. Il ne faut jamais se fier à ces gens-là; ils vous disent : Je suis mort; et un beau jour les voilà qui reviennent comme midi à quatorze heures, sans tambour ni trompette.

— Je t'avais bien dit, citoyen Jean, qu'il y avait des revenants au château, dit un petit homme joufflu et jovial. Ces ci-devant ont tous les priviléges dans ce monde-ci et dans l'autre.

Pluviôse se pencha de nouveau sur la balustrade :

— En vertu de mes pouvoirs, je vous ordonne à tous de décamper au plus tôt. Je coupe la mâchoire au premier chenapan qui fera la grimace!

Raoul tendit les bras avec rage.

— Lâche! brigand! cria-t-il.

Ce cri fut étouffé dans une sourde rumeur.

— Nous chasser comme des enfants! murmurait la foule avec indignation.

— Jacques Maillefer avait levé la tête pour parler

à Pluviôse, quand tout à coup, à demi morte de terreur, la vieille servante, qui sortait de la chapelle, vint tomber au milieu des curieux.

— Je suis morte! dit-elle d'une voix éteinte; tout le monde est mort, M. le curé, Marguerite...

— Marguerite! s'écria Maillefer tout chancelant, morte!

— Oui, reprit la vieille, là-bas... sous les voûtes...

Le cabaretier traversa la foule comme à la nage et s'élança vers la chapelle.

IX

Pluviôse avait disparu de la fenêtre.

— O mes amis! dit Raoul en se tournant vers le peuple, ayez pitié de Blanche! ce brigand s'est enfermé avec elle dans l'oratoire; souffrirez-vous qu'il la profane lâchement? Arrachez-la de ses griffes de bête fauve.

Comme il parlait ainsi, mademoiselle de la Chesnaye, à peine vêtue d'un grand déshabillé de mousseline, à demi voilée par ses cheveux, apparut à la fenêtre et tendit ses bras avec égarement.

Raoul, soulevé par la colère et par l'amour, grimpa sur les épaules d'un bûcheron, saisit d'une main la balustrade et tendit l'autre à Blanche ; mais l'infortunée ne voyait rien, pas même Raoul.

Elle avait voulu se jeter par la fenêtre pour échapper à Pluviôse.

— Blanche ! Blanche ! lui criait Raoul avec délire.

Pluviôse, qui l'avait suivie à la fenêtre, la saisit par sa robe et voulut l'entraîner, mais la main de Blanche rencontra celle de son amant.

— Sauvez-moi ! lui dit-elle, arrachez-moi de ces bras qui me flétrissent !

Le septembriseur voulut repousser Raoul.

— Au moins, s'écria Blanche en saisissant la petite croix d'argent, le démon ne profanera point ce scapulaire.

Elle cassa le ruban, et la croix tomba sur la poitrine de Raoul.

Au même instant, Pluviôse asséna sur le bras de son ennemi un violent coup de poing qui le renversa sur le sol.

Blanche essaya encore, mais vainement, de s'élancer dans la cour ; Pluviôse l'emporta jusqu'au fond de l'oratoire.

— Tu as fait de moi une bête féroce ! dit-il en la dévorant des yeux ; jette-moi un mot, un seul mot de pitié, un seul regard de sœur, et toute ma fureur va tomber.

Blanche ne lui jeta qu'un cri d'horreur.

Des voix bruyantes retentirent dans la salle voisine de l'oratoire. Un grand nombre de paysans, émus par la vue de Blanche se débattant avec Pluviôse, s'étaient précipités dans le donjon à la suite de Raoul et assiégeaient l'oratoire pour délivrer l'orpheline.

Le monstre, qui pressentait que la porte ne le défendrait pas longtemps, se mit à rugir, maudissant les hommes, maudissant sa mère, maudissant Dieu.

— Tu ne veux donc pas fléchir? dit-il à Blanche, tu ne veux donc pas jeter un peu de compassion à mon cœur, qui demande de l'amour? — Sois maudite!

— Il vient! je l'entends! dit Blanche qui ne voyait plus le septembriseur. — Voilà Raoul! il va me sauver! — Raoul que j'aime tant.

Alors un éclat de porte tomba dans l'oratoire.

— Eh bien, dit Pluviôse en se levant, tu ne seras pas plus à celui que tu aimes qu'à celui que tu méprises! — A genoux! tu vas mourir!

— Raoul! Raoul! s'écria l'orpheline épouvantée.

— A genoux! reprit le monstre en la saisissant par les cheveux et en la renversant sur les dalles.

De grands cris retentirent par tout le château.

— Au secours! il va la tuer! au secours! criaient les assiégeants de la grande salle, qui ne pouvaient abattre la porte de l'oratoire.

Raoul dépensait en vain le reste de son ardeur;

il était au même instant dans la cour et dans la salle, assiégeant l'oratoire par la porte et par la fenêtre. A la fin la douleur, la colère, l'amour, l'avaient égaré; il perdait le sentiment des choses présentes; il agitait les bras, il croyait ainsi préserver Blanche.

Tout à coup Pluviôse reparaît à la fenêtre, la tête de Blanche à la main.

Et comme Raoul appelait toujours Blanche, il lui cria en rugissant :

— La voilà !

Raoul s'évanouit sur la neige.

Pluviôse était retombé dans la démence du crime; il écumait, il secouait sa crinière, il riait comme un démon.

Bientôt son œil s'anima d'une joie épouvantable; il leva au-dessus de lui la tête qu'il venait de couper, et s'épanouit dans une volupté infernale en recevant sur son front une rosée de sang.

Jamais figure humaine ne fut plus hideuse à voir.

La foule, restée sous la fenêtre, reculait en frémissant d'horreur.

Cette épouvantable orgie du crime dura plus d'une minute.

Quand Pluviôse eut atteint le délire du sang, il jeta à Raoul la tête de Blanche, pencha son front avec abattement, laissa tomber ses bras rougis, ferma ses yeux éteints et parut s'endormir.

À cet instant, un homme arriva de Paris et demanda Blanche.

— La voilà! lui répondit-on, en lui montrant la tête de la jeune fille.

Cet homme — c'était Mi-ré-fa-sol — se jeta à genoux et baisa avec adoration cette tête toute baignée de sang et de larmes.

X

Dans les caveaux, Jacques Maillefer demeura deux heures sans voix et sans larmes.

Il voulait en vain répandre sa douleur par les pleurs et par la parole : ses yeux étaient secs, et à peine si par intervalles quelques sanglots coupaient le morne silence de la sépulture.

Enfin il voulut s'arracher à ce triste et déchirant spectacle d'une fille adorée descendue si jeune au cercueil; il toucha pour la dernière fois de ses lèvres de père le chaste front de Marguerite.

— Oh! Marguerite, Marguerite! dit-il en se relevant, je n'avais que toi, et tu m'as abandonné.

Et quand il s'éloigna :

— Tout seul! reprit-il, tout seul! Mon Dieu! faites-moi donc mourir!

A la porte de la chapelle, en revoyant le ciel et le

soleil, en revoyant les grands arbres du bois et la montagne d'Armagny, il murmura :

— Tout est mort pour moi !

Et il retomba soudainement au fond de sa peine.

Comme il entendait des bruits confus venant du donjon, il s'enfonça dans le parc pour traîner solitairement sa douleur.

En sortant par une petite poterne en ruines, il entendit les rugissements du septembriseur ; et bientôt il vit le brigand qui se débattait comme un lion blessé sous la colère vengeresse de Raoul.

Il s'approcha involontairement. — La neige tombait en larges flocons sur les arbres dépouillés. — Un vent amer mugissait dans les branches tremblantes. — Il s'appuya contre un tronc d'arbre à demi renversé et contempla les deux terribles combattants avec une joie farouche. Pour toute arme Pluviôse n'avait que la poignée de son sabre, Raoul n'avait qu'une crosse de fusil ; mais tous deux étaient animés par ces fureurs ardentes qui ne s'apaisent que dans le sang. Les yeux mélancoliques de Raoul lançaient des regards de feu, le septembriseur avait des yeux d'hyène ; Raoul pleurait, il était beau dans sa colère ; le septembriseur rugissait, il était hideux.

Maillefer, loin d'arrêter le combat, semblait par ses regards encourager ces adversaires échevelés.

Tout à coup Raoul, qui avait déjà cassé le sabre

de Pluviôse, asséna au front du brigand un violent coup de crosse qui le renversa à ses pieds.

Il pensa que sa vengeance était finie, il regarda le septembriseur en respirant.

Mais au même instant le monstre se releva tout couvert d'écume, de sang et de neige, et il se précipita sur Raoul comme pour le dévorer.

Maillefer regardait toujours.

— Allez, allez, murmurait-il amèrement. Quand vous vous serez déchirés lambeaux par lambeaux, vous n'aurez point tant souffert que moi. O Marguerite ! qu'as-tu fait?

Cependant Raoul se défendait avec une bravoure surhumaine. Au choc du septembriseur il avait chancelé ; mais bientôt, ressaisissant toute sa force, il lutta encore.

Maillefer, qui les suivait toujours du regard, vit tomber sur la neige une rosée de sang.

C'était une chose terrible et solennelle que ce combat au milieu d'une nature morte, au milieu de ces bois déserts et dévastés par l'hiver.

Les deux redoutables champions luttaient en silence : quelle lutte et quel silence ! par intervalles, la brise passait en gémissant.

Pluviôse avait renversé Raoul, et dans ses bras d'athlète il essayait de le briser ; mais Raoul, l'ayant saisi par la chevelure, se débarrassa tout d'un coup.

Et, s'étant relevé avec son adversaire, il le foula du pied avec une joie d'enfer.

Raoul fit un bond, ramassa son arme funèbre, et s'élança à son tour sur le septembriseur.

— Blanche! vous êtes vengée! s'écria Raoul victorieusement appuyé sur la poitrine haletante du brigand.

Et il regardait le ciel comme pour remercier Dieu.

Mais tout n'était point fini : de sa main dure comme une main d'acier, de ses ongles aigus comme des griffes de bête sauvage, Pluviôse étranglait Raoul et lui déchirait la gorge.

Le malheureux enfant eut peur de succomber sans entraîner le monstre qui avait jeté à la fille la tête de son père et à l'amant la tête de son amante; il asséna avec toute la force du désespoir un nouveau coup au front de Pluviôse.

Après une agonie de quelques secondes, le septembriseur poussa son dernier rugissement.

Maillefer s'approcha enfin de ces deux ennemis acharnés qui avaient fait son malheur.

Raoul était tombé inanimé à côté de Pluviôse.

Le septembriseur, qui avait rugi pour la dernière fois, qui était mort comme toutes ses victimes, retenait encore Raoul par ses griffes sanglantes.

— Méchant jusque dans la mort! murmura Maillefer.

Il s'arrêta quelques minutes à contempler les deux amants de Blanche.

— Je suis plus malheureux que vous ! dit-il d'une voix sombre.

Raoul rouvrit ses yeux éteints et sourit avec pitié.

— Plus malheureux ! murmura-t-il en se dégageant de la dernière étreinte de son ennemi.

En ce moment, le bras de Pluviôse tomba dans son linceul de neige, et sembla dire à Raoul et à Meillefer :

— Le septembriseur a été dans ce monde et sera dans l'éternité le plus malheureux des trois !

Il y a une justice au ciel qui s'annonce déjà sur la terre.

Mi-ré-fa-sol survint alors armé de toutes les saintes colères.

— Ici encore!... Il est trop tard! dit-il, en prenant doucement la main de Raoul.

LIVRE XII

MI-RÉ-FA-SOL ET JEANNE-AUX-BLUETS

I

Les os de Pluviôse furent dispersés par les loups comme les os du comte de la Chesnaye.

L'insatiable guillotine, privée par Raoul d'un de ses pourvoyeurs les plus actifs, redemandait la tête du jeune marquis : ce fut à grand'peine que Maillefer la sauva encore une fois.

Maillefer mit dans le tombeau de sa fille mademoiselle de la Chesnaye. Ce fut un douloureux spectacle de voir le tribun prendre pieusement la tête de Blanche pour la réunir à son corps tout sanglant.

Raoul passa deux longues années au coin de l'âtre maternel, affaibli par toutes ces secousses de l'âme et du corps. Souvent, quand le soir revenait avec les mélancolies, il s'en allait sans but dans le bois de la Chesnaye, errant comme un fou par tous les sentiers perdus. A la vue du donjon il s'arrêtait tout d'un coup, et contemplait dans un sombre silence les ruines funèbres du château.

Enfin, ses douleurs apaisées, il secoua les chaînes du repos. Bonaparte se levait sur cette nuit de deuil comme un soleil éblouissant.

Ranimé aux éclats de cette jeune gloire, Raoul voulut en suivre la fortune. Bonaparte, qui le vit soldat en Italie, l'emmena capitaine en Égypte.

Bonaparte revint en France, mais Raoul ne revint pas.

A la mort des Girondins, Maillefer avait pleuré, à la mort de Camille Desmoulins, il lui vint un désespoir affreux : il se vit seul, sans amis sur cette grande mer Rouge de la révolution où il s'était embarqué sur sa foi ; et comme il ne voyait point la terre, mais qu'il voyait encore le ciel, où l'attendaient sa femme et sa fille, il voulut mourir.

Mais il survécut longtemps à tout ce qu'il aimait. A la seconde chute de Napoléon, il fut chassé de l'hôtel de ville d'Armagny, car il avait été renommé maire pendant les Cent-Jours. Quoiqu'il accusât l'empereur d'avoir tué la République, qui sans doute serait bien morte sans cela, il le regretta amèrement; il voyait tomber avec lui la gloire de la France. Dans Armagny, quelques vieillards demeurés fidèles au culte de la liberté, quelques jeunes enthousiastes s'inclinaient en voyant passer Maillefer en cheveux blancs dans la majesté du malheur.

Mais les nobles et les bourgeois voyaient avec horreur passer le jacobin.

— C'est un homme rouge, se disaient-ils à la sortie de la messe : que vient-il faire ici?

Maillefer allait à la messe prier Dieu pour ses ennemis.

— Mes enfants, disaient certaines mères, Dieu vous garde du jacobin! C'est un ogre qui mangerait de la chair fraîche, et qui vous mangerait s'il pouvait ramener la Révolution.

Et dans leur prière les enfants disaient :

— O Seigneur Dieu ! préservez-nous de l'homme rouge !

Maillefer mourut vers la fin de février 1830. Dieu ne lui fit point la grâce de réchauffer son front au coup de soleil révolutionnaire de Juillet. Il mourut après avoir légué aux pauvres ce qui lui restait.

En vain ses ennemis voulurent priver son corps de la sépulture des chrétiens. Le jour de son enterrement fut un grand jour pour Armagny.

Les royalistes espéraient que, hormis sa servante et son chien, nul ne suivrait sa dépouille au cimetière ; mais le peuple, soudainement ranimé au feu sacré qui avait soulevé ses aïeux pour la gloire (le peuple aussi peut dire maintenant mes aïeux), abandonna son travail et forma un glorieux convoi à ce grand cœur.

Le cercueil était, suivant la coutume, porté par les fossoyeurs ; mais, à la porte de l'église, des vieillards sortirent de la foule et se disputèrent l'honneur de porter Jacques Maillefer au cimetière.

Le silence fut profond et solennel. Arrivé à la fosse, un de ses vieux amis voulut parler, mais toute son éloquence se borna à ces quatre mots :

— C'ÉTAIT UN BRAVE HOMME.

Maillefer est enterré auprès de sa femme dans un coin du cimetière d'Armagny ; rien ne distingue sa fosse cachée sous les grandes herbes, tout étoilées, quand vient le mois de mai, de ces belles marguerites, — ci-devant reines, — comme il disait gaiement en les comparant à sa fille, la Marguerite plébéienne.

L'ancien cabaret est en ruine comme le château de la Chesnaye ; les deux puissances rivales sont abattues par cette toute-puissance qui s'appelle le Temps ou la Mort.

II

Et Mi-ré-fa-sol? Quand j'avais seize ans, ce fut lui qui m'apprit à jouer du violon.

C'était alors un beau vieillard un peu penché par le temps, — comme les arbres qui ont subi beaucoup de secousses, — un peu penché aussi par l'habitude de jouer du violon.

Tout en m'enseignant l'éloquence de la gamme, il m'apprit l'histoire que je viens d'écrire.

Déjà, d'ailleurs, la tradition toute vivante m'avait révélé les scènes les plus tragiques de ce drame révolutionnaire.

A Armagny, c'est encore le journal du jour.

— Mais vous? demandais-je à Mi-ré-fa-sol, que devîntes-vous alors?

— Ce que je devins? Écoutez ceci : J'arrivais de Paris, je croyais que Blanche était morte, et je la pleurais depuis longtemps, quand on vint me dire, — c'était Jeanne-aux-Bluets, — qu'elle était ressuscitée par miracle.

« Je courus au château.

« C'était le jour de sa vraie mort. Il n'y avait pas cinq minutes que Pluviôse avait, le sacrilége! coupé, comme avec la guillotine, cette adorable tête, qui était le chef-d'œuvre de la création.

« Je m'agenouillai dans la cour du château devant cette chère tête, et, dans l'égarement de ma douleur, j'y posai un baiser avec respect.

« Ce fut le second baiser de cet étrange amour; ce fut le baiser de la mort après le baiser du mariage.

« Je voulais venger Blanche, mais déjà Raoul avait tué Pluviôse d'une main vaillante.

III

Et, en me disant cela, le musicien se mit à pleurer.

— Et après? lui demandai-je.

— Après? je voulus mourir. Je revins me coucher avec une horrible fièvre, mais cette fois encore Dieu veillait sur moi par les beaux yeux de Jeanne-aux-Bluets.

— Et après?

— Tenez, voyez-vous là-bas cette bonne vieille en bonnet gothique qui joue avec ses petits-enfants au bord de la haie où ils cherchent des nids d'oiseaux? c'est Jeanne-aux-Bluets. Vous voyez bien ce que nous sommes, mais vous ne voyez pas ce que nous fûmes. Elle était bien jolie dans son temps!

— Donc, lui dis-je, vous l'avez épousée?

— Oui, et sans savoir qu'elle me consolerait de tout. Je ne l'épousais que pour elle, et ce fut mon bonheur que je signai, car, peu à peu, la bonne Jeanne, après avoir pleuré avec moi la pauvre Blanche, devint la vraie femme de mon cœur. La brave créature, elle me donna sept enfants qui ont peuplé cette petite maison de tant de petits-enfants que je ne les compte plus.

— Quoi! c'est Jeanne-aux-Bluets? disais-je avec distraction en regardant la grand'mère.

— Chut! ce n'est plus Jeanne-aux-Bluets, c'est Jeanne-aux-Épis, car elle a nourri toute la famille.

IV

Je me promis, dès ce temps-là, de conter cette étrange histoire si je savais un jour écrire.

Ce jour n'est pas venu, mais qu'importe le style du conteur quand le récit est dramatique! C'est là, que la vraie éloquence se passe de l'éloquence. Quand la vérité parle, elle se moque de la rhétorique. Ce sont ceux qui n'ont rien à dire qui cachent leur néant sous les belles phrases, comme la beauté mensongère sous les robes de brocard.

FIN.

TABLE

Prologue. — Le mariage ou la mort........ 1
Livre I — La girouette rouillée et les marguerites ci-devant reines........ 33
II — Pluviôse 58
III — A feu et à sang 89
IV — Les deux prisonnières............ 155
V — Le tigre amoureux............ 176
VI — La belle au bois dormant........ 191
VII — Raoul et Marguerite............ 196
VIII — La promesse de mariage............ 227
IX — Les visions................ 245
X — Le scapulaire................ 282
XI — Les épousailles................ 305
XII — Mi-ré-fa-sol et Jeanne-aux-Bluets.. 349

Paris — Imprimé chez Bonaventure et Ducessois, 55, quai des Augustins.

LIBRAIRIE DE MICHEL LÉVY FRÈRES

OUVRAGES PARUS FORMAT GRAND IN-18,

à 3 francs le volume.

LES DEMOISELLES TOURANGEAU
Par Champfleury.................................... 1 vol.
LES AMOURS DES BORDS DU RHIN
Par Méry... 1 vol.
LA POLOGNE CONTEMPORAINE
Par Charles de Mazade............................... 1 vol.
THÉATRE COMPLET
D'Alexandre Dumas. Tomes I à III. Nouvelle édition. 3 vol.
TROIS GÉNÉRATIONS. 1789, 1814, 1848
Par M. Guizot. — 3ᵉ édition......................... 1 v.
LETTRES INÉDITES DE J. C. L. DE SISMONDI
Suivies de lettres de Bonstetten, de Mᵐᵉ Stael et de Souza, avec une introduction par M. Saint-René Taillandier.. 1 vo.
LES MONDES. — Causeries astronomiques
Par A. Guillemin. 3ᵉ édition........................ 1 vol.
MADEMOISELLE LA QUINTINIE
Par George Sand. 2ᵉ édition......................... 1
LE MARI DE LA DANSEUSE
Par Ernest Feydeau 2ᵉ édition....................... 1 vol.
LES FILS DE TANTALE
Par Amédée Rolland.................................. 1 vol.
LES BONSHOMMES DE CIRE
Par l'Auteur des Salons de Vienne et de Berlin..... 1 vol.
LE MARIAGE DE GERTRUDE
Par Mario Uchard. 3ᵉ édition........................ 1 vol.
LA POSSÉDÉE. — Le colonel Pierre. — Le docteur Roger
Par Henri Rivière................................... 1 vol.
NOUVEAUX LUNDIS
Par C.-A. Sainte-Beuve, de l'Acad. frnçaise. 1ʳᵉ série. 1 vol.
HISTOIRE DE SIBYLLE
Par Octave Feuillet, de l'Acad. française. 7ᵉ édition. 1 vol.
UN DÉBUT DANS LA MAGISTRATURE
Par Jules Sandeau. 2ᵉ édition....................... 1 vol.
HISTORIENS, POËTES ET ROMANCIERS
Par Cuvillier-Fleury................................ 2 vol.
NOUVELLES SEMAINES LITTÉRAIRES
Par A. de Pontmartin................................ 1 vol.
CONTES FANTASTIQUES ET CONTES LITTÉRAIRES
Par Jules Janin. Nouvelle édition................... 1 vol.

IMPRIMERIE L. TOINON ET Cᵉ, A SAINT-GERMAIN.

www.ingramcontent.com/pod-product-compliance
Lightning Source LLC
Chambersburg PA
CBHW050544170426
43201CB00011B/1549